누가 장자의 무하유無何有에 소요逍遙하는가

장자촬요벽해

莊子撮要碧解

노치허 盧甾虛

학자원

장자촬요서 莊子撮要序

장자莊子의 내용은 노자老子의 사상思想을 해설한 것이다. 노자의 무위사상無爲思想이 범부凡夫의 사유思惟 밖을 논하기에, 대개의 범부 해설이 편벽偏僻되어 비루하게 나타나는 것이다. 그러므로 노자의 사상을 밝게 배우기 위해서는 장자의 요체要諦를 보아야 한다. 노자는 하나의 지도리道樞를 통해 하나의 도道를 설명한다. 노자를 배움에는 반드시 장자를 통通해야 어긋나지 않고, 장자를 읽음에는 노자의 본의本意에 합合해야 그 바름을 얻을 수 있는 것이다.

뒷사람이 제 깜냥대로 주소注疏한다면 노자의 본원本源은 가려질 수밖에 없다. 견처見處가 정情이 환幻임을 알았다면, 노자의 대강을 얻었다고 하겠다. 정情이 환幻인 줄 알지 못하면 광해狂解가 되고 만다.

장자는 예부터 선비들이 즐겨 읽은 책이다. 어떤 세월에는 허황한 우화寓話가 사상과 풍속을 해친다 하여 금서가 된 때도 있었다. 조선의 선비들은 홀로 장자를 펴고 즐거워하다가 손이 오면 책상 아래로 책을 감추었다. 황노黃老에 물듦이 허물이 되는 세월이었기 때문이다. 이퇴계李退溪가 장자와 선禪의 해악을 논한 바 있는데, 이퇴계가 장자를 읽지 않았으면 어찌 장자를 평할 수 있었으며, 더구나 이퇴계의 사상과 경지가 장자와 선禪을 능가한다고 할 수 있겠는가? 만약 이퇴계의 평評이 옳다면 장자의 삶과 사상은 넋두리에 불과할 것이다.

장자는 노자의 난해처難解處인 유물혼성有物混成과 무위無爲와 불언不言과 무명無名과 소박素樸을 우언寓言으로 풀었다. 우언으로 설명이 불가한 요의了義는 직언直言으로 명변明辯하여 장자 내칠편內七篇을 지었다. 그리하여 범부가 노자사상을 이해하는 데 기여하였다. 이것은 장자의 천공天功이다. 학자들이 노장사상을 존숭尊崇하나 바른 이름은 헌원씨軒轅氏를 종조宗祖 삼는 황노사상黃老思想이다.

외편外篇과 잡편雜篇은 장자의 소설所說이 아니다. 외편과 잡편은 문장이 졸렬하며 논지論旨가 장자의 상로上路를 벗어난 것이 대부분이다. 외편과 잡편을 장자의 저술이라 하는 자는 맹견외도盲見外道이다. 장자사상은 그 경지를 엿보지 못하면 설명이 불가하다. 노자의 무위無爲를 무심無心의 소요逍遙로 풀어 성性에 맡김이 방외方外에 드밝다. 장자의 장자다움이 여기에 있다고 할 것이다. 장자가 아니면 누가 이 일을 감당堪當했으랴!

2007 閑秋 碧峙病老 咄!

해제 解題

장자莊子의 명名은 주周, 삶터는 몽蒙이다. 사기史記 장자열전莊子列傳에 이른다. 초왕楚王 위威가 사신을 보내 재상宰相으로 삼으려함에 장주莊周가 사신에게 말한다. "나는 차라리 흙탕물 속에서 헤엄이나 치면서 유유자적하려네. 나라를 가진 왕에게 구속되고 싶지 않네. 평생을 벼슬에 나가지 않고 자유를 즐기려 하네."

장주莊周는 유有와 무無의 논거論據를 물으며, 도道와 물物의 관계를 설명하고, 진심眞心과 망심妄心의 도리道理에 질문을 던진다. 또한 세상의 안과 밖을 말하며, 세속世俗을 떠나지 아니하고 세상 밖에 소요逍遙하는 도리를 가리키고, 대평등大平等과 대자유大自由를 보인다. 장주는 사람사람이 본래 평등平等하므로 평등에 바탕한 자유를 누려야 한다고 한다. 범부들이 비록 누추한 삶을 살아가나 필경에는 본성本性을 회복하는 공부에 나아가야 함을 강조한다.

그리고 명가名家와 유가儒家의 벽론僻論과 형례形禮를 나무라며, 모든 사람이 본래로 성인聖人과 다르지 아니함을 설한다.

유가儒家 미회중사未會中士의 예禮와 인의仁義가 명名과 상相에 붙어, 참다운 무례지례無禮之禮와 인仁에 거처하지 못하면서 도道를 읊조리는 바를 지적한다. 유가儒家의 도道를 지향하는 이가 공자孔子의 정시위情是僞와 성性의 적연부동寂然不動에 합한 이가 없는 것을 안타까워하였던 것이다.

장주는 맹자孟子와 동시대 사람이다. 맹자는 중년中年에 말마다 인의仁義를 외쳤으나, 노년老年에 양지양능설良知良能說을 말하고, 만년晩年이 되어서 형색천성설形色天性說을 말한다. 맹자는 중년에는 성선설性善說을 주장하여 고자告子를 비난하다가, 노년에 고자告子의 무선무악설無善無惡說이 옳음을 인정한다. 맹자는 세 번의 학學의 변천變遷을 겪는다. 그러기에 중년과 노년에 장자의 질타를 받은 것이다. 맹자의 우산지목설牛山之木說과 사단설四端說과 진심설盡心說에 병통病痛이 보인다.

장자가 공자를 은근히 낮춘 것은 공자의 경지가 낮아서 그러한 것이 아니다. 논지論旨의 방향을 명상에 치우친 맹자 등의 유자儒者를 나무라고자 함에 나타난 부득이한 변설辨說이라 하겠다.

장자는 무위진인無爲眞人이다. 무정無情과 무위無爲를 요설樂說하며, 스스로 소요유逍遙遊의 낙樂에 거처한 진인眞人이다. 그러나 무위진인無位眞人의 경지에 나아갔는지는 알 수 없다. 지금 세상에 장자莊子를 사숙私淑하는 이가 넓혀져서, 무위無爲의 도道에 계합契合하는 이가 곳곳에 보인다면 이보다 더 아름다운 일은 없을 것이다.

避世萌夫 識

군말

장자莊子에 우화寓話가 비유처를 달리하여 거듭 설명한 곳이 다수 있다. 그늘을 지우고 장자의 본지本旨에 곧바로 이르고자 함이 장자촬요莊子撮要를 광편狂編한 본의本意이다. 우愚가 노천露天을 살펴, 황노가黃老家 말사末師의 소견所見을 지웠다.

장자莊子의 현지玄旨를 추초抽抄하여 장자현초莊子玄抄와 장자설요莊子說要를 뒤에 붙였다. 노장老莊의 근원根源을 밝히고자 황제헌원씨黃帝軒轅氏와 신농씨神農氏의 도추道樞를 조집粗集하여 황소도추론黃素道樞論을 더하였다.

장자莊子의 자애慈愛는, 정情에 스스로 구속되어 인생을 꾸리는 범부를 건지려 함에 있다. 장자의 독서인이 스스로의 성性을 밝히고, 장자의 뜻에 합하여, 무심無心의 문을 열어, 무위無爲의 길에 입문入門하여 탄토呑吐하는 때가 속래速來키를 바란다.

吒藞 哂!

차례

장자촬요 제3편 양생주 養生主

장자촬요 제7편 응제왕 應帝王

장자현초 莊子玄抄

장자설요 莊子說要

황소도추론 黃素道樞論

황제皇帝와 기백岐伯이 도道를 말하다

열자삼제列子三題 방외한관方外閑觀

장자촬요 제1편

소요유 逍遙遊

소요逍遙란 무위無爲이다.

무위無爲란 정情이 없는 마음의 행行이다.

불가佛家에서는 무위無爲를 열반涅槃의 뜻이라 한다.

무위無爲의 뜻을 참다이 알고자 하는가?

무심無心에 계합契合하라. 이 길 외에 다른 방로는 없다.

곤鯤이 붕鵬으로 변하다

세속世俗의 인식認識을 버린 이를 대변大變이라 한다

北冥에 有魚하니 其名爲鯤이라. 鯤之大는 不知其幾千里也라.
북 명 유 어 기 명 위 곤 곤 지 대 부 지 기 기 천 리 야

化而爲鳥하니 其名爲鵬이요 鵬之背는 不知其幾千里也라
화 이 위 조 기 명 위 붕 붕 지 배 부 지 기 기 천 리 야

怒而飛하면 其翼은 若垂天之雲이다. 是鳥也
노 이 비 기 익 약 수 천 지 운 시 조 야

海運則將徙於南冥하니 南冥者는 天池也라.
해 운 즉 장 사 어 남 명 남 명 자 천 지 야

북명北溟에 물고기가 있으니 그 이름은 곤鯤이다. 곤鯤은 크기가 몇 천 리가 되는지 알 수 없다. 이 물고기가 변화해 새가 되며 이름을 붕鵬이라 한다. 붕鵬의 등 넓이가 몇 천리에 달하는지 알 수 없다. 붕鵬이 힘차게 날아오르면 그 날개는 하늘을 가득 뒤덮은 구름과 같다. 붕鵬은 바다에 대풍大風이 일 때, 그 기운을 타고 남명南冥으로 날아가려 한다. 남명南冥은 하늘 못天池이다.

某解

대인大人을 곤鯤, 지인至人을 붕鵬에 비유하였다. 소인小人은 세상 속에서 칠정七情으로 유위有爲의 삶을 꾸리지만, 대인은 세상을 잊고, 환화幻華의 인생을 벗고자 세욕世欲을 쉬고 쉬어 지인至人에 나아간다. 지인至人은 세상 속에서 세상을 뛰쳐나 유유자적悠悠自適의 무위無爲에 거닌다.

장자莊子는 유유자적悠悠自適의 무위無爲를 소요유逍遙遊라 하는 것이다. 도道를 넉넉히 공부할 수 있는 자품을 대인大人이라하고, 대인大人의 공부가 위도망구爲道忘軀하여 정일집중精一執中에 익으면 개오開悟하고, 필경에 세상 밖을 소요逍遙하는 지인至人의 경지에 이르게 되는 것이다.

대인大人이란 생이지生而知와 학이지學而知의 통칭이며, 자발자조自發自照하여 대각大覺에 이르는 자품이니, 곧 무사자오無師自悟의 방외지사方外之士를 의미한다. 북명北冥은 대인大人의 공부처工夫處요, 남명南冥은 지인至人의 소요처逍遙處이다. 천지天池는 무루無漏의 청정자성清淨自性을 가리킨다.

지인至人은 세속의 모든 정념情念 밖에 있어, 세속의 정념으로는 깊이 헤아려보아도, 그 체體와 경지境地를 가름할 수 없다. 사정이 이러하기에 장자가 우언寓言을 빌려 범부가 머리를 돌려 인생人生의 근원을 돌아보게 한 것이니 그 효용이 지극히 큰 것이다.

곤鯤, 붕鵬, 남명南冥, 북명北冥은 열자列子에도 보인다. 열자는 장자의 선배로써 개오開悟하였으나, 경지가 허통적정虛通寂靜에 이르지 못하여 그 설說이 정미精微하지 못하다. 장자莊子가 전세前世의 도道를 따름에 노자老子를 사숙私淑하고 방가方家의 우언寓言을 채집하여 그 설격說格을 청명晴明하게 높였다. 장자莊子의 본의本意는 진세塵世의 은사隱士를 건지려 함이라 하겠다.

碧注

* **北冥**(북명): 대인(大人)의 거처. 세상 속의 수도처(修道處).
* **鯤**(곤): 대인(大人)의 상징어.
* **鵬**(붕): 지인(至人)의 상징어.
* **南冥**(남명): 지인(至人)의 방외거처(方外居處). 무심처(無心處).

* 天池(천지): 불망부종(不亡不終)의 상징어. 중용(中庸)의 연천(淵泉)과 같은 뜻. 청정자성(淸淨自性)의 은칭(隱稱).
* 爲道忘軀(위도망구): 도(道)를 공부함에 몸을 잊고 힘을 다하다.
* 精一執中(정일집중): 정미롭고 한결같이 자성(自性)을 반조하다.
* 生而知(생이지): 날 때부터 도(道)를 알다.
* 學而知(학이지): 배워 반조(返照)하여 도(道)를 밝히다.
* 自發自照(자발자조): 스스로 인생의 본원을 구하여 반조하다.
* 大覺(대각): 자성(自性)을 통연명백(洞然明白)하게 밝히다. 측지(測知), 통해(通解), 해오(解悟)를 거쳐 밝힌 각(覺).
* 無師自悟(무사자오): 스승 없이 홀로 공부하여 자성(自性)을 깨치다.
* 方外之士(방외지사): 자성을 밝혀 세상 밖을 소요하는 은사(隱士).
* 情念(정념): 칠정(七情). 망심(妄心). 범부의 마음. 환심(幻心).
* 私淑(사숙): 과거세의 현성(賢聖)을 존숭하여 스스로 제자가 됨.

유월의 대풍을 타고

대풍大風을 타지 않으면 남명南冥으로 갈 수 없는가?

齊諧者는 志怪者也라. 諧之言曰 鵬之徙於南冥也에
제 해 자　지 괴 자 야　해 지 언 왈 붕 지 사 어 남 명 야

水擊三千里하고 搏扶搖而上者九萬里라
수 격 삼 천 리　박 부 요 이 상 자 구 만 리

去以六月息者也라.
거 이 육 월 식 자 야

제해齊諧는 괴이怪異한 일을 실은 책이다. 제해에 말하였다. "붕鵬이 남명南冥으로 날아갈 때 파도를 일으키기를 삼천리, 회오리바람을 타고 날아오르기를 구만리, 유월의 대풍大風을 타고 남명南冥으로 날아간다."

某解

붕鵬이 남명南冥으로 날아가려 크게 날개 짓 함은 대각大覺을 이룬 때요, 날아오름은 지성至誠의 문門을 연 것이요, 유월의 대풍大風을 탄다함은 지성至誠에 이르러 소요逍遙에 드는 경지를 가리킨다. 지성至誠이란 자성自性이 성성惺惺하여 정념情念이 나타나지 않음이니 곧 지인至人의 경지이다. 유월의 대풍大風은 유월에 부는 바람이니 그 때를 이른 것이요, 그 때란 정념情念이 쉬어 자성自性이 현현顯現한 때이다. 도道란 그 사람이 그 때를 얻어 행行하게 되는 것이다. 남명南冥은 성성무위惺惺無爲

의 대지인大至人의 경지이다. 대지인大至人은 모든 지인至人의 스승 되는 바라, 장자莊子가 남명南冥만을 가리킬 뿐 그 실지實地는 말하지 않은 것이다. 실지實地는 제물론齊物論과 대종사大宗師에 자세히 설명한다.

碧注

* 齊諧(제해): 책 이름.
* 徙(사): 옮기다.
* 擊(격): 부딪치다.
* 搏(박): 잡다.
* 扶(부): 돕다. 떠받치다.
* 搖(요): 올라가다. 흔들리다.
* 至誠(지성): 자성이 顯現(현현)하여 惺惺(성성)한 경지. 지인의 경지.

허공은 무슨 색인가?

허공虛空을 무슨 색이라 해야 하는가

野馬也와 塵埃也는 生物之以息相吹也라. 天之蒼蒼은
야 마 야 진 애 야 생 물 지 이 식 상 취 야 천 지 창 창

其正色耶요 其遠而無所는 至極耶니
기 정 색 야 기 원 이 무 소 지 극 야

其視下也亦若是則已矣라.
기 시 하 야 역 야 시 즉 이 의

아지랑이와 먼지는 천지간의 만물이 내뿜는 숨결의 작용이다. 푸르디 푸른 하늘빛은 하늘의 본디 빛깔일까? 허공虛空이 끝없이 아득하여 푸르게 보이는 것일까? 붕鵬이 허공虛空에서 아래를 내려다보아도 또한 푸르게 보일 따름이다.

某解

아지랑이와 먼지가 만물이 내뿜는 숨결이라 함은 한 때에 나타났다가 사라지는 허상虛像을 설명하고자 한 것이다. 지구, 달, 별 등의 모습 있는 사물들은 언젠가 변하여 사라진다. 상주불변常住不變이 아닌 것은 진체眞體가 아니라 나타났다가 사라지는 허상虛像일 뿐이다. 상주불변常住不變의 자성自性을 확연히 자증自證하여 허상虛像을 허상虛像이라 보게 됨을 개오開悟라 한다.

진체眞體는 어떤 것인가? 장자莊子는 허공虛空에 비유한다. 허공虛空은

색깔과 소리와 모습도 없으며, 거친 비바람과 우레와 벼락이 소란을 떨어도, 덜거나 더함이 없다. 허공이 언제나 적연부동寂然不動이므로 자성自性에 비유한 것이다. 허공은 푸르름이 아니나 늘 푸른빛을 띤다. 고로 범부는 허공을 푸르다고 한다. 장자의 붕鵬은 허공과 같으며, 자성自性의 비유이다. 진체眞體는 자성自性이다.

도道는 자성自性의 실상實相을 가리킨 말이다. 자성自性의 실상은 허공같이 적연부동寂然不動이며, 자성自性은 그 수壽가 끝이 없는 진체眞體라고 장자는 설명한다. 범부는 누구나 자성自性을 지녔으면서도 자성自性의 위대하고 해맑은 실상을 알지 못한다. 장자가 범부의 본래면목本來面目을 설명하는 까닭은, 범부의 몽환을 깨워서 범부가 본래의 두렷한 삶을 회복하기를 바라는 뜻, 하나이다.

장자莊子는 어떤 형식이나 존숭尊崇을 요구하지 않는다. 다만 범부가 본래 밝음을 회복하여, 본래 평등平等을 나투며, 본래 자유自由에 소요逍遙하기를 희망하는 것이다. 이 길은 학문學問도 종교宗教도 아니요, 오로지 참사람의 길이다. 고치거나 더할 수 없는 참사람의 길이요, 영원불멸의 드밝은 인생길이다. 어찌 범부정념의 잡상雜想을 주제로 삼는 학문學問과 종교宗教에 비교할 수 있겠는가?

대저 범부는 천지만물에 대한 인식認識에 병통病痛을 지니고 있다. 구래舊來의 정식情識과 당금當今의 학습식學習識을 섞어 버물어 판단하고 인식認識하기를 반복하여 그치지 아니하기에 스스로 그 병통病痛을 자각하지 못하는 것이다. 그러나 어느 날, 어느 때에, 문득 생각을 멈추고 천지만물을 바라보면, 자연自然은 변화變化하면서 적연寂然하고, 세상일은 복잡하게 뒤섞여 일어나나 인식認識과 인식의 부딪힘과 섞임이 있을 뿐, 사사건건事事件件이 빈 모습놀이 임을 어렴풋이 볼 수 있을 것이다. 이러히 관觀함이 본래 슬기를 회복하는 실마리가 되는 것이다. 사람으로 태어나서 가장 사람답게 사는 길은 자기의 자성自性을 회복하는 길이다.

자성自性을 회복하려 하는가? 먼저 산란散亂을 지우고, 바깥을 잊으며 자성自性을 반조返照하라! 고요하고 고요하게 관觀하라! 고요함이 익으면 고요 밖의 본래 고요가 나타날 것이다. 본래 고요는 해맑고 드밝은 영지靈知가 비추는 것이다. 오직 영지靈知가 성성惺惺한 때를 일러 개오開悟라 한다.

碧注

* **野馬**(야마): 아지랑이
* **塵埃**(진애): 먼지. 티끌.

남명南冥은 어디인가?

남명南冥이 천지天池이니, 곧 그대의 자성自性이다

故九萬里則 風斯在下矣 而後에
고 구 만 리 즉 풍 사 재 하 의 이 후

乃今培風背負淸天而莫之夭閼者而後에
내 금 배 풍 배 부 청 천 이 막 지 요 알 자 이 후

乃今將圖南이라.
내 금 장 도 남

* 閼(알): 가로막다.

그러므로 붕鵬은 구만리九萬里를 솟구쳐 올라야 날개 밑에 충분한 바람이 쌓이는 것이다. 그런 연후에야 비로소 바람을 타고 푸른 하늘을 등에 진 채, 도중에 아무런 막힘없이 남명南冥으로 날아가는 것이다.

某解

붕鵬이 구만리九萬里를 솟구쳐 오름은 개오開悟하여 성성불매惺惺不昧의 공부에 나아감이요, 도중에 아무런 막힘없이 남명南冥으로 날아가는 것은 성인聖人의 가르침을 막힘이 없이 알아서 그 도道에 합한다는 뜻이다. 성인聖人의 가르침은 범부가 노력하여 자기自己의 성性을 목전目前에 현현顯現하게 함에 있다. 성性이 현현顯現한 이후에 막힘이 없어 성인의 가르침이 드밝음을 확인確認할 수 있는 것이다.

소지小知와 대지大知

소지小知는 편벽하고, 대지大知는 허공 같다

小知는 不及大知하고 小年은 不及大年이다. 奚以知其然也오.
소 지 불 급 대 지 소 년 불 급 대 년 해 이 지 기 연 야

朝菌은 不知晦朔하고 惠蛄不知春秋니 此는 小年也니라.
조 균 부 지 회 삭 혜 부 지 춘 추 차 소 년 야

楚之南에 有冥靈者하야 以五百歲爲春하고 五百歲로
초 지 남 유 명 령 자 이 오 백 세 위 춘 오 백 세

爲秋하였고 上古에 有大椿者하야 以八千세로 爲春하고 八千歲로
위 추 상 고 유 대 춘 자 이 팔 천 위 춘 팔 천 세

爲秋하였으며 以彭祖는 乃今以久로 特聞하야 衆人이 匹之하니
위 추 이 팽 조 내 금 이 구 특 문 중 인 필 지

不亦悲乎아.
불 역 비 호

편벽된 지식小知은 염담恬憺의 지혜大知에 미치지 못하고, 짧은 수명은 긴 수명에 이르지 못한다. 어찌 이를 아는가? 조균朝菌,하루살이 버섯은 밤과 새벽을 알지 못하고 쓰르라미는 봄과 가을을 알지 못한다. 이는 바로 수명이 짧은 것이다.

초楚나라 남쪽에 명령冥靈이 살고 있는데 오백년 동안은 봄, 오백년 동안은 가을로 삼는다. 또 아주 오랜 옛날에 대춘大椿이란 나무가 있었다. 팔천 년 동안을 봄, 팔천 년 동안을 가을로 삼았다 한다. 그런데 요즈음 팽조彭祖는 오래 산 인물로 특히 유명한데 세상 사람들이 그만큼 오래 살려고 애쓴다. 이 어찌 슬픈 일이 아니겠는가!

某解

범부凡夫의 자성自性은 본래로 무구청정無垢淸淨이라, 그 생명生命이 시始와 종終이 없어, 다함이 없으나 범부가 스스로 알지 못한다. 알지 못하므로 구구한 억측臆測으로 비루鄙陋하게 자신自身을 단정하여 단멸자斷滅者 혹은 조물자造物者의 피조물被造物로 해석한다. 그리하여 세속에 자리잡은 어떤 사상思想이나 종교宗敎의 노예奴隸가 되어 허망하게 인생人生을 꾸리는 것이다.

장자莊子에 의하면 범부의 자성自性이 진아眞我요, 진아眞我는 염담허무恬憺虛無하여 불생불멸不生不滅이라 한다. 장자가 '方生은 方死요, 方死는 方生이라' 하였다. 태어난 것은 반드시 죽고, 죽은 것은 반드시 태어난다는 뜻이다. 이 가운데 진아眞我가 적연寂然히 무시무종無始無終하여 말쑥하고 우뚝하게 있는 것이다.

사람들은 유한한 육신으로 오래 살려고 몸부림친다. 천년을 산다 해도 무한의 생명에 비교하면 하루살이가 아닌가. 육신肉身을 참나眞我로 여기는 어리석음이, 온갖 미망迷妄을 지어 긴 슬픔의 노예가 되는 것이다. 어찌 안타까운 일이 아니랴! 이 모든 망견妄見은 자성自性에 어둡기 때문에 일어나는 허망한 모습놀이의 그림자들이다.

碧注

* **朝菌**(조균): 하루살이 버섯. * **蛄**(고): 쓰르라미. * **晦朔**(회삭): 밤과 새벽.
* **冥靈**(명령): 나무 이름. * **大椿**(대춘): 참죽나무.
* **彭祖**(팽조): 요(堯), 하(夏), 은(殷), 주(周)에 걸쳐 800년을 살았다.
* 인식(認識)의 문제(問題) 셋을 생각해 보자.

1. 식물의 꽃이 뿌리보다 아름다운 것인가? 2. 예(禮)란 왜 태어난 것인가?
3. 허공은 무슨 색이며, 왜 그런 색인가?

열자풍행 列子風行

열자列子가 바람을 타고 냉연冷然히 다니다

夫列子는 御風而行하고 冷然善也하며 旬有五日而後反한다.
부열자 어풍이행 냉연선야 순유오일이후반

彼於致福者에 未數數然也니 此雖免乎行이나
피어치복자 미수수연야 차수면호행

猶有所待者也라. 若夫乘天地之正 而御六氣之辯하고
유유소대자야 약부승천지지정 이어육기지변

以遊無窮者는 彼且惡乎待哉인가. 故로 曰 至人은 無己하고
이유무궁자 피차오호대재 고 왈 지인 무기

神人은 無功하며 聖人은 無名이니라.
신인 무공 성인 무명

열자列子는 바람을 타고 다니는데 그 행이 맑고 냉연冷然하다. 그렇게 다니다가 대개 보름이 지난 뒤에야 돌아온다. 열자는 복福을 구하는 일에 관심을 두지 않는다. 그러나 걸어 다니는 번거로움은 면했으나 여전히 바람에 의지하고 있다. 만일 천지天地의 바른 기운을 타고 육기六氣에 합하여 무궁한 경계에서 노니면 무엇에 의지하려 하겠는가! 그러므로 다음과 같이 이르는 것이다.

"지인至人은 내妄我가 없고, 신인神人은 공功이 없으며, 성인聖人은 이름名相에서 벗어났다."

某解

열자列子의 말 가운데 '정情을 잊었다'는 한마디가 자명견독自明見獨을 가리킨다. 정情을 잊은 연후에 의지하는 바가 없게 되는 것이다. 열자에 바람과 이슬 운운은 무위無爲를 설명한 것이다. 보름은 한번 삼매三昧에 드는 기간을 의미한다. 열자는 개오開悟하였다. 장자莊子에 의하면 열자列子의 경지는 밝으나, 무위無爲의 도道에 의지하는 바가 남은 것 같다. 장자莊子가 이른다.

"지인至人은 망아妄我가 없고, 신인神人은 공功이 없으며, 성인聖人은 이름名相에서 벗어났다." (至人은 無己하고 神人은 無功하며 聖人은 無名이라.)

지인至人은 오직 진심眞心으로 행行하니 곧 진아眞我가 항상하고, 신인神人은 무주대인無住大人이라 베풀어 사랑함에 머묾이 없나니 곧 공功을 잊었고, 성인聖人은 염담허무拈憺虛無하여 통연명백洞然明白하나니 곧 모든 이름名에서 벗어났다.

무기無己, 무공無功, 무명無名은 무위진인無爲眞人의 미현심처微顯深處를 설명한 말이요, 무명無名은 무명무상無名無相을 줄인 말이다. 고로 지인至人, 신인神人, 성인聖人은 무위진인無爲眞人의 다른 이름이다. 미세경지微細境地는 성인聖人이 가장 지극하며, 신인神人이 그 다음이며, 지인至人이 그 아래이다.

碧注

* 沮(저): 막을, 그치다.
* 冷然(냉연): 맑고 담담하다.
* 六氣(육기): 음양(陰陽), 풍우(風雨) 회명(晦明).

요堯와 허유許由

堯는 讓天下於許由曰 日月出矣에 而爝火로
요 양 천 하 어 허 유 왈 일 월 출 의 이 화

不息其於光也면 不亦難乎아. 時雨降矣에 而猶浸灌
불 식 기 어 광 야 불 역 난 호 시 우 강 의 이 유 침 관

其於澤也면 不亦努乎아. 夫子立 而天下治할 것인데
기 어 택 야 불 역 노 호 부 자 입 이 천 하 치

而我猶尸之하니 吾自視缺然하고 請致天下하노라 하니
이 아 유 시 지 오 자 시 결 연 청 치 천 하

許由曰 子治天下하니 天下는 既已治也라. 而我猶代子하면
허 유 왈 자 치 천 하 천 하 기 이 치 야 이 아 유 대 자

吾將爲名乎아 名者는 實之賓也니 吾將爲賓乎아.
오 장 위 명 호 명 자 실 지 빈 야 오 장 위 빈 호

鷦鷯巢於深林하나 不過一枝이고 偃鼠飮河하나
초 료 소 어 심 림 불 과 일 지 언 서 음 하

不過滿腹이다. 歸休乎君하면 予는 無所用天下爲이다.
불 과 만 복 귀 휴 호 군 여 무 소 용 천 하 위

庖人이 雖不治庖나 尸祝이 不越樽俎 而代之矣이니다.
포 인 수 불 치 포 시 축 불 월 준 조 이 대 지 의

요堯가 허유에게 천하를 넘겨주려고 이러히 말하였다.

"일월日月 같은 선생先生께서 세상에 나오셨는데 횃불을 계속 태우는 것은 헛된 일이 아니겠습니까! 때에 맞게 비가 내리는데 여전히 논밭에 물을 대고 있다면 그것은 헛수고가 아니겠습니까? 선생先生께서 임금이 되시면 천하는 저절로 다스려질 터인데, 내가 여전히 임금노릇을 하고 있습니다. 돌이켜보건대 나는 부족하기 짝이 없습

니다. 부디 천하를 맡아 주십시오."

허유許由가 말하였다.

"임금께서 천하를 다스림에 이미 천하가 화평和平합니다. 내게 그대 대신 임금노릇 하라고 하니 임금이란 빈이름에 묻히란 말이십니까? 이름이란 실성實性에 왕래往來하는 손客에 불과합니다. 내 어찌 실성實性을 버리고 빈이름의 손客이 되겠습니까? 뱁새가 깊은 숲에 보금자리를 지어도 나뭇가지 하나면 족하고, 두더지가 강물을 마신다 해도 자그만 배를 채우는 데 불과합니다. 그대는 돌아가 빈이름을 쉬시오. 나에게 천하는 소용이 없습니다. 숙수熟手, 요리사가 음식을 잘하지 못하더라도 신주神主,제사장가 제기祭器를 넘나들며, 대신 부엌일을 할 수는 없는 것 입니다."

某解

허유許由가 성인聖人과 도道를 일러 "실성實性에 왕래往來하는 손客에 불과하다."고 하며 요堯에게 "그대는 돌아가 빈이름을 쉬시오."라 한다. 이것은 장자莊子가 노자老子 일장一章의 "道可道면 非常道요 名可名이면 非常名이라" 함을 해설한 것이다.

대저 정情을 쉬어, 쉬었다는 흔적痕迹도 남기지 않는 이는 성性을 성성惺惺하게 보존한다. 이러한 이는 그 밖의 이름과 모습놀이는 관심을 두지 않는다. 대저 지인至人의 일상이 이러하다.

성인聖人의 시현示現에 둘이 있다. 하나는 홀로 세상의 스승이 되는 것이요, 다른 하나는 세상의 스승을 뒤와 옆, 혹은 멀리서, 혹은 시절時節을 달리하여 외호外護하는 것이다. 세상에 큰 스승이 나타나면 반드시 어느 그늘에 지인至人이 있어 이름을 감추고 성인聖人의 덕화德化를 높이며,

세상에 도道가 올곧게 전해지는 것을 은근하게 돕는다. 황제黃帝와 신농神農, 노자老子와 관윤關尹, 공자孔子와 접여接輿, 열자列子와 장자莊子, 자사子思와 맹자孟子, 나집羅什과 승조僧肇, 임제臨濟와 보화普化, 동림東林과 동파東坡, 무진無盡과 대혜大慧 등이 그러하다.

碧注

* 爝(작): 횃불.
* 鷦(초): 뱁새, 황새.
* 鷯(요): 메추라기, 굴뚝새.
* 樽(준): 술통.
* 俎(조): 제기. 높은 대.
* 偃(언): 쓰러지다.
* 庖(포): 요리사. 부엌.
* 尸(시): 신위(神位) 대신하는 어린아이.
* 祝(축): 제사장. 신주(神主).

접여接輿의 지혜

사람의 지혜智慧에도 장님과 귀머거리가 있다

肩吾가 問於連淑曰 吾聞言於接輿하니 大而無當하야
견오 문어연숙왈 오문언어접여 대이무당

往而不返하니 吾는 驚怖其言하여 猶河漢而無極也라.
왕이불반 오 경포기언 유하한이무극야

大有逕庭에 不近人情焉하다. 連叔曰 其言謂何哉인가. 曰
대유경정 불근인정언 연숙왈 기언위하재 왈

邈姑耶之山에 有神人居焉하여 肌膚는 若氷雪하고 淖約은
막고야지산 유신인거언 기부 약빙설 뇨약

若處子하며 不識五穀하고 吸風飮露한다. 乘雲氣하고
약처자 불식오곡 흡풍음로 승운기

御飛龍하여 而遊乎四海之外한다. 其神은 凝使物不疵癩하고
어비룡 이유호사해지외 기신 응사물부자나

而年穀熟하니 吾以是狂而不信也로다. 連叔曰 然이나 瞽者는
이년곡숙 오이시광이불신야 연숙왈 연 자

無以與文章之觀이오 聾者無以與乎鐘鼓之聲이니
무이여문장지관 농자무이여호종고지성

豈唯形骸 有聾盲哉아 夫知亦有之이다. 是其言也
기유형해 유농맹재 부지역유지 시기언야

猶時女也라. 之人也 之德也 將礴萬物하여
유시여야 지인야 지덕야 장박만물

以爲一世蘄乎亂하니 孰弊弊焉 以天下爲事이랴.
이위일세기호란 숙폐폐언 이천하위사

之人也 物莫之傷이니 大浸에 稽天而不溺하고 大旱에
지인야 물막지상 대침 계천이불익 대한

金石流하고 土山焦而不熱하나니 是는 其塵垢粃糠
금석류 토산초이불열 시 기진구비강

將猶陶鑄堯舜者也니 孰肯以物爲事라.
장유도주요순자야 숙긍이물위사

견오肩吾가 연숙連叔에게 말했다.

"접여接輿에게서 이야기를 들으니 너무 터무니가 없고, 마치 나아갈 줄만 알고 되돌아올 줄 모르더군. 그 이야기가 마치 은하수같이 끝없이猶河漢而無極 펼쳐짐에 두려워서 나는 놀랐네. 세상일逕庭과는 큰 차이가 있어 세상의 지식에 벗어나는 것이었소."

연숙連叔이 물었다.

"무슨 이야기이기에 그러오."

"막고야산藐姑射山에 신인神人이 살고 있는데 그의 피부는 눈이나 얼음처럼 희고 처녀와도 같이 해맑으며, 곡식을 먹지 않고 바람과 이슬을 마시며, 구름을 타고 용을 부리며 사해四海 밖에서 노닌다는 것이오. 그의 마음은 정적靜寂하여 만물이 병들지 않고 곡식이 잘 익는다하오. 이러히 허황되니 내가 믿지 못하는 것이오."

연숙連叔이 말하였다.

"그럴 것이오. 장님은 아름다운 빛깔을 볼 수 없고, 귀머거리는 은은한 종소리를 들을 수 없소. 어찌 육신肉身에만 장님과 귀머거리가 있겠소! 사람의 지혜에도 또한 장님과 귀머거리가 있다오. 이것은 바로 그대를 가리켜 하는 말이오. 신인神人의 덕德은 만물과 어우러져 한 몸인 것이오. 사람들은 신인神人이 세상을 잘 다스려 주기를 바라지만, 그가 어찌 번다한 세상사에 수고로이 도모하겠소? 이러한 신인神人은 어떤 고약한 상황이 닥치더라도 해칠 수 없고, 홍수가 나서 물이 하늘까지 이르더라도 그를 적실 수 없으며, 큰 가뭄이 들어 금속과 암석이 녹아내리고 산이 불탈 지경이라도 그는 뜨거운 줄도 모른다오. 신인神人은 먼지나 티끌 혹은 곡식의 쭉정이와 겨로도 요堯임금이나 순舜임금을 만들어 낼 수 있다네. 무엇 때문에 천하 다스리는 일 따위로 자신을 수고롭게 하겠소?"

某解

장자莊子가 연숙連叔을 빌려 접여接輿의 경지가 예사롭지 않음을 말한다. 접여接輿와 장자莊子와 연숙連叔은 자성自性을 회복한 신인神人이다. 신인神人은 정념情念없이 자성自性의 대용大用을 나툰다.

참사람은 환란患亂이 그를 해칠 수 없고, 물에 젖지 아니하며, 불이 태우지 못한다. 참사람이란 자성自性을 온전히 회복한 이를 가리킨다. 자성自性이 본래로 신령불매神靈不昧하기에 자성自性을 회복하여 참다운 인생에 소요逍遙하라고 장자莊子가 말하는 것이다. 장자의 요묘要妙를 얻은 대현大賢과 달사達士에 북송北宋의 경우, 장방평張方平, 소동파蘇東坡, 황산곡黃山谷, 장무진張無盡 등이 보인다. 이 밖에도 은사隱士와 달사達士가 없지 않을 것이다.

참사람은 모습과 이름에서 벗어나 있다. 그러므로 요순堯舜의 성스러움과 명망을 곡식의 쭉정이로 보는 것이다. 범부의 자성自性이 비록 정념情念에 가려졌으나, 그 참됨은 쉼 없이 광명光明을 토吐하며 어그러지지 않기에 장자莊子가 회복하라! 회복하라! 하는 것이다.

공자의 극기복례克己復禮도 환아幻我를 지우고 자성自性을 회복하여 평등심平等心의 지례至禮에 나아가라는 뜻이다. 성인의 목소리는 범부가 환심幻心이 거짓인 줄 깨쳐서 자성自性을 회복하라는 것이다. 이밖에 다른 도道가 있는 것이 아니다.

흡풍음로吸風飮露란 무위無爲를 속화俗化하여 전한 말이다. 장자의 본지本旨는 무심어세無心御世 무위이화無爲而化 여덟 자에 있다. 장자가풍莊子家風은 무심無心으로 소요逍遙하여 무위無爲를 나투는 것이다. 누구라도 깊이 의문하여 노력하면 밝히는 때가 있을 것이다. 다만 배우려는 의

지와 노력이 기다릴 뿐이다.

碧注

* 肩吾(견오): 장자가 등장시킨 가공의 인물. 肩吾의 뜻이 '어깨를 나로삼다'이라, 지혜가 없음을 의미한다. 속견범부(俗見凡夫)의 뜻.
* 連叔(연숙): 장자가 등장시킨 가공의 인물. 連叔은 젊음이 계속하다는 뜻이니, 불변(不變)의 적연부동(寂然不動)을 의미한다. 곧 도(道)에 소요(逍遙)하는 인물을 뜻한다.
* 疵(자): 흠. 결점. 사마귀.
* 癩(나): 옴. 문둥병. 약물 중독.
* 瞽(고): 소경.
* 淖(뇨): 진흙. 젖다.
* 磅(방): 돌 떨어지는 소리.
* 礴(박): 가득하다, 널리 덮히다.
* 粃(비): 쭉정이.
* 糠(강): 쌀겨. 겨.
* 蘄(기): 승검초. 마함(麻銜).
* 弊(폐): 헤지다. 옷이 낡다. 폐단(弊端).
* 稽(계): 머무르다.

요연상천하 窅然喪天下

홀연히 천하를 잊다

堯는 治天下之民하고 平海內之政하다가
요 치천하지민 평해내지정

往見四子藐姑耶之山하고 汾水之陽에서
왕견사자막고야지산 분수지양

窅然喪其天下焉하다.
요연상기천하언

요堯임금은 백성을 다스려 천하를 화평和平하게 한 후에 신인神人 네 사람을 만나기 위해 막고야산藐姑射山에 갔다가 돌아오는 길에 평양平陽 근처 분수汾水에 이르러 머엉하더니 홀연히 천하天下를 잊어버리게 되었다.

某解

요堯가 상천하喪天下 즉 천하를 잊었음이 第九目의 논지論旨이다. 장자莊子는 요堯가 지인至人이나, 천하天下와 자기自己를 온전히 쉬지 못하다가 막고야산의 네 분, 신인神人을 만나고 돌아오다가 분강汾江가에서 천하天下와 자기自己를 잊었다고 한다.

자기自己란 망아妄我이다. 장자가 지인至人이라야 진아眞我를 보고, 신인神人이라야 망아妄我의 자취를 지울 수 있음을 말했다. 지인至人은 망아妄我의 그림자가 흐릿하게 남아있고, 신인神人은 망아妄我를 온전히 잊은 경지라 한다. 요堯가 막고야의 신인神人을 만나고 온 뒤에 천하天下와 자기自己를 잊어 신인神人의 경지에 이른 것이다. 신인神人은 천하天下와 자기自己를 잊고 또 잊어, 필경에 성인聖人에 이를 것이다.

碧注

* **汾水**(분수): 요(堯)가 도읍한 산서성 평양(平陽) 근처의 강.
* **窅**(요): 멀리 바라보다, 머엉하다. 눈 움푹한 모양.
* **窅然**(요연): 머엉하여 멀리 바라보며 생각이 끊어진 모양.

무하유 無何有

아무것도 없는 청정한 자리

惠子 謂莊子曰 吾有大樹하니 人謂之樗라. 其大本은
혜 자 위 장 자 왈 오 유 대 수 인 위 지 저 기 대 본

擁腫而不中繩墨하고 其小枝는 卷曲而不中規矩하여
옹 종 이 부 중 승 묵 기 소 지 권 곡 이 부 중 규 구

立之塗에 匠者不顧한다. 今에 子之言은 大而無用하니
입 지 도 장 자 불 고 금 자 지 언 대 이 무 용

衆所同去也라 莊子曰 子는 獨不見狸狌乎아 卑身而伏하여
중 소 동 거 야 장 자 왈 자 독 불 견 리 성 호 비 신 이 복

以候敖者거다. 東西跳梁에 不避高下하다가 中於機辟
이 후 오 자 동 서 도 량 불 피 고 하 중 어 기 벽

死於罔罟한다. 今夫斄牛는 其大가 若垂天地雲이라
사 어 망 고 금 부 태 우 기 대 약 수 천 지 운

此能爲大矣而不能執鼠한다. 今子는 有大樹한데
차 능 위 대 의 이 불 능 집 서 금 자 유 대 수

患其無用하니 何不樹之於無何有之鄉 廣莫之野하고
환 기 무 용 하 불 수 지 어 무 하 유 지 향 광 막 지 야

彷徨乎無爲其側하며 逍遙乎寢臥其下하는가. 不夭斤斧니
방 황 호 무 위 기 측 소 요 호 침 와 기 하 불 요 근 부

物無害者 無所可用이다. 安所困苦哉아.
물 무 해 자 무 소 가 용 안 소 곤 고 재

혜자惠子가 장자莊子에게 말하였다.

"나에게 큰 나무가 있는데 사람들은 이를 가죽나무樗저—라고 부릅니다. 몸통은 울퉁불퉁해서 먹줄을 칠 수가 없고 가지는 뒤틀려서 자를 댈 수 없소. 길가에 서 있지만 목수가 거들 떠 보지도 않소.

지금 선생의 말은 크나 쓸모가 없어서 모든 사람이 한결같이 외면합니다."

이에 장자莊子가 말하였다.

"선생은 너구리狸와 성성이狌를 보지 못했습니까? 몸을 낮게 웅크리고서 들쥐 등을 기다리다가 이리저리 뛰며 높고 낮은 데를 가리지 않다가 결국은 덫에 치이거나 그물에 걸려 죽지요. 그런데 태우斄牛는 크기가 하늘을 뒤덮은 구름과도 같아 큰일은 하지만 쥐 한 마리도 잡지 못합니다. 지금 선생에게 큰 나무가 있는데 쓸모가 없다고 걱정하는 것 같습니다. 어찌하여 '아무것도 없는 마을無何有之鄕'이나 '드넓은 들판廣莫之野'에 가죽나무樗를 심어 그 곁에서 마음가는 대로 노니며, 유유자적悠悠自適하게 나무 아래 잠자지 못합니까! 그 나무는 쓸모가 없어 도끼질 당하지도 않고 아무도 해치지 않습니다. 세상의 쓸모에 속하지 않으니 무슨 걱정이 있겠습니까?"

某解

예부터 장자莊子를 읽은 선비들이 제 깜냥대로 무하유無何有에 대해 의견을 말하거나, 무하유無何有를 읊거나, 무하유無何有에 거닌다고 거들먹이는 자가 많았다. 북송北宋의 정이程頤, 양시楊時등이 그러한 류類이다. 소동파蘇東坡가 이들을 가리키며 무하유를 읊는다.

問我何處來　어느 곳에서 왔느냐고 내게 물으면
我來無何有　나는 무하유無何有에서 왔다하리
薰風自南來　해맑은 바람이 스스로 남에서 불어오니
草堂生微凉　처마 끝에 희미하게 서늘함이 솟아나누나.

뒷날 남송南宋의 대혜종고大慧宗杲가 소동파의 무하유無何有를 듣자마자 개오開悟한다. 그리고 보기천성保其天性 임기자재任其自在하여 남송南宋의 대종장大宗丈이 되어 선풍禪風을 드높인다. 무하유無何有는 장자莊子와 선禪이 서로 통하는 대기大機의 묘처妙處임을 알 수 있다.

무하유지향無何有之鄕이란 아무것도 없는 마을이란 뜻이다. 무엇이 없다는 비유인가? 범부의 마음情念이다. 무하유지향은 칠정七情이 없는 마음이란 뜻으로 진심眞心을 가리킨다. 칠정七情 없는 마음이 진심眞心이다. 그러므로 무하유는 무심無心을 의미하고, 무하유지향은 진심을 가리킨다. 무심이란 '마음이 없다'는 뜻이요, 무심이라는 마음이 있다는 의미가 아니다. 진심에 계합契合한 이후에 무심을 알 수 있는 것이다. 본래 무심의 도리에 거닌 뒤에 무하유를 읊어야 자신을 속이지 않고, 세상에 삿됨을 어지러이 날리지 않는 것이다.

만약 자기의 진심眞心을 깨치면 정념의 마음이 없다. 정념이란 환심幻心이다. 진심을 깨치면 이미 정념이 없다. 정념의 내용이 환幻이기 때문이다. 성인의 가르침이란 다만 환幻을 가리켜 진심眞心을 드러내고자 하는 데 있는 것이다.

공자 이르기를 "시삼백詩三百이 한마디로 사무사思無邪"라 하였다. 사무사는 공자의 종지宗旨요, 지극한 가르침이다. 생각에 삿됨이 없다는 것은 생각하되, 생각에 선악善惡과 시비是非와 피차彼此 등의 칠정이 없다는 뜻이다. 절세고재絶世高才 소동파蘇東坡가 황주로 유배 가서 오직 하나의 문제를 들었으니 바로 사무사이다. 소동파가 사무사의 뜻을 확철대오廓徹大悟한 뒤에 무하유의 이理에 묵연默然히 통하였다. 사무사의 의지가 무하유를 관통貫通하는 것이다. 범부는 자성自性에 미혹迷惑하여 칠정을 자신의 마음으로 삼아 인생을 짓는다. 출중세재出衆世才라도 무하유에 밝지 못하면 다만 미혹범부迷惑凡夫일 뿐이다.

소지小知는 세상 속에서 다투고, 대지大知는 세상 밖에 무위無爲의 대용大用을 나툰다. 무하유에 밝아진 연후에 대지大知에 참여할 수 있는 것이다.

碧注

* 樗(저): 가죽나무. 쓸모없는 물건.
* 擁(옹): 안다. 손에 쥐다.
* 腫(종): 부스럼. 종기.
* 辟(벽): 허물. 덫.
* 罔罟(망고): 그물. 網罟와 같은 글자.
* 斄牛(태우): 붕(鵬)과 같은 의미의 상징으로 큰 소.
* 斄(태): 털이 긴 소.
* 大而無用(대이무용): 크나 쓸모없음.
* 狸(리): 살쾡이, 너구리.
* 狌(성): 성성(猩猩)이. 불인(不仁)하다.
* 跳(도): 뛰다.

장자촬요 제2편

제물론 齊物論

제물론齊物論의 물物 자가 무엇을 가리키는가?

물物 자의 뜻에 합한다면 장자관문莊子關門의 문고리를 잡은 것이다.

선가禪家에 본래무일물本來無一物이란 말이 있다.

장자莊子의 물物 자와 선가禪家의 물物 자가 뜻에 같은가? 다른가?

상아즉문천뢰 喪我則聞天籟

망아忘我가 없으면 하늘의 피리소리天籟를 듣는다

南郭子綦는 隱几而坐하였다. 仰天而噓하니 嗒焉似喪其耦라.
남 곽 자 기 은 궤 이 좌 앙 천 이 허 탑 언 사 상 기 우

顏成子游는 立侍乎前曰 何居乎아? 形固可使如槁木하고
안 성 자 유 입 시 호 전 왈 하 거 호 형 고 가 사 여 고 목

而心固可使如死灰乎아? 今之隱几子는
이 심 고 가 사 여 사 회 호 금 지 은 궤 자

非昔之隱几者也라. 子綦曰 偃아 不亦善乎而問之也라
비 석 지 은 궤 자 야 자 기 왈 언 불 역 선 호 이 문 지 야

今者에 吾喪我로다. 汝知之乎아 汝聞人籟而未聞地籟하고
금 자 오 상 아 여 지 지 호 여 문 인 뢰 이 미 문 지 뢰

汝聞地籟而未聞天籟夫라.
여 문 지 뢰 이 미 문 천 뢰 부

남곽자기南郭子綦가 책상에 기대 앉아 하늘을 우러르며 가늘게 숨을 내쉬었다. 육신肉身이 해체되어 흡사 몸을 잊은 듯하였다. 안성자유顏成子游가 가까이서 모시고 있다가 물었다.

"무슨 까닭입니까? 육신이 죽은 나무처럼 되고 마음은 불 꺼진 재와 같이 될 수 있는 것입니까? 지금 책상에 기대어 계신 모습은 예전의 모습과는 완연히 다릅니다."

남곽자기가 대답하였다.

"언偃아, 훌륭하게 묻는구나. 지금 나는 나[假我]를 잊었는데 자네가 그것을 알겠는가!"

남곽자기가 이어 말한다.

"자네는 사람의 피리 소리[人籟]는 들어도, 땅의 피리 소리는 못 들을 것이다. 설령 땅의 피리소리[地籟]는 듣는다 해도, 하늘이 내는 피리 소리는 듣지 못할 것이다."

某解

남곽자기南郭子綦가 몸과 마음[妄心]을 잊었다. 마음은 망심妄心을 가리킨다. 몸과 마음을 잊은 때에 보고 듣고 말하는 것이 자성自性이요, 몸과 마음을 잊고서 보고 듣고 말하는 작용을 무심無心이라 하며, 무심無心의 동정動靜을 도道라 한다. 동정의 작용이 없으면 도道의 그림자도 볼 수 없고, 작용할 때에 모습이 없으나 도道의 기미機微는 온전히 드러난다. 기미機微가 드러나나 모습과 자취가 없다. 그러하기에 공자孔子가 이르기를, 범부가 이 도道를 나날이 온전하게 쓰나, 스스로 알지 못한다[百姓日用而不知]라고 한 것이다.

상아喪我란 망아忘我가 없어진 것이라, 곧 진아眞我가 드러남이다. 고로 진아가 드러나면 망아는 있을 곳을 잃는 것이다. 망아의 실체가 환幻이기 때문이다. 천뢰天籟란 진아의 비유이다. 천뢰를 듣는 이는 진아의 대기대용大機大用을 회복한 것이다.

碧注

* 几(궤): 안석
* 嘘(허): 불다. 울다.
* 嗒(탑): 멍할
* 耦(우): 짝
* 籟(뢰): 소리. 세 구멍 퉁소.

대지소지 大知小知

대지大知는 한가롭고 한가로우나, 소지小知는 자잘하여 바쁘다

大知는 閑閑하고 小知는 閒閒하다. 大言은 淡淡하고 小言은
대 지　한 한　소 지　간 간　대 언　담 담　소 언

詹詹하다 其寐也魂交하고 其覺也에 形開한다. 與接爲構하여
첨 첨　기 매 야 혼 교　기 각　형 개　여 접 위 구

日以心鬪한다 縵者 窖者 密者이다. 小恐惴惴하고 大恐은
일 이 심 투　만 자 교 자 밀 자　소 공 췌 췌　대 공

縵縵하다. 其發若機栝하니 其司是非之謂也요
만 만　기 발 약 기 괄　기 사 시 비 지 위 야

其留如詛盟하니 其守勝之謂也라 其殺若秋冬하여
기 유 여 저 맹　기 수 승 지 위 야　기 살 약 추 동

以言其日消也라 其溺之所爲之하고 不可使復之也라
이 언 기 일 소 야　기 익 지 소 위 지　불 가 사 복 지 야

其厭也如緘하니 以言其老洫也라 近死之心은
기 염 야 여 함　이 언 기 노 혁 야　근 사 지 심

莫使復陽也라.
막 사 복 양 야

대지大知는 한가롭고 한가로우나, 소지小知는 자잘하여 바쁘다. 큰 말은 고요하고 맑으나 작은 말은 따지고 헤아린다. 잠들어서는 쉴 새 없이 꿈을 꾸고, 깨어서는 몸을 주인 삼아 모습 따라 헤아리며 쉴 새 없이 다툰다. 그 중에는 너그러운 사람[縵者], 깊이 생각하는 사람[窖者], 꼼꼼한 사람[密者] 등이 있다. 이러한 소지小知는 작은 두려움에는 어쩔 줄 몰라[惴惴] 하면서도 큰 두려움에는 머엉[縵縵]한 것이다.

소지小知의 그 언사言事는 활을 쏘는 것 같아 모질기가 시비是非를 가리는 판관判官과도 같으며, 그들이 이기려는 생각을 둘 때 그 고집은 맹세를 지키는 것과 같다. 따라서 소지小知의 범부는 가을과 겨울처럼 찬 기운에 진기眞氣가 나날이 시들어 쇠약해지는 것과 같은 것이다. 이들은 자기 견해에 푹 빠져 본성本性을 회복할 수 없게 되는 것이다. 늙어서도 욕심이 넘치는 것이 무엇인가에 꽉 막혀 버린 것과 같다. 이같이 늙어 죽음에 다가간 소인小人의 마음씨는 본성本性을 회복할 수 없게 되는 것이다.

某解

대지大知는 대지大智이니 곧 자성自性의 청정대지淸淨大智이다. 자성自性의 염담허무恬憺虛無를 회복하면 사사事事에 진기眞氣를 나투게 되는 것이다. 소지小知는 범부의 자성自性이 정식情識에 가려져 작용하는 가유假有의 몽환夢幻이다.

범부가 몽환夢幻이 몽환夢幻인 줄 알지 못하기에 주인이 하인 노릇을 하며 당연하게 여긴다. 실상實相을 알면 조잔하고 편벽된 마음씨로 일생을 보낸 것이 부끄럽고 서글플 것이다. 늙어 죽음에 다가간 소인小人의 마음씨는 탐욕의 고집이 심하므로 본성本性을 회복하기가 어려운 것이다. 공자孔子는 사십이 되도록 도道를 배우지 못하면 더 볼 것이 없다고 하였고, 원효元曉는 늙고 병든 노인은 도道를 닦지 못하며, 망가진 수레는 가지 못한다老人不修破車不行고 하였다. 그러하기에 성인聖人이 젊어서 자성自性을 회복하는 공부에 나아가라고 설명하며 당부하는 것이다.

碧注

* **大知**(대지): 청정대지(淸淨大知). 염담허무(恬憺虛無)의 자성(自性)을 회복하여 사사(事事)에 진기(眞氣)를 나투는 지(智). 대지(大知)는 대지(大智)의 뜻이다.
* **閑閑**(한한): 범부(凡夫)의 정념(情念)이 없이 임성수연(任性隨緣)하다.
* **小知**(소지): 가정소지(假情小知). 범부정식(凡夫情識). 소지(小知)는 범부(凡夫)의 정념(情念)의 학습(學習)으로 모아진 지식(知識)이다. 범부는 학습(學習)한 지식(知識)과 지식(知識) 사이에서 분별하여, 기억하고 판단하는 지식(知識)과 인식(認識)으로 마음을 삼는다. 그러므로 대지(大知)와는 근본이 다르다.
* **閒**(간): 섞이다. 틈. 사이. 閒과 間은 같은 글자.
* **閒閒**(간간): 지식의 틈 사이에서 바쁘다. 혹은 섞인 지식 사이에서 바쁘다. 閒閒은 間間과 같다. 間은 閒의 속자.
* **大言**(대언): 세속의 정념을 떠난 말씀. 무위(無爲)에 거처하는 말씀.
* **淡淡**(담담): 무정소요(無情逍遙)하는 모양.
* **小言**(소언): 유정(有情)의 소견(所見).
* **詹詹**(첨첨): 지(知)가 수다하다.
* **詹**(첨): 수다스럽다.
* **形開**(형개): 몸을 주인하여 모습을 굴리다.
* **與接爲構**(여접위구): 소지(小識)를 만나다.
* **縵者**(만자): 너그러운 자(者). 연완자(軟緩者). 우유부단한 자 .
* **窖者**(교자): 생각 깊은 자. 움집. 깊다.
* **密者**(밀자): 꼼꼼한 자. 고요하다.
* **惴惴**(췌췌): 두려워하다.
* **縵縵**(만만): 멍하다. 늘어지다.
* **詛**(저): 맹세하다. 원망하다.

비피무아 非彼無我

저 정념情念이 없으면 내妄我가 없다

喜怒愛懼 慮嘆變慹 姚佚啓態는 樂出虛와 蒸成菌처럼
희 노 애 구 여 탄 변 집 요 일 계 태 낙 출 허 증 성 균

日夜相代乎前 而莫知其所萌이라 已乎已乎니 旦暮得此는
일 야 상 대 호 전 이 막 지 기 소 맹 이 호 이 호 단 모 득 차

其所由以生乎아 非彼無我요 非我無所取니 是亦近矣라
기 소 유 이 생 호 비 피 무 아 비 아 무 소 취 시 역 근 의

而不知所爲使라. 若有眞宰(眞心)나 而特不得其朕이다.
이 부 지 소 위 사 약 유 진 재 이 특 부 득 기 짐

可行而信이나 而不見其形이다. 有情而無形이다.
가 행 이 신 이 불 견 기 형 유 정 이 무 형

사람들은 기쁨과 노여움, 슬픔과 두려움, 걱정과 한탄, 변덕과 고집, 아첨과 방자함, 열어젖힘과 억지꾸밈과 같은 정념情念을 빚고 또 빚는다. 참 즐거움은 허명虛明에서 나오고, 곰팡이는 습한 곳에서 생긴다. 이러히 마음씨의 변화가 밤낮없이 번갈아 나타나지만, 어찌하여 그러한지 사람들은 알지 못한다.

그만두세! 이제 정념의 꼭두각시 노릇 그만두세! 아침저녁으로 이러한 정념情念이 나타나는 것은 그 근원根源이 있다네! 저 정념情念이 없으면 내妄我가 없고, 내妄我가 없으면 저 정념情念이 의지할 곳이 없다. 이러히 알면 도道에 가까우니라! 그러나 무엇이 온갖 정념情念을 일으키고 사라지게 하는지 알 수가 없다. 참나眞我가 분명히 있으나 모습이 없어 기미機微조차 알 수 없다. 참나의 작용은 일상

에 또렷이 나타나 있으나 그 모습을 볼 수 없는 것이다. 참나眞心는 늘 작용하나 모습이 없다.

某解

장자莊子가 이른다. "저 정념情念이 없으면 내妄我가 없고, 내妄我가 없으면 저 정념情念이 의지할 곳이 없다. 이러히 알면 도道에 가깝다."

초학은 무아無我 즉 내가 없다는 말에 혼란스러워 하며, 어려워한다. 그러나 누구도 개오開悟 이전에는 무아無我의 뜻을 온전히 통해通解하지 못한다. 무아無我의 이해는 도문道門의 열쇠에 해당하는 것이다. 불가佛家의 핵심사상을 여덟 자로 표현한 말에 "제법무아諸法無我 제행무상諸行無常"이 있다. 제법무아諸法無我란 모든 불법佛法의 이치는 무아無我를 체體로 삼는다는 뜻이요, 제행무상諸行無常이란 모든 망아忘我의 행行이 허망虛妄하다는 의미이다. 그러므로 불가佛家와 도가道家의 도道가 하나임을 알 수 있으며, 하나의 이치인지라 집家을 달리하였어도 무아無我를 관문關門으로 삼는 것이다. 이러히 이해하였어도 도道가 현전現前하는 것이 아니다. 약간의 지해知解가 생겼을 따름이다.

그러므로 장자莊子가 말한다. "이러히 알면 도道에 가깝다." 자기 인생의 근원을 밝고자 하는 이는 반드시 도道에 가까워진 연후에 회광반조廻光返照의 정관공부正觀工夫에 나아갈 수 있음을 알아야 한다. 그리하여 온갖 정념情念을 일으키고 사라지게 하는 허공도적虛空盜賊을 찾아내는 장부丈夫의 쾌거快擧를 이루어야할 것이다.

도대체都大體 이 일은 누구의 문제이기에 장자莊子의 목소리가 이천오백여 년을 울려도 따르는 이가 드문 것인가? 咄!

窖窖縵縵宿凡事	窖窖縵縵은 宿世의 늘어진 버릇,
若知損損立上路	損之又損할 줄 알면 上路에 선 것이라.
非彼無我能所絶	저 情이 없으면 我가 없고, 能所가 끊어지나니
非我無取道近兮	妄我와 取가 없으면 道가 가깝네라!

碧注

* **窖窖縵縵**(교교만만): 깊게 생각하여도 머엉함.
* **損之又損**(손지우손): 정념(情念)을 버리고 또 버려 끝내 절멸(絶滅)하여 무위(無爲)를 자득(自得)코자 행하는 공부. 노자(老子)의 상로(上路).
* **非彼無我**(비피무아)요 **非我無所取**(비아무소취)니 **是亦近矣**(시역근의)라: "저 정념(情念)이 없으면 내(妄我)가 없고, 내(妄我)가 없으면 저 정념(情念)이 의지할 곳이 없다. 이러히 알면 도(道)에 가깝다." 이 구절은 개오관문(開悟關門)이다. 이 구절에 통견(筒見)을 지니고 장자(莊子)를 보려 하면 도(道)에서 멀다. 선가귀감(禪家龜鑑)의 삼대(三大) 난해처(難解處)의 하나에 "不生者(불생자)는 無能所也(무능소야)"가 있다. 불생자(不生者)가 무엇을 가리키는지 명료히 알아야 능(能)과 소(所)의 없음에 통할 수 있는 것이다. 불생자(不生者)가 어떤 것인가? 몰록 알겠거든 허공 밖에 한 발을 내밀어 보라! 그리하여 장자를 만나지 못한다면 허물이 누구에게 있겠는가? 哂哂兮! 咄咄兮!

주인공 主人公

참 주인공主人公은 상주불변常住不變이다

百骸九竅와 六藏이 賅而存焉이다 吾誰與爲親할까
백해구규 육장 해이존언 오수여위친

汝皆說之乎에 其有私焉이다 如是皆有爲臣妾乎아
여개열지호 기유사언 여시개유위신첩호

其臣妾不足以相治乎아 其遞相爲君臣乎아
기신첩부족이상치호 기체상위군신호

其有眞君存焉이라 如求得其情與不得에
기유진군존언 여구득기정여부득

無益損乎其眞이라.
무익손호기진

사람에게는 백 개의 뼈, 아홉 개의 구멍, 여섯 가지 장기臟器가 갖추어져 있는데 이 가운데 어느 것과 친한가? 그대는 이 모든 것을 한결같이 사랑하는가? 그 중에 편애하는 것이 있는가? 그렇다면 모두 부리는 머슴이나 종 같은 것인가? 머슴과 종은 서로 다스릴 수 없는 것 아닌가? 교대로 주인이 되었다가 종이 되는 것인가? 그러나 참된 주인공眞君은 두렷이 존재한다. 참된 주인공을 밝혔거나, 참된 주인공에 어둡거나 간에, 참된 주인공은 염담허무恬惔虛無하여 사생死生에 벗어나 있으며, 더하거나 뺄 것 없이 상주불변常住不變하는 진아眞我인 것이다.

某解

장자莊子가 진아眞我를 밝혀야 하는 까닭과 진아의 체體를 가리켜 보였다.

머슴과 종은 이것과 저것을 대별하는 상대적 관념을 비유한 것이다. 머슴과 종의 주인이 있다. 장자는 주인을 밝혀 주인이 주인답게 인생을 꾸리라는 것이다.

碧注

* 遞(체): 갈마들다. 번갈아.

인생누망 人生陋芒

범부의 인생은 누추하고 어리석은 것인가?

一受其成形이면 不亡以待盡이라 與物 相刃相靡하며
일 수 기 성 형 불 망 이 대 진 여 물 상 인 상 미

其行盡은 如馳而莫之能止는 不亦悲乎아. 終身役役
기 행 진 여 치 이 막 지 능 지 불 역 비 호 종 신 역 역

而不見其成功하고 苶然疲役 而不知其所歸하면
이 불 견 기 성 공 날 연 피 역 이 부 지 기 소 귀

可不哀邪아 人爲之不死는 亥益고 其形은 化하고 其心은
가 불 애 사 인 위 지 불 사 해 익 화 기 심

與之然하니 可不謂大哀乎아 人之生也에 固若是芒乎아
여 지 연 가 불 위 대 애 호 인 지 생 야 고 약 시 망 호

其我獨芒 而人亦有不芒者乎아
기 아 독 망 이 인 역 유 불 망 자 호

사람의 몸을 받았으면 그 명命을 해치지 아니하고 온전하게 삶을 마쳐야 한다. 외물에 정념情念을 수고로이 하여 일생이 말을 달리듯 순식간에 지나가는데도 망정妄情을 그치지 않으면 또한 슬프지 아니한가! 평생토록 애를 쓰지만 이룬 공이 한 점 없고, 지쳐 늘어져 돌아가야 할 곳을 알지 못한다면 애달프지 아니한가! 세상 사람들은 이를 아직 살아 있다고 좋아하지만 무슨 이로움이 있겠는가!

그 몸이 늙어감에 따라 그 정념情念도 함께 찌들어 가는 것이 어찌 큰 슬픔이 아니겠는가? 인간의 삶이란 본시 이렇듯 어리석은 것인가? 나 홀로 어리석고 세상 사람들은 어리석지 않은 것인가?

某解

사람들은 누구나 생각한다. 나는 누구인가? 어디서 와서 어디로 가는가? 어떻게 사는 것이 참된 삶인가? 그러나 사람마다 그 생각의 깊이와 노력과 판단이 다르다. 그 가운데 일생을 통해 간단間斷없이 나眞我를 밝히려는 노력을 하는 이는 드물다. 더구나 참나眞我를 밝혀 소요逍遙에 나아간 이는 드물디 드물다. 어찌하여 그러한가? 대개 바깥의 명名과 상相과 허욕虛欲에 기울어 있기 때문이다. 마명磨銘을 본다.

外息諸緣하고	바깥의 모든 인연因緣을 쉬고
內心無喘하여	안으로 정념情念을 쉬어
心如墻壁이면	참 마음이 장벽墻壁 같으면
可以入道니라.	도道가 밝아지니라.

참나眞我를 밝히려 함에 마명磨銘을 벗어나서 구할 수 없다. 모든 공부길이 마명磨銘에 갖추어 있다. 삼가三家의 도道가 마명磨銘으로 통하는 것이다. 공부길에 나섰는가? 스스로를 비추어 보라! 무엇으로 참나眞我를 가릴 수 있겠는가?

碧注

* 靡(미): 쓰러지다.
* 馳(치): 달리다.
* 疲(피): 지치다.
* 苶(날): 나른할. 잊을.
* 茫(망): 아득하다.

어찌 없는 것을 알 수 있겠는가?

범부는 없는 것을 있다고 고집한다

夫隨其成心而師之하면 誰獨且無師乎아
부 수 기 성 심 이 사 지 수 독 차 무 사 호

奚必知代而心自取者有之라면 愚者與有焉이라 未成乎
해 필 지 대 이 심 자 취 자 유 지 우 자 여 유 언 미 성 호

心而有是非하면 是今日適越而昔至也라 是以無有爲有이
심 이 유 시 비 시 금 일 적 월 이 석 지 야 시 이 무 유 위 유

(凡夫者는) 無有爲有한다 雖有神禹라도 且不能知이니
무 유 위 유 수 유 신 우 차 불 능 지

吾獨且奈何哉아.
오 독 차 내 하 재

당장의 마음情念을 이루게 하는 본디 자리를 좇아 스승으로 섬긴다면 그 누가 스승이 없겠는가! 어찌 거짓마음을 가려내고 참마음을 밝히 아는 현인賢人에게만 스승이 있겠는가! 어리석은 이에게도 스승이 있는 것이다.

정념情念을 일으키게 하는 본디 참 마음을 알지 못하고서 밝은 삶의 길에 대해 옳고 그름을 판별判別하려 든다면, 이는 오늘 월越나라로 떠나면서 어제 도착하였다는 것처럼 어처구니없는 짓이다. 이것은 실제로 없는 일을 있다고 우기는 것과 같다. 범부는 없는 것을 있다無有爲有고 고집한다. 신령神靈한 지혜의 우禹임금이라 하더라도, 어찌 없는 정념情念을 알 수 있겠는가! 하물며 내莊子가 어찌 정념情念을 알겠는가!

某解

범부는 정념情念으로 나를 삼으며, 바로 이 마음이라 하며 우긴다. 정념情念의 실상實相은 환幻이라, 본래 없는 것이다. 그러나 범부는 없는 것을 분명하게 있다고 믿으며 고집한다. 당장에 쓰는 밉고 고움과 옳고 그름에 관여하여 다투는 마음이 범부에게 있는 것이다. 그러하기에 예부터 이 도道를 배우며 따르는 이가 드문 것이다. 아! 범부의 판단과 고집固執이 이러하므로 천하天下에 도道가 넓혀지지 아니 하는도다!

그러나 정념情念이 환幻인 줄 밝히 아는 이는, 없는 것을 있다고 말할 수는 없는 것이다. 성인聖人이라도 본래 없는 것을 다시 있게 하는 방도方圖는 없다. 그러므로 지인至人은 그 때가 아니면 나아가지 않고, 그 사람이 아니면 말하지 않는 것이다. 장자莊子는 뜻 높은 뒷사람을 건지려 남화경南華經을 저술하였다. 뒷사람이 남화경에 기대서 인생의 본원을 밝힌다면 장자가 화안히 웃으며 맞이하리라. 참 공부인은 다툼과 이익과 명名에는 한 발 물러서고, 도道를 들으면 한 발 나아가 합한다. 이러한 이가 다음 세상의 큰 스승이 되는 것이다. 참 공부인은 필경畢竟에 자기 속의 큰 스승을 만나게 된다. 이 만남은 만남 아닌 만남이니, 곧 자성自性의 현현顯現인 것이다.

也大奇也大奇兮　기이奇異하고 또한 기이奇異하노이
無情一說不思意　무정無情의 일설一說 부사의로다.
若將耳聽終難會　만약 귀로 듣는다면 끝내 알지 못하고
眼處聞時方可知　눈으로 들어야 비로소 아나니라.

도여위 道與僞

도道는 거짓 마음에 가려져 있다

道는 惡乎隱而有眞僞하고 言은 惡乎隱而有是非인가
도 오호은이유진위 언 오호은이유시비

道는 惡乎往而不存하고 言은 惡乎存而不可인가
도 오호왕이부존 언 오호존이불가

道는 隱於小成하고 言은 隱於榮華이다
도 은어소성 언 은어영화

故로 有儒墨之是非하여 以是其所非 而非其所是이다
고 유유묵지시비 이시기소비 이비기소시

欲是其所非 而非其所是 則莫若以明이다.
욕시기소비 이비기소시 즉막약이명

도道에 무엇이 가려져 있기에 참과 거짓이 일어나게 되고, 참 말은 무엇에 가려져 있기에 시비善惡의 다툼이 생기는 것일까? 도道는 어디로 떠났기에 드러나지 않고, 참 말眞言은 어디에 있기에 그릇된 말만 있는 것일까?

도道는 조그만 술지術知에 가려지고, 참 말은 번드레한 흐린 말에 가려진다. 그러므로 유가儒家와 묵가墨家의 논쟁論爭이 벌어져 상대가 옳다고 하는 바를 그르다하고, 상대가 그르다고 하는 것을 옳다고 한다. 상대가 그르다고 하는 것을 옳다고 하고, 한쪽이 옳다고 하는 것을 그르다고 함은 밝은 지혜에 비교할 수 없다.

某解

도道에 무엇이 가려져 있기에 참과 거짓이 발생하게 되었을까? 칠정七情의 망념妄念이다. 이 도리道理는 만세萬歲에 걸쳐 이르더라도 늘 새롭고 올곧다. 모든 범부의 지혜가 해맑은 본원을 밝힐 때까지 칠정의 망념이 허망하다는 가르침은 그치지 않아야 한다.

고덕古德이 이른다.

"시비是非는 시비是非하는 사람에게 있나니,
문득 시비是非를 여의면, 시비是非가 없네라."

방외시方外詩 두 수首를 본다.

三間茅屋從來住　세 칸 띠집에 종래로 거처하나니
一道神光萬境閑　一道의 神光이라 萬境이 한가하도다.
莫作是非來辨我　是非지어 나에게 分辨말라.
浮生穿鑿不相關　浮生의 천착에 相關 아니 하노라.

揆艸澹風非他事　담풍이 풀잎 세는 것, 다른 일 아닐세라.
要明七情未生前　칠정七情 나기 전을 밝히려 하는가?
睡覺佇看白雲飛　잠 깨어 우두커니 흰 구름을 보나니
一幾寒光呑太虛　한 줄기 찬 빛이 태허太虛를 삼키누나.

자지즉지지 自知則知之

자성自性을 밝히면 곧 도道를 아나니라

物無非彼요 物無非是라 自彼則不見하고 自知則知之라
물 무 비 피 물 무 비 시 자 피 즉 불 견 자 지 즉 지 지

故로 曰彼出於是하고 是亦因彼이다.
고 왈 피 출 어 시 시 역 인 피

사물은 저것 아닌 것이 없으며 이것 아닌 것이 없다. 상대적으로 보면 자기의 허물은 보이지 않고, 스스로를 밝히 알면 도道를 알게 된다. 그러므로 저것은 이것에서 비롯되고 이것은 저것에서 비롯된다고 한 것이다.

某解

정鄭나라 사람과 노魯나라 사람이 서로를 가리켜 저쪽나라 사람이라 한다. 정鄭나라와 노魯나라 사람의 공통共通은 사람이요, 근원적 공통共通은 진심眞心을 갖추고 있는 것이다. 진심眞心을 잊고서 서로를 견주고 이利를 다투며, 공功을 세우고 이룸成을 가름하는 것은 모두 메아리와 그림자와 물거품을 따르는 것이다.

세학世學이 유무有無를 가르고 무無에서 유有가 나왔다고 하나, 유有는 유有이고 무無는 무無일 뿐이다. 없는 것은 없을 뿐이며 변하는 것은 실實이 아니기 때문이다. 변증辨證에 유무有無를 논할 때는 무엇이 유有이고 무無인가를 변별辨別하면 그만이다. 정체正體의 무엇이 없는 유무론有

無論은 궤변詭辯이요, 억설臆說이다. 세학世學의 대개가 억설을 좋아하여 고집한다. 세학의 억설臆說을 주도하는 인물은 누고범부螻蛄凡夫들이다.

고시古詩를 본다.

天晴日頭出　날 개이면 해가 나고
雨下地上濕　비 내리면 땅이 젖는다네.
盡情都說了　사실대로 말했거늘
只恐信不及　믿지 아니할까 두려웁네.

孤輪獨照江山靜　달빛 홀로 비추나니 강산은 고요해
自笑一聲天地驚　밝은 웃음 한소리에 천지가 놀라네.
花欲開始方吐香　꽃피면 반드시 향기를 토하나니
水咸潭成便無聲　못물이 차매, 소리를 아니 두누나.

비 내리면 땅이 젖고, 해지면 달뜨는 도리를 누가 있어 고칠 것인가? 자성自性은 소리와 빛깔과 냄새가 없으나, 만상萬象을 나투지 않음이 없네라.

방사방생 方死方生

죽음이 있으면 반드시 삶이 있다

彼是方生之說也라 雖然 方生方死나 方死方生이요
피 시 방 생 지 설 야 수 연 방 생 방 사 방 사 방 생

方可方不可에 方不可方可이며 因是因非요 因非因是이다
방 가 방 불 가 방 불 가 방 가 인 시 인 비 인 비 인 시

是以聖人은 不由而照之於天하니 亦因是也라
시 이 성 인 불 유 이 조 지 어 천 역 인 시 야

저것과 이것은 상대적인 설說이다. 그러나 삶이 있으므로 죽음이 있고, 죽음이 있으면 반드시 삶이 있는 것이다. 가可함이 있으므로 불가不可함이 있고, 불가不可함이 있으므로 가可함이 있는 것이다. 옳음으로 말미암아 그릇됨이 있고 그릇됨을 말미암아 옳음이 있는 것이다. 따라서 성인聖人은 상대적相對的인 견해見解에서 벗어난지라 진심眞心에 비추어 보는 것이다. 이것이야말로 큰 바름이다.

某解

세상 사람은 대개 피차彼此의 설說에 거처한다. 그런 까닭에 여기와 저기를 대별하며 나의 사상思想과 남의 사상思想을 견주어 다툰다. 세상은 범부의 견해와 주장이 우선하여 적당히 굴러가는듯하다. 그러기에 성인의 지혜가 필요한 것이다. 어떻게 하면 세상이 시비是非를 쉬고 맑고 향기롭게 될 수 있을까? 세상 속의 상대적相對的 견해로는 불가不可하다. 장

자의 말을 들어본다.

"성인聖人은 상대적相對的인 견해見解에서 벗어난지라 진심眞心에 비추어 보는 것이다. 이것이야말로 큰 바름이다."

장자莊子는 자기의 진심眞心에 비추어 보는 이가 큰 바름을 행할 수 있다고 한다. 이것이 완전하고 유일한 해답일 것이다. 아쉽게도 이에 의지하고 따르는 이는 드물다. 그러나 이가 아니면 참 평등平等, 참 자유自由를 온전히 실현할 수 없다. 그러므로 모든 사람이 자기自己를 밝히는 도道를 배워야 하는 것이다. 하나의 등불이 켜지면 이어 또 다른 등불이 켜지고 켜 질 것이다. 범부 범부가 도안道眼이 열리면 세상은 참 평등平等, 참 자유自由가 넓혀져 밝은 세상이 열리는 것이다. 절대의 세계가 범부의 진심眞心에 갖추어 있는 것이다. 범부 범부가 도안道眼으로 소요逍遙하게 되는 때를 장자莊子는 기대한다. 장자莊子가 삶의 절대絶對와 상대相對를 아울러 말한다.

"삶이 있으므로 죽음이 있고, 죽음이 있으면 반드시 삶이 있는 것이다."

이 가운데 어떻게 살아야 할 것인가?

도추 道樞

저것과 이것의 관념觀念이 그친 경지가 도추道樞이다

是亦彼也요 彼亦是也라 彼亦一是非요 此亦一是非니
시 역 피 야 피 역 시 야 피 역 일 시 비 차 역 일 시 비

果且有彼是乎哉아 果且無彼是乎哉아 彼是가 莫得其偶면
과 차 유 피 시 호 재 과 차 무 피 시 호 재 피 시 막 득 기 우

謂之道樞니 樞는 始得其環中하여 以應無窮하나니
위 지 도 추 추 시 득 기 환 중 이 응 무 궁

是亦一無窮이오 非亦一無窮也라 故로 (老子)曰 莫若以明이오
시 역 일 무 궁 비 역 일 무 궁 야 고 왈 막 약 이 명

이것이 저것이며 저것 또한 이것이다. 저것도 하나의 시비是非이며, 이것도 하나의 시비是非이다. 과연 저것과 이것은 있는 것인가? 아니면 저것과 이것은 없는 것인가?

저것과 이것의 관념觀念이 그친 경지境地를 도추道樞라 한다. 도추道樞의 경지라야 비로소 참 주인공空寂靈知에 회복하여 무궁한 변화를 쓰는 것이다. 시是도 하나의 무궁변화의 기미機微요, 비非도 또한 하나의 무궁변화의 한 기미機微이다. 그러므로 (老子가) "대도大道에 밝음만 같지 못하다"고 한 것이다.

某解

도추道樞란 저것과 이것의 관념觀念이 그쳐, 진심眞心이 항상恒常한 경지이다. 유가儒家의 중용中庸과 불가佛家의 중도中道가 장자莊子의 도추道

樞와 통한다. 도추道樞란 손損과 지止의 지극함이라 범부의 정情이 있지 아니하다. 이 문을 열어젖힘을 일러 개오開悟라 한다. 개오開悟 연후의 시是와 비非는 속정俗情의 시비是非에 물들지 않는지라 곧 대도大道의 기미機微를 나투는 것이다. 도추道樞에 서야 장자를 만난다. 설화舌禍가 기다리는지라 여기서 그친다.

고시古詩를 본다.

日月爲燈燈不盡	해와 달을 등불 삼나니, 다 함 없고
乾坤爲屋屋無辺	건곤(乾坤)이 집이라, 집 가이 없네.
此身隨處生涯足	이 몸 발길 따라 생애가 족하거니
飢食松花渴飮泉	주리면 솔 꽃, 목마르면 샘물 마시네.

건곤乾坤으로 집 삼고, 때 따라 발길 따라 소요逍遙하나니, 인생에 더함도 모자람도 없다. 배고프면 세초細草로 창자를 달래고 목마르면 물 마신다. 종일토록 정념情念이 없는 풍도風道여! 장자莊子의 청한淸閑일세라!

천지일지 天地一指

천지는 하나의 손가락이다

以指로 喩指之非指는 不若以非指로 喩指之非指也며
이지 유지지비지 불약이비지 유지지비지야

以馬로 喩馬之非馬는 不若以非馬로 喩馬之非馬也니
이마 유마지비마 불약이비마 유마지비마야

天地는 一指也요 萬物一馬也라
천지 일지야 만물일마야

喩(유): 깨우치다.

손가락眞心으로써 손가락眞心을 손가락眞心이 아니라고 하는 것은, 손가락眞心이 아닌 것으로써 손가락眞心을 손가락眞心이 아니라고 하는 것만 같지 못하다. 말馬로써 말馬을 말馬이 아니라고 말하는 것은 말馬이 아닌 것으로써 말馬을 말馬이 아니라고 하는 것만 같지 못하다. 천지眞心도 하나의 손가락眞心이며, 만물은 한 마리의 말일 따름이다.

某解

천지간에 모든 모습 있는 것은 모두 변화한다. 급하게 혹은 느리게 변화變化한다. 이 가운데 변하지 않는 것이 있으니 자성自性이다. 자성自性을 밝힌 이는 변화를 부리거나 변화에 초연超然하다. 자성自性에 어두운 이는 변화에 굴려지거나 변화의 주체가 조물주라 여기며 스스로 그 노예가 된다. 변화의 주인이 변화의 노예가 된다는 것은 슬픈 일이 아닐 수 없다. 산山은 산山이나 변화의 관점에서 보면, 흙덩이나 돌맹이나 티끌에 다름 아니다. 그러므로 산山은 산山이면서 산山이 아닌 것이다. 양변兩邊을 적연寂然히 관觀하는 이를 바른 사람이라 하겠다.

고자告子가 성性을 무선불무선無善不無善이라한데 대해 중년中年의 맹자孟子가 힐난詰難하였다. 그 때 말馬에 비유하며 긴 논변을 한다. 그런 뒤, 맹자의 노년老年에 견처見處가 밝아져 고자告子의 무선불무선無善不無善이 바른 지견知見이라고 고쳐 말한다. 맹자의 고자장告子章에 보인다. 장자莊子 지마설指馬說은 맹자가 미혹迷惑하면서 도道를 설한 때를 꾸짖은 것이다. 성性은 선善과 악惡에 속하지 않는다는 것이다. 맹자는 중년中年, 노년老年, 만년晩年에 걸쳐 학學의 삼변三變을 보인다. 맹자는 만년晩年의 설만이 밝다. 형색천성설形色天性說과 양지양능설良知良能說이 그것이다. 위의 지설指說을 진심眞心을 바꾸어 읽으면 이해가 쉬울 듯하다.

"진심眞心으로써 진심을 진심이 아니라고 하는 것은, 진심이 아닌 것으로써 진심을 진심이 아니라고 하는 것만 같지 못하다."

손가락 하나의 가리킴에 진심이 온전히 드러나 있음을 보게 된다면, 일지두一指頭 신선神仙의 눈을 얻은 것이라 하겠다.

무성여훼도통위일 無成與毁道通爲一

본래 이루어짐도 이지러짐도 없나니, 대도大道는 통하여 하나이다

物은 固有所然하고 物은 固有所可니 無物不然하고
물 고유소연 물 고유소가 무물불연

無物不可하다 故로 爲是擧 莛與楹, 厲與西施는 恢恑憰怪요
무물불가 고 위시거 정여영 려여서시 회궤휼괴

道通爲一이니라 其分也는 成也요 其成也는 毁也니 凡物은
도통위일 기분야 성야 기성야 훼야 범물

無成與毁요 復通爲一이니라
무성여훼 복통위일

만물萬物은 참으로 본래 그러함이 있으며, 물물物物마다 본래 그러함이 갖추어져 있다. 어떤 사물이건 본래 그러함이 없지 않으며 어느 것이라도 본래 그러함이 없는 것은 없다. 그러므로 예를 들건대, 풀줄기莛와 기둥楹, 문둥병환자厲와 서시西施를 대조해 보인다면 매우 괴이하고 야릇한 대조이지만 대도大道 가운데에서는 통하여 하나인 것이다. 이지러짐은 곧 이루어짐이며 이루어짐은 곧 이지러짐이다. 하지만 만물은 본래 이루어짐도 이지러짐도 없이 다 함께 하나인 것이다.

某解

무성여훼無成與毁는 이루어짐도 이지러짐도 없다는 뜻이요, 도통위일道通爲一은 진심眞心은 본래 이루어짐도 이지러짐도 없이 하나라는 의미

이다. 이는 노자老子의 도법자연道法自然을 해설한 것이다. 도법자연道法自然이란 도道는 스스로 그러함自然을 본받는다는 뜻이다. 다시 말해 도道를 밝힌다는 것은, 있는 그대로의 본래本來에, 있는 그대로 계합契合하는 것이다. 여기서 있는 그대로란 무정無情의 자성自性을 회복한 것이다. 장자는 사람의 자성自性이 본래 이루어짐도 이지러짐도 없다고 한다.

山自無情碧　　산은 무정(無情)하게 푸르고
雲自無情白　　구름은 무정(無情)하게 희도다.
其中閑睡老　　그 중에 한가히 조는 노인(老人)네
又是無情客　　또한 무정(無情)의 나그네로다.

누가 산과 구름을 아는가? 누가 무정無情을 아는가? 산과 구름을 벗하며 무정無情도 잊은 나그네가 그대 곁을 지나간다네!

碧注

* 莛(정): 줄기. 대들보.
* 楹(영): 기둥.
* 厲(려): 괴롭다. 문둥병.
* 恢(회): 넓다.
* 恑(궤): 헐어버리다.
* 憰(휼): 속이다.
* 怪(괴): 기이하다.
* 毁(훼): 헐다. 상처 입히다.

부지기연위도 不知其然謂道

왜 그럴게 되는지 알지 못함을 도道라 한다

唯達者라야 知通爲一이니 爲是不用 而寓諸庸한다
유달자 지통위일 위시불용 이우제용

庸也者는 用也요 用也者는 通也며 通也者는 得也니
용야자 용야 용야자 통야 통야자 득야

適得而幾矣라 因是已오 已而不知其然을 謂之道라
적득이기의 인시이 이이부지기연 위지도

오직 도道에 통달한 사람이라야 만물과 하나임을 안다. 자기 견해가 옳다고 고집 않고 자연自然의 중용中庸에 맡겨 둔다. 용庸은 무념無念으로 마음을 용用하는 것이다. 무념無念으로 용用하면 도道에 통通하고, 통通하면 도道를 자득自得하여, 적연適然한 도기道機가 항상恒常한다. 다만 스스로 그러함自然에 맡길 뿐, 이미 그러함에 왜 그렇게 되는지를 알지 못하는 것을 일러 도道라 하는 것이다.

某解

장자가 공자의 중용설中庸說을 해설 하였다. "중용中庸에 맡겨 둔다," 로 시작하여 "왜 그렇게 되는지를 알지 못하는 것을 일러 도道라 한다." 까지의 설명에 군더더기가 없다. 장자가 중용中庸이 성性의 대용大用임을 밝혔다. 장자가 설명한다.

"무념無念이면 도道에 통通하고, 도道에 통하면 적연寂然하다. 적연하면 자연自然에 맡길 뿐, 왜 그러한지 알지 못하는 경지를 도道라 한다. 달사達士라야 도道와 하나가 되는 것이다."

중용中庸을 본다.

"성誠하면 밝아지고, 밝으면 성誠한다. 오직 천하의 지성至誠이라야 능히 성性을 온전히 한다.(誠則明矣요 明則誠矣라 惟天下至誠이라야 爲能盡其性이니라.)"

성誠은 성惺이다. 지성至誠에 이른 이가 달사達士요, 지성至誠에 합하면 도통적연道通寂然하여 성성惺惺하다. 공자와 장자가 거처를 달리하나 그 도道는 하나로 통通함을 보았다.

碧注

* **達者**(달자): 천하지성자(天下至誠者)
* **知通爲一**(지통위일): 일이관지(一以貫之).
* **庸**(용): 용(用). 대기지용(大機之用). 스스로 그러함에 나아가다.
* **寓諸庸**(우제용): 자연(自然)의 대용(大庸).
* **自然**(자연): 도법자연(道法自然)의 줄인 말. 출처는 노자(老子).
* **用**(용): 대기대용(大機大用).
* **通**(통): 도(道)에 통(通)하여 적연(寂然)함.
* **得**(득): 적연(寂然)히 천연(天然)에 맡겨 비춤에 나아감.
* **適得而幾**(적득이기): 적이상조(寂而常照)의 기미(機微).

천조양행 天鈞兩行

범부가 옳고 그름에서 쉬게 하는 가르침을 양행兩行이라 한다

勞神明爲一 而不知其同也를 謂之朝三이니 何謂朝三인가
노신명위일 이부지기동야 위지조삼 하위조삼

狙公賦芧 曰朝三而暮四하니 衆狙皆怒한다
저공부서 왈조삼이모사 중저개노

曰然則 朝四而暮三하니 衆狙皆悅이라
왈연즉 조사이모삼 중저개열

名實未虧而喜怒爲用은 亦因是也라 是以로
명실미휴이희노위용 역인시야 시이

聖人은 和之以是非 而休乎天鈞하니 是之謂兩行이다
성인 화지이시비 이휴호천조 시지위양행

정신神明을 수고롭게 하여 하나가 되려 하나 끝내 하나임을 알지 못한다. 이를 조삼朝三이라 일컫는다. 조삼이란 무엇인가? 원숭이 부리는 사람이 도토리를 원숭이에게 주면서 말하였다. "아침에 세 개, 저녁에 네 개를 주겠다." 그러자 원숭이들이 모두 벌컥 화를 냈다. 그래서 다시 말하였다. "그러면 아침에 네 개, 저녁에 세 개 주겠다." 이에 원숭이들이 모두 좋아하였다. 이름과 내용이 달라지지 않았으나 기쁨과 노여움이 일어난 것이다. 또한 대시大是에 맡겨야 할 따름인 것이다. 그러므로 성인聖人은 시비是非를 화통和通하여 천도天道에서 쉬게 하는데 이를 양행兩行이라 일컫는다.

某解

범부는 앞뒤와 이름만 바뀌어도 새롭게 여긴다. 哂!

미시유물 未始有物

애당초 정념情念은 없다

古之人이 其知有所至矣라 惡乎至인가
고 지 인 기 지 유 소 지 의 오 호 지

有以爲未始에 有物者니 至矣 盡矣에 不可以可矣라
유 이 위 미 시 유 물 자 지 의 진 의 불 가 이 가 의

其次는 以爲有物矣 而未始有封也라
기 차 이 위 유 물 의 이 미 시 유 봉 야

其次는 以爲有封焉 而未始有是非也라 是非之 彰也에
기 차 이 위 유 봉 언 이 미 시 유 시 비 야 시 비 지 창 야

道之所以虧也라 道之所以虧는 愛之所以成이다
도 지 소 이 휴 야 도 지 소 이 휴 애 지 소 이 성

果且有成與虧乎哉아 果且無成與虧乎哉아
과 차 유 성 여 휴 호 재 과 차 무 성 여 휴 호 재

옛사람은 그 지혜智慧가 지극至極하였다. 무엇을 지극하다고 하는가? 본래의 진심眞心에는 하나의 물物도 없으므로 지극히 온전하여 아무것도 보탤 것이 없는 경지이기 때문이다. 그 다음은 물物은 있으나 구별이 없는 경지이다. 그 다음은 물物의 구별은 있지만 시是와 비非가 없는 경지이다. 그러나 시비是非와 분별分別이 나타남에 도道가 가리어졌고, 도道가 가려지자 칠정편애七情偏愛의 망동妄動이 이루어 졌다. 그런데 이루어짐과 이지러짐이 과연 있는 것인가, 아니면 이루어짐과 이지러짐이 없는 것인가?

某解

물物이란 정념情念이다. 未始有物이란 本來無物의 뜻이다.

시불용제용위명 是不用諸庸謂明

스스로 그러함에 소요함을 청정광명淸淨光明이라 한다

有成與虧故로 昭氏之鼓琴也요 無成與虧故로
유성여휴고 소씨지고금야 무성여휴고

昭氏之不鼓琴也라 昭文之 鼓琴也와 師曠之 枝策也와
소씨지불고금야 소문지 고금야 사광지 지책야

惠子之 據梧也는 三子之知幾乎아 皆其盛者也故로
혜자지 거오야 삼자지지기호 개기성자야고

載之末年이다 唯其好之也 以異於彼니 其好之也는
재지말년 유기호지야 이이어피 기호지야

欲以明之라 彼非所明而明之故로 以堅白之昧終하였고
욕이명지 피비소명이명지고 이견백지매종

而其子又以文之綸終했으나 終身無成했다.
이기자우이문지륜종 종신무성

若是而可謂成乎아 雖我亦成也라 若是而不可謂成乎면
약시이가위성호 수아역성야 약시이불가위성호

物與我는 無成也라 是故로 滑疑之耀를 聖人之所圖也에
물여아 무성야 시고 골의지요 성인지소도야

爲是不用而寓諸庸하니 此之謂以明이라.
위시불용이우제용 차지위이명

이루어짐과 이지러짐이 있는 까닭은 옛날 소문昭文이 거문고를 탔을 때이다. 이루어짐과 이지러짐이 없는 것은 소문이 거문고 타기 이전이기 때문이다. 소문昭文이 거문고를 것, 사광師曠이 북채로 박자를 짚었던 것, 혜자惠子가 오동나무 책상에 기댄 채 변설을 늘어놓은 것, 이 세 사람의 재주는 극치에 다다랐으며, 말년에 이르기까지 그 일을 그만두지 않았다. 이 세 사람의 좋아하는 바가 지나쳐 자신들의 재주를 세상 사람들에게 펼치고자 애를 썼다.

혜자惠子의 경우, 자신도 도道에 밝지 못하면서 남을 가르치려 했으므로 견백론堅白論이란 어리석은 궤변으로 시종始終한 것이다. 소문昭文의 경우도 아들로서 아버지의 손재주만 흉내 냈을 뿐이므로 평생 동안 아무것도 이룬 게 없다. 이를 성공이라고 한다면 나 역시 성공하였다고 해야 할 것이다. 혹 성공이라 할 수 없다면 만물과 나는 아무것도 이룬 것이 없으리라.

그러므로 도道를 어지럽히는 빛을 없애는 것은 성인이 도모하는 바이다. 성인은 상대적 옳음에 머물지 않고, 스스로 그러함에 맡겨 둔다. 이를 본디 밝음淸淨光明이라 한다.

某解

소문昭文이 거문고를 탄 것과 사광師曠이 북채로 박자를 짚었던 것과 혜자惠子가 오동나무 책상에 기댄 채 견백론堅白論을 늘어놓은 것을 장자莊子는 가벼운 재주와 천박한 주장으로 세상을 어지럽힌 것이라 하였다. 음률音律은 자연의 청명淸明을 드러내어야 하고, 박자拍子는 자연의 순리順理에 맞아야 하며, 주장主張은 천도天道에 어긋나지 않아야 한다. 소문과 사광과 혜자는 그 바름에 이르지 못했으면서도 평생을 교만에 거처하여 자대自大했던 것이다. 무릇 세상의 스승이고자 하는 이는 그 바름을 얻어야 한다. 그 바름을 얻지 못하고서 자대자시自大自是하는 것은 도道를 어지럽히는 것이다. 고로 성인聖人은 세상을 어지럽히는 빛을 없애는 것을 도모하는 것이다. 장자가 이른다.

"성인은 상대적 옳음에 머물지 않고, 스스로 그러함에 맡겨 둔다. 이를 본디 밝음淸淨光明이라 한다."

지인至人은 본래의 청정광명淸淨光明에 거처한다. 다만 그러할 뿐 다른 일이 없다.

碧注

* 虧(휴): 이지러지다.
* 昭氏(소씨): 소문(昭文).
* 曠(광): 밝다.
* 據(거):의거하다.
* 載(재): 싣다.
* 綸(륜): 낚시줄.
* 滑(골): 어지럽다. 미끄럽다.
* 堅白論(견백론): 장자에서 견백론(堅白論)은 혜시(惠施)의 설이라 한다. 그러나 사실(史實)에는 전국시대 조(趙)나라 공손룡(公孫龍)의 궤변이라 한다. 그 변에, 여기에 단단하고(堅) 흰(白)돌이 있다. 눈으로 보면 흰(白) 것만을 알게 되고 만져 보면 단단한(堅) 것을 알게 된다. 그러하니 단단하고(堅) 흰(白)돌이란 단단한(堅) 돌과 흰(白) 돌, 두 가지라는 것이다. 공손룡(公孫龍)은 혜시(惠施)와 더불어 명가(名家)의 사람이다.
* 논어(論語)의 견백론(堅白論)은 도(道)의 내용을 설명한다. 마이불린(磨而不磷)이요 날이불치(涅而不淄)라, 도(道)는 불변(不變)이니 단단하다(堅)고 할 수 있으며, 또한 검은 물을 들여도 물들지 않으니 희다(白)고 할 수 있는 것이라 한 것이다.

하위유무 何爲有無

무엇을 유有라, 무無라 하는가

(雖然이나 請嘗言之하노니) 有始也者면 有未始有始也者일지라
유 시 야 자 유 미 시 유 시 야 자

有未始에 有夫未始는 有始也者라 有有也자이고 有無也者니
유 미 시 유 부 미 시 유 시 야 자 유 유 야 유 무 야 자

有未始에 有無也者이고 有未始有夫未始有無也者라
유 미 시 유 무 야 자 유 미 시 유 부 미 시 유 무 야 자

俄而有無矣而 未知有無之이니 果孰有孰無也라
아 이 유 무 의 이 미 지 유 무 지 과 숙 유 숙 무 야

今에 我則已有謂矣라 而未知吾所謂之는 其果有謂乎아
금 아 즉 이 유 위 의 이 미 지 오 소 위 지 기 과 유 위 호

其果無謂乎라
기 과 무 위 호

(비록 그러하나 이야기 해보자) 처음始이 있으면, 처음 이전이 있고, 처음 이전의 이전이 있을 것이다. 유有가 있고 무無가 있다면, 유무有無 이전以前이 있고, 유무有無 이전以前의 이전以前이 있다. 그런데 홀연히 유有와 무無가 생긴다. 세상 사람들은 유有 혹은 무無라고 주장하지만, 어떤 것이 유有이고 어떤 것이 무無인지 알지 못하겠다. 지금 나는 이미 변설을 하였으나 나의 변설이 과연 유有에 속하는 것인가 무無에 속하는 것인가 알지 못하겠다.

某解

허공은 만유萬有를 포용하나 모습이 없으며 만유萬有의 온갖 변화에도 늘 고요하여 무심無心하다. 허공은 불에 타지 않고, 물에 젖지 아니하며, 그 수壽를 알 수 없다. 허공은 눈앞에 있으나, 보되 볼 수 없는 것이 아닌가? 찾으면 없으나, 없다고 할 수 없지 않은가? 이러한 허공을 유有라 할 것인가? 무無라 할 것인가? 아마도 허공은 유무有無 밖의 진유眞有일 것이다. 누가 이 허공에 시始와 종終을 둘 수 있을 것인가?

사람의 자성自性이 허공과 닮았다. 그런 까닭에 성인이 천天이라! 천天이라! 하는 것이다. 천天이 곧 허공이다. 자성이 허공과 닮았으나 다른 하나가 있다. 허공은 영지靈知가 없으나, 자성은 영지가 만유를 포용하여 더불어 하나인 것이다. 이 도리가 장자의 본지本旨이다. 자성에 계합契合하면 장자의 친절을 보게 될 것이다. 장자의 설명을 듣고 긍정하는 바가 있어야 장자의 다른 설명에 귀가 곧추 서지 않겠는가?

대저 세재世才는 유有와 무無를 잘 설명한다. 그러나 무엇을 유有라 하고 무無라 하는지 분명하지 아니하다. 지금의 학자들이 그러하다. 고로 장자가 "지금 나는 이미 변설을 하였으나 나의 변설이 과연 유有에 속하는 것인가 무無에 속하는 것인가 알지 못하겠다."라 한 것이다.

碧注

* 始(시): 시(始)를 두면 그 이전이 있다.
* 有無(유무): 유와 무의 제한적 개념을 정한 후, 유무논쟁이 가능하다.

물아위일 物我爲一

만물은 나와 더불어 한 몸이다

天下에 莫大於秋毫之末 而大山이 爲小하고 莫壽於殤子
천하 막대어추호지말 이대산 위소 막수어상자

而彭祖는 爲夭하다 天地與我竝生하고 而萬物與我爲一이다.
이팽조 위요 천지여아병생 이만물여아위일

旣已爲一矣면 且得有言乎아 旣已爲之一矣면
기이위일의 차득유언호 기이위지일의

且得無言乎아 一與言이 爲二요 二與一이 爲三이니
차득무언호 일여언 위이 이여일 위삼

自此以往은 巧曆不能得이니 而況其凡乎아! 故로 自無適有
자차이왕 교역불능득 이황기범호 고 자무적유

以至於三이니 而況自有適有乎아! 無適焉은 因是已라.
이지어삼 이황자유적유호 무적언 인시이

천하에 가을 짐승의 터럭 끝보다 큰 것은 없고, 태산도 터럭 끝보다 작다. 어려서 죽은 아이보다 장수한 이는 없고 팽조는 요절한 것이다. 천지도 나와 함께 생겼고, 만물도 나와 더불어 한 몸이다. 이미 하나인데 달리 무슨 말이 있겠는가? 그러나 이미 하나라고 말했을진대 말이 없다고 할 수 있겠는가? 하나의 말이 둘이 되고, 둘과 하나가 셋이 된다. 이렇게 나아가면 교능巧能한 계산자라도 헤아릴 수 없거늘 어찌 보통 사람이 셈 할 수 있겠는가! 따라서 내가 무無에서 유有로 나아가 셋이 되는데, 유有에서 유有로 나아가는 경우에 있어서랴! 정념情念을 잊고 무적無適의 대시大是에 합습할 뿐이다.

某解

"천지여아병생天地與我竝生이만물여아위일而萬物與我爲一"과 "무적언인시이無適焉因是已" 두 구句는 뒷날의 수많은 현사賢士들이 배우고 음미하며 새기고 읊었다. 깊은 뜻에 합한 이로는 왕유王維, 백거이白居易, 유종원柳宗元, 구양수歐陽修, 범중엄范仲淹, 장방평張方平, 소식蘇軾, 소철蘇轍, 정호鄭顥, 장상영張商英, 김대현金大鉉 등이 보인다.

"천지도 나와 함께 생겼고, 만물도 나와 더불어 한몸이다."

"무적無適의 대시大是에 합할 뿐이다."

에 일관一貫을 이루면, 도道를 좋아한다고 할만하다.

碧注

* **一與言**이 **爲二**요: 하나와 하나라 하는 가리킴이 합하여 둘이 된다.
* **無適**(무적)의 **大是**(대시): 도(道)를 닦아 도달함이 없이 대시(大是:큰 바름)에 계합(契合)하는 것. 적(適)은 도달하다-이니, 무적(無適)은 본래(本來)의 뜻이다. 대시(大是)는 대도(大道)이다. 대도(大道)를 구함에 그 구경(究竟)은 도달하는 것이 아니다.
* 진심(眞心)은 무적각체(無適覺體) 즉 본래각체(本來覺體)이다. 공부의 차례와 수행이 없지 않으나, 구경(究竟)은 본래각체(本來覺體)이다. 논리적 모순이 있는 듯한 설명으로써 속견(俗見)의 사유로는 이해가 쉽지 않다. 직언하면 진심은 본래각체(本來覺體)이므로 대각(大覺)을 이룬 이는 본래를 말하는 것이다.

언진즉팔상 言畛則八象

언어의 경계를 두어 팔상八象을 나누다

夫道는 未始有封하고 言은 未始有常이니 爲是而有畛也라
부 도 미 시 유 봉 언 미 시 유 상 위 시 이 유 진 야

請言其畛에 有左有右, 有倫有義, 有分有辯, 有競有爭을
청 언 기 진 유 좌 유 우 유 륜 유 의 유 분 유 변 유 경 유 쟁

此之謂八象(德)이라
차 지 위 팔 상

무릇 도道는 무시무종無始無終하고, 방설方說은 무유정법無有定法이다. 그러므로 방설方說은 의미의 분별分別과 경계境界가 생기는 것이다. 그 분별에 대해 말해 보자. 왼쪽左을 두면 오른쪽右이 있고, 논倫을 두면 의義가 있고, 분론分論을 두면 변설辨說이 있고, 겨룸競을 두면 다툼爭이 있다. 이를 팔상八象이라 한다.

某解

팔덕八德은 뒷사람의 필사에 의한 오류誤謬이다. 원문原文의 팔덕八德을 팔상八象으로 고쳤다.

碧解

* 畛(진): 경계. 두렁길. 邊(변).

변자불견 辯者不見

변설辨說하는 사람은 도道를 보지 못한다

六合之外에 聖人은 存而不論하며 六合之內에 聖人은
육합지외 성인 존이불론 육합지내 성인

論而不議한다 春秋는 經世先王之志하니
논이불의 춘추 경세선왕지지

聖人은 議而不辯한다 고로 分也者는 有不分也오
성인 의이불변 분야자 유불분야

辯也者는 有不辯也라 曰何也오
변야자 유불변야 왈하야

聖人은 懷之하고 衆人은 辯之以相示也한다
성인 회지 중인 변지이상시야

故로 曰辯也者는 有不見也라
고 왈변야자 유불견야

성인聖人은 육합六合 바깥에 대해서는 조존照存할 뿐 말하지 않고, 육합六合 안에 대해서도 그 이름을 말할 뿐 시비세진是非細塵은 논하지 않는다. 춘추春秋로 세상을 다스리는 것이 선왕先王의 뜻이나, 성인聖人은 대의大義만 밝힐 뿐 시비是非는 변설하지 않는다. 그러므로 분별하나 분별이 아니요, 변설辨說하나 변설이 아니다. 어찌하여 그런가? 성인聖人은 천지만물을 품지만, 범부들은 상대적 분별로 서로의 견해 주장하기 때문이다. 그러므로 "변설하는 사람은 도道를 보지 못한다"고 하는 것이다.

某解

성인은 무정無情으로 세상을 품지만, 범부는 유정有情으로 주객主客을 두고 다투어, 이것과 저것을 두어 그 옳음是을 구한다.

불칭불언 不稱不言

대도大道는 이름 지을 수 없고, 말로 이를 수 없다

夫大道는 不稱이요 大辯은 不言이라 大仁은 不仁이요 大廉은
부대도 불칭 대변 불언 대인 불인 대렴

不嗛이며 大勇不忮라 道는 昭而不道하고 言은 辯而不及하며
불겸 대용불기 도 소이부도 언 변이불급

仁은 常(固)而不成하고 廉은 淸而不信하며 勇은 忮而不成이라
인 상 이불성 렴 청이불신 용 기이불성

五者는 刓(=圓)而幾向方矣라 故로 知止(七情)其所不知로
오자 완 이기향방의 고 지지 기소부지

至矣라 孰知 不言之辯과 不道之道가 若有能知면
지의 숙지 불언지변 부도지도 약유능지

此之謂天府라 注焉而不滿하고 酌焉而不竭하나니
차지위천부 주언이불만 작언이불갈

而不知其所由來로 此之謂葆光이라
이부지기소유래 차지위보광

무릇 대도大道는 이름이 없고, 큰 말은 불언不言이다. 대인大仁은 불인不仁이요, 대렴大廉은 겸손謙遜이 아니며, 대용大勇은 대도大道를 거스르지 아니한다. 도道를 밝혀 드러냈다고 하면 도道가 아니며, 말로써 분별해도 미치지 못하고, 인仁의 상象이 있으면 두루하지 못하며, 청렴淸廉하여 맑기만 하면 미덥지 못하고, 용기가 대도大道를 거스르면 참되지 못하다. 도道, 언言, 인仁, 염廉, 용勇 이 다섯 가지는 본디 참되나 사람들의 견해見解가 정情에 치우쳐 모나게 되었다. 그러므로 칠정七情의 견해를 그칠 줄 아는 바로써 앎이 없는 데에

이르는 것이다. 누가 있어 불언不言의 변辨과 부도不道의 도道를 아는가? 만약 이를 알면 천부天府라 이름 하리라. 천부天府에는 물을 부어도 차지 않고, 퍼내도 마르지 않는다. 그러나 어찌하여 그런지 까닭을 알 수 없으므로 이를 일러 보광葆光, 眞光寶藏이라 한다.

某解

대도大道, 대변大辯, 대인大仁, 대염大廉, 대용大勇 다섯으로 나누어 설했으나, 근본은 대도大道 하나이다. 대도大道에 통通하면 나머지는 절로 따른다. 대도大道를 행하는 것은 진심眞心을 밝혀 진심眞心에 거처함이다. 진심眞心은 무상無象하고 무시상재無始常在하여 진광眞光을 보장寶藏하므로 보광葆光이라 한다. 진심眞心이 그러하나 어찌하여 그런지 까닭을 알 수 없으므로 이를 일러 보광葆光이라 하는 것이다.

장자莊子가 대도大道는 모습 없고, 대언大言은 세외世外를 설하며, 대인大仁은 절성기지絶聖棄智 즉 성인의 명상名相을 쉬고 지혜를 버린 연후에 나아갈 수 있다고 하며, 대도大道는 적연부동寂然不動이라 부어도 차지 않고注而不滿, 퍼내도 마르지 않는다酌而不竭-고 한다. 또한 대도大道는 본래 대광명大光明이라 대도大道를 깨쳐서 밝아졌다고 하면 참 도道가 아니다昭而不道-라 하나니, 공부인은 이 말씀에서 대의大意를 얻어야 할 것이다.

이 목目은 노자老子의 설요說要를 해설하였다. 진심眞心의 체體를 설하여 '注而不滿 酌而不竭'이라 하고, 진심의 경지를 설하여 '昭而不道' 하였으며, 참 인仁은 무정無情으로 소요逍遙한 연후에 거닐 수 있음을 설하였다. 장자莊子가 이른다.

"누가 있어 불언不言의 변辨과 부도不道의 도道를 아는가?"

대도大道는 세언世言으로 이해하기 어렵다. 배우는 이가 정념情念에 거처하기 때문이다. 만약 홀연히 정념情念을 쉬면 장자莊子의 친절한 가르침을 보게 될 것이다. 정념情念을 쉰 이후에야 장자莊子의 가르침이 위대하다는 것을 알 수 있는 것이다.

碧注

* 廉(염): 청(淸). * 嗛(겸): 겸손(謙遜)하다. * 忮(기): 해치다.
* 酌(작): 퍼내다. * 竭(갈): 마르다. * 刓(완): 원(圓).
* 葆光(보광): 보(葆)는 천연. 광(光)은 청정광명(淸淨光明).
* 大道不稱(대도불칭): 대도(大道)는 모습 없어 이름 지을 길 없다.
* 大辯不言(대변불언): 大言은 六合 밖이라, 世言이 닿지 아니한다.
* 大仁不仁(대인불인): 대인(大仁)은 무위(無爲)의 인(仁)이라, 성인(聖人)과 그 지혜(智慧)도 용납하지 아니한다.
* 大廉不嗛(대염불겸): 큰 청렴검소(淸廉儉素)는 겸손(謙遜)이 아니다.
* 大勇不忮(대용불기): 대용(大勇)은 남을 해(害)하지 아니한다.
* 昭而不道(소이부도): 밝혔다고 하면 참 도(道)가 아니다.
* 注而不滿(주이불만): 부어도 차지 않는다.
* 酌而不竭(작이불갈): 퍼내도 마르지 않는다.

사생무변어기 死生無變於己

사생死生이 그를 움직일 수 없다

齧缺이 問乎王倪曰 子不知利害則 至人도
설결 문호왕예왈 자부지이해즉 지인

固不知利害乎아 王倪曰 至人은 神矣라
고부지이해호 왕예왈 지인 신의

大澤焚而不能熱하고 河漢沍而不能寒하며
대택분이불능열 하한호이불능한

疾雷破山(而不能傷)하고 (飄)風振海而不能驚이라
질뇌파산 표풍진해이불능경

若然者는 乘雲氣하고 騎日月하며 而遊乎 四海之內하여
약연자 승운기 기일월 이유호 사해지내

死生無變於己니 而況利害之端乎아
사생무변어기 이황이해지단호

설결齧缺이 왕예王倪에게 물었다.

"선생님은 이해利害를 모르시는데, 지인至人은 참으로 이해利害를 모르는 것입니까?"

왕예王倪가 대답하였다.

"지인至人은 신령神靈하다네. 큰 연못을 말릴 불이라도 그를 태울 수는 없으며, 황하黃河와 한수漢水를 꽁꽁 얼게 하는 추위도 그를 춥게 할 수 없다네. 사나운 우뢰가 산을 부수고 표풍飄風이 바다를 흔들어도 그는 놀라는 일이 없다네. 이러한 이는 구름을 타고 해와 달을 부리면서 세상 바깥에서 소요逍遙한다네. 사생死生이 그를 움직

일 수 없거늘 어찌 이해利害 따위겠는가!"

某解

설결齧缺의 뜻은 정情으로 자신을 갉아 먹는 것을 막음이니 곧 도道를 배우는 사람이요, 왕예王倪는 어린이의 천진天眞을 회복한 도인道人이란 뜻이다. 장자가 우언寓言으로 가설假設한 인물인 것을 알 수 있다. 제물론 第二十一目 불칭불언不稱不言에서는 진심眞心의 체體를 설하여 '注而不滿주이불만 酌而不竭작이불갈'이라하였고, 제물론 第二十二目 사생무변어기死生無變於己에서는 '焚而不能熱분이불능열 沍而不能寒호이불능한 雷而不能傷뇌이불능상 風而不能驚풍이불능경'이라 한다. 이는 천지가 몰괴歿壞하여도 진심眞心은 적연부동寂然不動하여 두렷하거니, 사생死生이 어찌 진심眞心에 영향을 끼치겠는가? 라는 장자의 설명이다. 도道가 이러하거늘 이해利害 따위가 진심眞心에 간섭할 수 있겠는가?

碧注

* **齧缺**(설결): 가유의 인물. 정(情)으로 자신을 갉아 먹는 것을 막음.
* **王倪**(왕예): 가유의 인물. 어린이의 천진(天眞)을 회복한 도인(道人).
* **焚而不能熱**(분이불능열): 불이 태울 수 없음.
* **沍而不能寒**(호이불능한): 추위가 춥게 할 수 없음.
* **雷而不能傷**(뇌이불능상): 우레가 상하게 할 수 없음.
* **風而不能驚**(풍이불능경): 대풍이 놀라게 할 수 없음.

각몽 覺夢

瞿鵲子問乎 長梧子答曰 夢飮酒者가 旦而哭泣하고
구 작 자 문 호 장 오 자 답 왈 몽 음 주 자 단 이 곡 읍

夢哭泣者가 旦而田獵한다. 方其夢也에 不知其夢也라
몽 곡 읍 자 단 이 전 렵 방 기 몽 야 부 지 기 몽 야

夢之中에 又占其夢焉하다가 覺而後知에 其夢也라
몽 지 중 우 점 기 몽 언 각 이 후 지 기 몽 야

且有大覺而後에 知此其大夢也라 而愚者는 自以爲覺하여
차 유 대 각 이 후 지 차 기 대 몽 야 이 우 자 자 이 위 각

竊竊然知之한다 君乎 牧乎 固哉져! 丘也與女 皆夢也라
절 절 연 지 지 군 호 목 호 고 재 구 야 여 여 개 몽 야

予謂女夢도 亦夢也라 是其言也 其名爲弔詭이다.
여 위 여 몽 역 몽 야 시 기 언 야 기 명 위 조 궤

萬世之後라도 而一遇大聖이면 知其解者면
만 세 지 후 이 일 우 대 성 지 기 해 자

是旦暮遇之也니라
시 단 모 우 지 야

구작자瞿鵲子가 장오자長梧子에게 말한다.

"꿈속에서 유쾌하게 술을 마신 사람이 아침이 되면 우울한 현실에 울고, 꿈속에서 울던 사람이 아침이 되자 사냥을 떠나기도 한다네. 꿈을 꾸고 있을 때에는 그것이 꿈인 줄 모르고, 또 꿈속에서 그 꿈을 점치기도 하다가 꿈에서 깨어난 뒤에야 꿈인 줄 알게 되는 것이네. 큰 깨달음이 있은 연후라야 우리의 삶이 한바탕 꿈인 줄 알게 되는 것일세. 그러나 어리석은 사람은 스스로 깨달았다고 자처하고

자만하여 아는 체하면서, 왕이니 목동이니 하는 모습과 이름놀이에 묻혀 있으니 참으로 어리석구나, 공자孔子와 그대도 또한 꿈꾸고 있는 사람일세. 자네에게 꿈꾼다고 말하는 나의 말도 또한 꿈이라네. 이런 말은 매우 기이한 이야기일세. 만세萬世 뒤라도 대성大聖을 만나 각몽覺夢의 뜻을 알게 된다면, 그것은 아침과 저녁으로 대성大聖을 만나 뵙는 것과 같은 행운이라네."

某解

구작자瞿鵲子는 놀라서 두리번거리는 까치의 뜻이요 장오자長梧子는 큰 벽오동나무란 의미로써 방외진인方外眞人의 별칭이다. 둘 다 가유假有의 인물이다. 각몽覺夢이란 개오開悟의 뜻이다. 사람들은 꿈 꿀 때는 그것이 꿈인 줄 모르다가, 꿈에서 깬 뒤에야 꿈인 줄 알게 되는 것이다. 조선말朝鮮末에 월창거사月窓居士가 있었다. 그는 한양에서 살다가 개오開悟 후, 안동에서 살았는데, 술몽쇄언述夢鎖言 한 권을 남겼다. 그 내용이 각몽覺夢이라, 장자의 의취와 통한다. 술몽쇄언의 내용이 각몽覺夢의 이理를 잘 설파하여 최남선은 조선의 오대명저五大名著로 꼽았다.

대저 범부의 길은 칠정에 묻혀 지내다가, 시절인연을 맞아 큰 깨달음이 있은 후, 범부의 삶이 한바탕 꿈인 줄 알게 되는 것이다. 꿈을 깨면 장자의 지혜를 엿보며 존숭하게 된다.

碧注

* **瞿鵲子**(구작자): 놀라서 두리번거리는 까치. 범부의 가칭.
* **長梧子**(장오자): 큰 벽오동나무. 방외진인(方外眞人)의 가칭.

사생인의死生仁義를 잊다

사생死生과 인의仁義를 잊다

然若果然也則然之異乎아 不然也亦無辯이라 (入大道면)
연 약 과 연 야 즉 연 지 이 호 불 연 야 역 무 변

忘年忘義하여 振於無竟이라 故 (至人者는 無情이라)
망 년 망 의 진 어 무 경 고

寓諸無竟이니라.
우 제 무 경

장오자長梧子가 말한다.

"그렇다는 주장[見解]이 실제로 그렇다면, 다른 견해[異見]와 그러하지 않다[不然]는 것에 대하여 말할 것이 없다. (大道에 들면) 나이와 인의仁義도 잊은 채, 아무것도 없는 경지에 나아간다. 그러므로 지인至人은 정념情念의 모습과 이름이 없는 경지에 맡기는 것이다."

某解

대도大道를 열면 아무것도 없다. 그런 까닭에 달사達士는 무일물無一物이라 한다. 없다는 것은 정념情念이다. 범부의 이런 견해와 저런 견해, 그러함과 그렇지 아니함의 변별이 끝없이 펼쳐지는 정념情念의 바다가 없다는 것이다. 그러므로 지인至人은 오직 모습과 이름 없는 진심眞心에 맡겨 방외方外에 소요逍遙하는 것이다.

망량 罔兩

罔兩이 問景曰 曩에 子行하고 今에 子止하고 曩에 子坐하고 今에
망량 문경왈 낭 자행 금 자지 낭 자좌 금

子起하니 何其無特操與아 景曰 吾有待而然者耶아
자기 하기무특조여 경왈 오유대이연자야

吾所待又有待而然者耶아 吾待는 蛇蚹 蜩翼耶아
오소대우유대이연자야 오대 사부 조익야

惡識所以然하며 惡識所以不然할까
오식소이연 오식소이불연

망량(罔兩, 그림자 밖의 엷은 그늘)이 그림자景에게 물었다.

"그대는 얼마 전에는 걷더니 지금은 멈추고, 아까는 앉아 있다가 지금은 서 있는구려. 어찌하여 한결같지 못하오."

그림자가 대답하였다.

"나는 의지依支하는 바가 있어서 그런 것이 아닌가 하오. 또한 내가 의지하는 것도 기대는 게 있어서 그럴 것이오. 혹시 내가 의지하는 것이란 뱀의 비늘이나 매미의 날개 같은 것이 아닌가 하오. 어찌 그 까닭을 알겠으며, 어찌 그렇지 않은 까닭을 알겠소.

某解

망량罔兩은 그림자 밖의 엷은 그늘이요, 경景은 영影이라 그림자이다. 망량과 경은 실체實體에 의지해서 나타나는 허상虛像이다. 장자가 허상을 따르는 범부들의 망견妄見을 지적하는 것이다.

몽위호접 夢爲胡蝶

昔者에 莊周가 夢爲胡蝶하여 栩栩然胡蝶也에
석 자 장 주 몽 위 호 접 허 허 연 호 접 야

自喩適志與하고 不知周也라. 俄然覺則 蘧蘧然周也.
자 유 적 지 여 부 지 주 야 아 연 각 즉 거 거 연 주 야

不知周之夢爲胡蝶과 胡蝶之夢爲周與라 周與胡蝶은
부 지 주 지 몽 위 호 접 호 접 지 몽 위 주 여 주 여 호 접

則必有分矣라 此之謂物化니라.
즉 필 유 분 의 차 지 위 물 화

언젠가 장주莊周가 나비가 된 꿈을 꾸었다. 훨훨 날아다니는 나비가 되어 유쾌하게 노니면서도 자신이 장주莊周임을 알지 못했다. 그러다가 문득 깨어나 보니 자신은 바로 장주였다. 장주가 꿈에 나비가 된 것인지 나비가 꿈에 장주가 된 것인지 알 수 없었다. 장주莊周와 나비에는 반드시 한 주인공이 있어 나투는 바가 있을 것이다. 이것을 물화(物化, 萬物의 轉化)라 한다.

某解

장주莊周가 꿈에 나비胡蝶가 되었으니, 나비는 꿈속의 환영幻影이다. 장주莊周 역시 세상의 몽환夢幻 속에 거처한다면 장주莊周 역시 환영幻影이다. 장주莊周와 나비로 물화物化하는 주인공主人公이 있으니, 그가 장주莊周와 나비의 참 주인공主人公이다. 그 주인공의 이름이 진심眞心이다. 장주莊周와 나비는 실체實體에 의지依支해서 나타난 한 때의 허상인 것이

다. 실체實體란 진심眞心이다. 만약 허상이 허상인 줄 알면, 방외方外에 한 발을 내딛은 것이라 하겠다.

碧注

* 罔兩(망량): 그림자 밖의 엷은 그늘.
* 景(경): 영(影).
* 曩(낭): 접 때. 앞서. 이전에.
* 蚹(부): 뱀의 배 비늘, 달팽이.
* 蜩(조): 매미.
* 栩(허): 기뻐하는 모양. 상수리나무.
* 蘧(거): 연(蓮). 술패랭이꽃.
* 物化(물화): 만물의 끝없는 유전(流轉).

장자촬요 제3편

양생주 養生主

전생양신 全生養身

삶을 온전히 하려면 참나를 밝혀야 한다

吾生也는 有涯하나 而知也는 無涯라 以有涯隨無涯하면
오 생 야 　 유 애 　 이 지 야 　 무 애 　 이 유 애 수 무 애

殆已요 已而爲知者는 殆而已矣라 爲善에 無近名하고 爲惡에
태 이 　 이 이 위 지 자 　 태 이 이 의 　 위 선 　 무 근 명 　 위 악

無近刑하며 然督以爲經하라 可以保身하고 可以全生하며
무 근 형 　 연 독 이 위 경 　 가 이 보 신 　 가 이 전 생

可以養身하면 可以盡年이니라
가 이 양 신 　 가 이 진 년

우리의 삶은 끝이 있으나, 무루無漏의 지혜智慧는 끝이 없다. 끝이 있는 것으로써 끝없는 근원을 좇으면 위태로울 뿐이다. 이미 위태로운 데도 지식知識을 따르면 더욱 위험할 따름이다. 선善을 행함에 이름 드러나기를 멀리하고, 혹 그릇됨을 행하게 되더라도 형벌 받는 일은 가까이는 하지 말며, 손정반조損情返照의 길을 따르면 몸을 지킬 수 있고, 삶生을 온전히 할 수 있으며, 자기를 올곧게 밝힐 수 있으므로 천수不亡淸淨之壽를 누릴 수 있으리라.

某解

어찌 몸을 나로 삼는 견해로써 몸 밖의 삶을 알 수 있으랴! 몸을 나로 삼는 견해는 세상을 어지럽히고 자기를 망치게 되니 위태로운 것이다. 위태로운 줄 알면서도 따르면 더욱 위태한 것이다. 참 삶은 이름 드러나

기를 멀리하고, 법도를 거스르지 말며, 세상사에 한 걸음 물러나 양보하고 포용하며 성性을 반조返照하는 공부工夫에 거처해야 조금은 자기를 자기답게 보존할 수 있는 것이다. 여기에 오래 살고 일찍 죽는 것은 포함되지 않는다.

본문 緣督以爲經연독이위경의 고주古注에 緣은 順, 督은 理, 爲經은 爲常이라 즉 順理爲常순리위상이라 함은 도道에 합했음을 의미하나, 장자는 공부 지어 감을 말한 것이다. 연독緣督은 사사事事의 연緣에 정情이 나타남을 경계警戒함이요, 爲經위경은 성性을 반조返照하는 것이다. 줄여 이르면 손정반조損情返照이다. 정情을 덜고 성性을 반조返照하는 뜻이다. 정情을 더는 것은 망기忘己에 나아감이요, 성性을 반조返照하는 것은 상도常道에 가깝다. 망기忘己와 반조返照가 정일精一하면 상로上路이다. 상도常道는 중용中庸이요, 자성自性의 상도常道이다. 어찌하여 정情을 덜고 또 덜어야 하는가? 정情의 내용이 환幻이기 때문이다. 그러기에 정념情念을 일러 공자는 사邪라 하였고, 노자는 허虛라 하였으며, 장자는 무無라 하였고, 승조僧肇는 비유非有라 하였다.

碧注

* **損情返照**(손정반조): 정(情)을 덜고 성(性)을 반조(返照)하는 공부.
* **忘己中庸**(망기중용): 망아(妄我)를 잊고 진아(眞我)의 대용(大用)에 나아감. 손정반조(損情返照) 다음의 경지(境地).
* **中庸**(중용): 중(中)은 성(性)이요, 용(庸)은 무사대용(無事大用)이다.

애락불능입 哀樂不能入

지인至人에게 슬픔이나 즐거움이 끼어들지 못한다

老聃死하니 秦佚은 弔之하여 三號而出한다 弟子曰
노담사 진일 조지 삼호이출 제자왈

非夫子之友耶아? 曰 然하다 然則弔焉若此 可乎? 曰 然하다
비부자지우야 왈 연 연즉조언약차 가호 왈 연

始也에 吾以爲至人也 而今非也라 向吾入而弔焉에
시야 오이위지인야 이금비야 향오입이조언

有老者哭之하기를 如哭其子하고 小者哭之하기를 如哭其母하니
유노자곡지 여곡기자 소자곡지 여곡기모

彼其所以會之에 必有不蘄言而言하고
피기소이회지 필유불기언이언

不蘄哭而哭者이니 是遁天倍情에 忘其所受이다.
불기곡이곡자 시둔천배정 망기소수

古者가 謂之遁天之刑라 適來夫子時也오 適去夫子順也라
고자 위지둔천지형 적래부자시야 적거부자순야

安時而處順하면 哀樂不能入也라 古者 謂是帝之縣解니라
안시이처순 애락불능입야 고자 위시제지현해

脂(指)窮이 於爲薪이면 火傳也 不知其盡也.
지궁 어위신 화전야 부지기진야

노담老聃이 죽자 진일秦佚이 조상弔喪을 가서 세 번 곡哭만 하고 나왔다. 이에 제자가 물었다.

"그분은 선생님의 벗이 아닙니까?"

"벗일세."

"그렇다면 이렇게 문상問喪하여도 괜찮습니까?"

"그렇다네. 처음에 나는 그를 지인至人으로 보았으나 이제 보니 그렇지 않더구나. 조금 전 들어가서 문상問喪을 할 때, 늙은이는 마치 자기 자식을 잃은 듯 곡哭을 하고, 젊은이는 흡사 자기 어버이가 떠난 듯이 슬퍼하더구나. 그가 죽자 저처럼 사람이 모인 것은 반드시 그가 말로써 바라지 않았더라도 그렇게 하도록 한 바 있고, 곡하기를 요구하지는 않았어도 곡哭하도록 은연중에 시킨 바가 있기 때문이다. 이는 천도天道를 피하고 진실眞實을 등져, 본성本性을 잊은 것이다. 옛날에는 이를 '천도天道를 어긴 죄'라고 하였네. 그가 이 세상에 태어난 것은 그 때를 만난 것이고, 세상을 떠난 것도 그 때를 따르기 때문이라네. 어느 때라도 허명정안虛明靜安하여 순응順應하면 슬픔이나 즐거움은 끼어들지 못하는 것일세. 옛 사람은 이런 경지를 '생명帝의 그물天網에서 벗어남'이라 불렀다네. 한 방울의 기름遁天倍情으로 풀 섶에 불을 놓으면, 불이 온 산에 번져 그칠 줄 모른다네."

某解

노담老聃, 노팽老彭은 노자老子의 별칭이다. 여기서 노담老聃의 도道가 높으나, 그 문인門人들이 노담老聃의 죽음을 슬퍼함은 자성自性이 사생死生 밖에 원명圓明하는 것을 알지 못하는 것을 우언寓言으로 지적하는 것이다. 또한 유가儒家 묵가墨家의 설이 삶을 좋아하고 죽음을 싫어하는데 거처함도 지적한다. 둔천배정遁天倍情은 천도天道를 피하여 진실을 등진 것이다. 무릇 범부란 둔천遁天의 어두움을 짊어지고 깜냥대로 즐거이 살아가는 것이다. 어찌 슬픈 일이 아닌가?

말사末師가 도道를 해설하나, 대개가 월지적구刖趾適屨라, 죽통竹筒의 맹해盲解이다. 그러기에 장자莊子에 통명진전通明眞詮이 드물다. 한 점의 불씨가 번져 온 산을 태운다. 정념情念이 전변轉變하여 깊은 미혹迷惑에 드는 것이다. 정념情念은 사람들의 의식意識을 병病들게 하는 원인이다. 원인을 제거하면 본래의 사람을 회복하게 되는 것이다. 정념情念이 병病인 줄 알지 못하고 인생을 마쳐서야 되겠는가?

대저 범부는 정념情念의 골간骨幹을 사상思想으로 삼는다. 그 사상思想으로 굴러가는 가운데, 때로 술지術智의 허망함을 느끼나 원인을 알지 못한다. 이러한 삶이 허망하지 아니한가? 허망을 노래하여 시와 음악과 미술에 여가를 보내나 근원의 불안과 공포를 피하지 못한다. 이러한 삶이 서글프지 아니한가? 범부의 병통은 오로지 정념情念에 있나니, 모름지기 무정無情의 공부를 배워야 하는 것이다.

碧注

* 秦(진): 벼 이름.
* 佚(일): 숨다. 편안하다.
* 遁天倍情(둔천배정): 천도(天道)를 피하고 진실을 등지다.
* 虛明靜安(허명정안): 비고 밝으며 고요하여 정안(定安)함.
* 刖趾適屨(월지적구): 발뒤꿈치를 깎아 신에 맞추다.
* 竹筒見聞(죽통견문): 죽통(竹筒) 소견으로 보고 듣다.
* 脂薪火傳(지신화전): 한 방울의 기름이 섶불되어 그칠 줄 모른다.

장자촬요 제4편

인간세 人間世

인간세人間世는 세속에서 온전한 삶에 거처하는 처세방處世方을 보인다.

그것은 좌망坐忘을 자득하여 심재心齋에 거처하는 것이다.

심재心齋의 경지가 아니면 소요逍遙에 나아갈 수 없다.

충허진기 沖虛眞氣

자성自性의 충허진기沖虛眞氣가 진공묘유眞空妙有이다

中尼對顏回曰 (心)齋하라 吾將語若하리라! 有(心)而爲之
중 니 대 안 회 왈 재 오 장 어 약 유 이 위 지

其易耶아 易之者는 皞天不宜라 顏回曰 回之家貧하여
기 이 야 이 지 자 호 천 불 의 안 회 왈 회 지 가 빈

唯不飮酒 不茹葷者數月矣오니 如此 則可以爲齋乎이까
유 불 음 주 불 여 훈 자 수 월 의 여 차 즉 가 이 위 재 호

曰時祭祀之齋오 非心齋也라 回曰 敢問心齋하나이다.
왈 시 제 사 지 재 비 심 재 야 회 왈 감 문 심 재

中尼曰 若一志하라 無聽之以耳하고 而聽之以心하며
중 니 왈 약 일 지 무 청 지 이 이 이 청 지 이 심

無聽之以心하고 而聽之以氣하라! 聽之於耳하고
무 청 지 이 심 이 청 지 이 기 청 지 어 이

心止於符하라 氣也者는 虛而待物者也아 唯道集虛니
심 지 어 부 기 야 자 허 이 대 물 자 야 유 도 집 허

虛者는 心齋也라.
허 자 심 재 야

공자孔子가 안회顏回에게 말하였다.

"먼저 마음을 재계齋戒하게! 자네에게 말해 주겠네. 유심有心으로 재계하면 쉬이 이루어지겠는가? 쉽다고 여기는 자는 밝은 하늘皞天, 天道이 마땅히 여기지 않는다."

안회顏回가 말하였다.

"저의 집은 가난해서 술과 향채香菜를 먹지 못한 지가 여러 달입니다. 이를 재계齋戒라 할 수 있겠습니까?"

"그것은 제사祭祀지내기 위한 재계齋戒이지 마음의 재계齋戒는 아닐세."

이에 안회顔回가 물었다.

"마음의 재계齋戒에 대하여 여쭙습니다?"

공자가 대답하였다.

"뜻을 한결같이精一執中하여 귀로 듣지 말고 마음으로 들어야 한다. 나아가 마음情念으로만 듣지 말고 진기眞氣로 들어야 한다. 귀는 듣는 데 그치고, 마음情念을 그치는 데 부합하라. 진기眞氣는 충허沖虛해서 무엇이나 있는 그대로 받아들인다. 도道는 오직 충허沖虛에만 나타난다. 충허沖虛가 바로 마음의 재계齋戒라네."

某解

안회顔回는 공자의 유일한 개오문인開悟門人이다. 안회가 일찍 죽자 공자가 "하늘이 나를 버리는구나!" 하며 탄식하였다. 논어論語에 의하면 안회顔回와 증석曾晳만이 무위無爲의 인仁에 거처하였다. (曾晳의 欲沂詠歸가 論語에 보인다.) 장자莊子가 공자孔子의 요목要目을 전하는 것이다. 충허沖虛의 진기眞氣가 온전함을 심재心齋라 한다. 장자가 심재心齋를 통하여 지극한 인仁을 설하는 것이다. 충허沖虛란 정념情念이 본무本無한 진심眞心의 형용이다. 충허沖虛는 자성自性의 적연寂然하고 공허空虛함을 가리키며, 진기眞氣는 자성自性의 청정淸淨한 광명光明을 말한다. 그러므로 심재心齋는 자성自性의 본연本然을 의미하는 것이다. 본연本然이란 자성自性의 염담허무恬憺虛無를 회복하여 진기종지眞氣從之하는 것이니 곧 도道가 온전한 경지이다. 염담허무恬憺虛無 진기종지眞氣從之는 황제黃帝의 말이다. 소문素問에 보인다.

碧注

* **一志**(일지): 정일집중(精一執中). 공문(孔門)의 공부방법.
* **皡天**(호천): 호천(昊天)과 같다. 천도(天道)의 뜻.
* **心止於符**(심지어부): 마음(情念)을 그치는 데 부합(符合)하라. 心止於符의 解가 어렵다. 李民樹는 마음이 사물에 응할 뿐이다.— 하고, 오진탁은 마음은 부합하는 데 그친다.— 고 번역한다. 이는 心이 情念을 가리키는 줄 알지 못함이요, 더구나 心이 幻인 줄 알지 못하기 때문이다. 道說의 해석에 도(道), 상(象), 심(心), 물(物), 지(止), 무(無), 무심(無心), 무위(無爲)가 난해처(難解處)이다. 하나를 알면 모두가 통하나, 하나에 막히면 전부가 서로 통하지 아니한다. 그 하나는 心이다. 부득이 李民樹와 오진탁의 역을 예로 들었다. 장자해에 정성과 노력이 돋보이기 때문이다. 두 분의 번역이 당금에 널리 읽혔다고 한다. 장자의 뜻이 넓혀지는 데 공이 있다고 하겠다. 그러나 장자를 尊崇한다면 도(道), 상(象), 심(心), 물(物), 지(止), 무(無), 무심(無心), 무위(無爲) 등의 뜻에 통찰력을 지닌 연후에 再譯解하여 허물을 씻기를 희망한다.
* **眞氣沖虛**(진기충허): 진심(眞心)의 진기(眞氣)가 허령(虛靈)하다. 진공묘유(眞空妙有)와 통한다.

좌치 坐馳

망심妄心을 그치지 못하는 것을 좌치坐馳라 한다

顏回曰 回之未始得使는 實有回也니다 得使之也
안회왈 회지미시득사 실유회야 득사지야

未始有回也이오니 可謂虛乎이까 夫子曰 盡矣라 吾語若하리라!
미시유회야 가위허호 부자왈 진의 오어야

若能入遊其樊而 無感其名하라 入則鳴하고 不入則止하라
약능입유기번이 무감기명 입즉명 불입즉지

無門無毒이라 一宅而寓於不得已 則幾矣라 絶迹易하나
무문무독 일택이우어부득이 즉기의 절적이

無行地難이다. 爲人使에 易以僞나 爲天使에 難以僞라
무행지난 위인사 이이위 위천사 난이위

聞以有翼飛者矣요 未聞以無翼飛者也며
문이유익비자의 미문이무익비자야

聞以有知知者矣요 未聞以無知知者也라. 瞻彼闋者하라
문이유지지자의 미문이무지지자야 첨피결자

虛室生白이니라. 吉祥止止라 夫且不止는 是之謂坐馳라
허실생백 길상지지 부차부지 시지위좌치

夫徇耳目하여 內通而外於心知하면 鬼神이 將來舍니
부순이목 내통이외어심지 귀신 장래사

而況人乎아! 是萬物之化也라 禹舜之所紐也오
이황인호 시만물지화야 우순지소유야

伏羲几蘧之所行終이니 而況散焉者乎아!
복희궤거지소행종 이황산언자호

안회顏回가 말하였다.

"제가 선생님孔子의 가르침을 받지 못했을 때는 참으로 회回, 妄我

가 있는 줄 알았습니다. 그러나 선생님 말씀을 듣자마자 회回, 妄我를 잊게 되었습니다. 이를 허虛라고 할 수 있겠습니까?"

이에 공자가 말하였다.

"지극하구나. 말해 주겠네. 자네는 이제 세속世俗의 울타리 안에 소요逍遙하면서 명예, 모습 따위에는 흔들리지 않게 되었다. 상대가 배우려 하면 말하고, 상대가 밖에 있거든 그만두어라. 진심眞心에 문門을 세우지도 어떤 비방祕方도 마련하지도 말라. 진심眞心에 거처하되 전일全一하게 하여 부득이할 때만 응답한다면 도道에 가깝다.

세상에서 자취를 감추기는 쉬워도, 무심無心으로 소요逍遙하기란 어려운 일이다. 사람과 더불어 논할 때는 속이기 쉽지만, 천도天道와 더불어 논하면 속이기 어렵다. 날개 있어 난다는 말은 들었어도, 날개 없이 날았다는 이야기는 듣지 못했네. 지혜智慧로 사물의 이치를 안다는 말은 들었어도, 무지無知로 안다는 이야기도 듣지 못했네.

저 텅 빈 곳을 보라. 텅 빈 방이지만 환하게 밝지 않은가. 모든 행복과 평화와 자유가 이 허虛에 머무는 것이다. 그런데도 망심妄心이 그치지 못하고 밖으로 달리는 것을 일러 좌치坐馳라 이름 한다네. 무릇 눈과 귀를 안眞心으로 통通하게 하고, 마음眞心의 작용이 밖을 비추면 귀신鬼神도 찾아온다. 하물며 사람에 있어서는 더 말할 것이 있겠는가! 이것이 바로 화생化生이라네. 순舜임금과 우禹임금도 이를 따랐으며 복희씨伏羲氏와 궤거씨几蘧氏도 평생 행한 바였다. 그러니 범부凡夫에 있어서는 말할 것이 있겠는가?"

某解

안회顔回가 망아妄我를 잊어 허虛를 알았다고 한다. 허虛란 불가佛家의 공空과 같은 뜻이다. 허虛는 없다無는 뜻의 가리키는 말이요, 허虛라는 어떤 실상이 있다는 말이 아니다. 누가 있지도 않은 것에 대하여 설명할 수 있으며, 그것의 용처를 말할 수 있겠는가? 허虛란 없다는 뜻이다. 망아妄我란 범부정념凡夫情念에 갇힌 가아假我이다. 그러므로 범부가 정념情念을 쉬면 진아眞我가 나타난다. 진아眞我가 나타나면 도道에 합한 것이다. 도道란 진아眞我에 거처하여, 진아眞我로 만사에 응하며, 진아眞我를 잊지 않는 것이다. 망아妄我를 잊는 것을 좌망坐忘이라하며, 좌망坐忘의 경지를 허虛라 한다. 좌망坐忘은 망심妄心을 잊은 것이다. 잊은 내용은 환幻이다. 환幻이므로 허虛라 한 것이다. 안회가 좌망坐忘하여 세속世俗의 울타리 안에 소요逍遙하게 되었다고 공자가 평하며 공부의 구요九要를 이른다. (그 實은 莊子의 境地이다.)

장자莊子의 구요久要를 본다.

1. 상대가 배우려 하면 말하고, 밖에 있거든 그만두어라.
2. 진심眞心에 문門도 비방秘方도 마련하지 말라.
3. 진심眞心에 거처하되 전일全一하게 하라.
4. 부득이할 때만 응답하라. 그리한다면 도道에 가깝다.
5. 자취 감추기는 쉬우나 무심소요無心逍遙가 어렵다.
6. 범부는 속이기 쉽지만, 천도天道는 속이기 어렵다.
7. 저 빈 곳을 보라. 대자유가 허虛에 머무는 것이다.
8. 공부에 망심妄心이 그치지 못함을 좌치坐馳라 한다.
9. 안眞心으로 통通하게 하고, 밖을 비추라.

장자莊子의 구요九要를 푼다.

1. 논어論語에 불분불개不憤不開라, 도道를 배우려 함에 스스로 대분심大憤心을 일으키지 않으면 일러주지 아니한다고 하였다. 또한 비부鄙夫라도 진실되이 도道를 물으면 공공空空의 진지眞知에 체용體用을 갖추어 두드리며 설명한다고 하였다. 공부에 실과實果가 있어도 때가 아니면 말을 삼가야 한다. 더구나 길이 다른 이를 만나면 뒤로 물러서야 한다.

2. 이환즉진離幻則眞이라, 상사上士의 공부는 다만 환幻을 쉴 뿐 다른 일은 두지 아니한다. 환幻이란 망심妄心이다. 진심을 밝히는 공부에 망심을 쉬는 길 외의 방법과 비법을 두는 자는 외도外道이다.

3. 공부가 전일全一하지 못하면 잡념雜念이 치성熾盛하여 나아갈 수 없다.

4. 묵묵좌조默默坐照가 익어야 도道에 가깝다. 그러므로 고인古人이 뒤로 물러나 고요히 지낸 것이다. 개오開悟 이후의 수도守道에 오직 묵묵좌조默默坐照로써 공부한다. 옛사람이 공부에 끝이 없다고 하였다.

5. 세사世事에 뒤로 물러서기는 쉬우나, 무심삼매無心三昧가 어렵다. 무심삼매無心三昧가 온전하지 않으면 무심소요無心逍遙가 온전하지 못하다. 장자莊子가 무심어세無心御世 무위이화無爲而化의 여덟 자를 종요宗要로 삼았으나, 장자도 무심삼매無心三昧에는 미진한 바가 있었다. 고로 피세避世하여 무심삼매無心三昧에 묵연히 거처했던 것이다.

6. 경지境地의 문제問題이다. 그 경지에 이르지 못하면 그 경지를 알 수 없는 것이다. 공자는 개오開悟 즉 지천명知天命한 십년 뒤에 이순耳順의 경지에 이르렀고, 이순耳順 십년 후에 종심從心의 경지에 이르렀다. 그리고 종심從心 이후의 경지는 말하지 않았다. 종심從心 이후는 종심從心에 이른 연후에 절로 나아가며 범부가 헤아릴 바가 아니기 때문이다.

장자는 무위이화無爲而化를 이르고, 무위이화無爲而化에 이르는 요목要

目을 설한다. 무위이화無爲而化는 공자의 종심從心과 통한다. 그리고 그 다음의 경지를 말하지 않는다. 무위이화無爲而化 이후의 경지는 성인의 스승의 경지인 것이다.

7. 장자가 망심妄心의 본무本無를 설명한다. 망심妄心의 본무本無는 진심眞心이 드러나게 되면 확인할 수 있다. 범부는 망심에 가리워 있으므로 범부를 깨우는 가르침은 망심妄心의 내용을 설명하는 것이 먼저이고, 그 다음에 망심을 통해하면 진심眞心을 가리켜 보이는 것이다. 이러히 성인이 친절히 설명하였으나 괴벽범부乖僻凡夫는 제 깜냥대로 자기 망심妄心을 실답다고 이해하여 망심妄心으로 망견妄見을 주장하는 것이다. 말세의 벽학辟學과 괴범乖凡이 망견妄見의 잡설雜說로써 세상을 어지럽히는 근원이다.

8. 큰 결심과 큰 공부가 필요하다. 망심妄心의 내용이 환幻이라 배워 이해했더라도 망심 쉬는 공부가 쉽지 않다. 대저 욕망의 인식認識과 관습慣習을 벗는 인식認識의 대전환大轉換을 이루기가 쉽지 않기 때문이다. 그러므로 인생이 한 바탕의 꿈이라는 사실을 깨닫지 못하면 실다이 공부에 들기 쉽지 않은 것이다. 그러하기에 장자는 공부에 실다이 들지 못하는 까닭을 좌치坐馳라 설명한다.

9. 허통적조虛通寂照 즉 진심眞心에 허통虛通하여 항상恒常한 적조寂照를 체험해야 약간의 공부가 있다고 할 수 있는 것이다.

그러므로 장자莊子가 허통적조虛通寂照를 화생化生이라 설명하는 것이다. 그리고 "허통적조虛通寂照는 순舜임금과 우禹임금도 이를 따랐으며 복희씨伏羲氏와 궤거씨几蘧氏도 평생 행한 바였다. 그러니 범부凡夫에 있어서는 말할 것이 있겠는가?"라 한다. 공부工夫란 좌치坐馳를 벗고, 허통적조虛通寂照에 합하는 것이다.

碧注

* 無行地(무행지): 무심(無心)의 경지.
* 紐(유): 끈. 매다. 묶다.
* 未始有回(미시유회): 가아본무(假我本無).
* 虛(허): 허령자명(虛靈自明).
* 전일(全一): 순일무잡(純一無雜)
* 無心逍遙(무심소요): 천연(天然)의 행.
* 坐馳(좌치): 망심(妄心)을 그치지 못하는 것.
* 鬼神(귀신): 여기서는 잡념(雜念).
* 虛通寂照(허통적조): 진심(眞心)에 허통(虛通)하여 항상(恒常)한 적(寂)과 조(照)에 나아감.

초광접여 楚狂接輿

초나라 괴각현자乖角賢者 접여接輿

孔子 適楚하니 楚狂接輿가 遊其門曰 鳳兮! 鳳兮!

공자 적초 초광접여 유기문왈 봉혜 봉혜

何如德之衰也아! 來世는 不可待오 往世는 不可追也라

하여덕지쇠야 내세 불가대 왕세 불가추야

天下有道면 聖人成焉하고 天下無道면 聖人生焉이라.

천하유도 성인성언 천하무도 성인생언

方今之時에 僅免刑焉이라 福輕乎羽에 莫之知載요

방금지시 근면형언 복경호우 막지지재

禍重乎地에 莫之知避라 已乎已乎하라 臨人以德하고

화중호지 막지지피 이호이호 임인이덕

殆乎殆乎하라 畫地而趨하며 迷陽迷陽에 無傷吾行하라

태호태호 화지이추 미양미양 무상오행

吾行卻曲하니 無傷吾足하라 山木은 自寇也요 膏火는

오행각곡 무상오족 산목 자구야 고화

自煎也라 桂可食故로 伐之요 漆可用故로 割之라

자전야 계가식고 벌지 칠가용고 할지

人皆知有用之用 而莫知無用之用也라

인개지유용지용 이막지무용지용야

공자孔子가 초楚나라에 갔는데, 광현狂賢 접여接輿가 공자가 머문 집 앞에서 노래하였다.

"봉황鳳凰이여! 봉황鳳凰이여!

어찌하여 덕德이 쇠衰하셨나.

앞날은 아직 오지 않았고
지난날은 부를 수 없는 것.
천하에 도道가 있으면
성인聖人은 자신의 일經世을 이루고,
천하天下에 도道가 없으면
성인聖人은 피세避世 하나니.
지금 세상에서는 환란患難을 면하는 게 고작일 뿐.
복福은 깃털보다 가벼운 데 담을 줄 모르고
화禍는 땅보다 무거우나 피할 줄 모르누나.
그냥 쉬시게나已乎! 그냥 쉬시게나已乎!
덕德으로 남을 교화하려는 것은 어리석은 짓.
위태하도다! 위태하도다!
땅에 금을 긋고, 그 안에서 허둥대는 일.
순양純陽.大道에 미혹迷惑하나니!
순양純陽.大道에 미혹迷惑하나니!
도덕道德을 상傷치 마오.
덕德을 굽게하여 신족神足을 상傷하지 마오.
산의 나무는 스스로 나무도둑을 부르고
기름불은 제 몸을 사르는구려.
육계肉桂는 먹을 수 있어 베어지고
옻나무는 쓸모가 있어 껍질이 벗겨진다오.
사람들은 유용有用의 용用만 알 뿐
무용無用의 용用은 알지 못하누나."

某解

접여接輿는 춘추시대 초楚나라 사람이다. 자字는 육통陸通. 소왕昭王 때 머리를 풀고 거짓 미친 체하여 벼슬에 나아가지 않고, 무명無名과 무위無爲를 노래하고 피세避世하여 초광楚狂이라 불리었다. 접여接輿는 도道에 밝은 괴각현자乖角賢者이며 노자老子의 문인門人일 것이다. 접여接輿의 과게過偈에 나타난 도리道理가 예사롭지 아니하다. 접여接輿의 게偈를 푼다.

"봉황鳳凰이여! 봉황鳳凰이여!
어찌하여 덕德이 쇠衰하셨나.

앞날은 아직 오지 않았고,
지난날은 부를 수 없는 것이라.
진심眞心의 대도大道는
과거 현재 미래라 할 것 없나니.
지도至道는 쉬지 않노매라!

천하에 도道가 있으면 경세經世를 이루고,
천하天下에 도道가 없으면, 피세避世할지라.
지금 세상은 환난患難을 면하는 게 고작.
복福은 깃털보다 가볍고, 화禍는 땅보다 무겁네라.
그냥 쉬시게나! 그냥 쉬시게나!
지금 세상에 덕화德化는 어리석은 짓.
도道는 그 때가 되어야 넓혀지고,
그 때에 그 사람이라야 높여지는 것이오.
위태하도다! 위태하도다!

땅에 금을 긋고, 그 안에서 허둥대는 일은
대도大道에 미혹迷惑한 처세이거라.

봉황鳳凰이여! 도덕道德을 상傷치 마오.
덕德을 굽혀 공적영지空寂靈知를 어둡게 마오.
산 나무는 도둑을 부르고, 기름불은 제 몸을 사르는구려!

육계肉桂는 약성藥性이 높아 베어지고
옻나무는 쓸모가 있어 껍질이 벗겨진다오.
경세經世는 대자大慈이나,
그 때가 아니면 이루기 어렵소.

세속世俗은 유용有用의 용用만 쓸 뿐,
무용無用의 용用은 알지 못한다오."

세상 사람은 칠정七情의 정념情念에 거처한다. 그런 까닭에 정념情念이 대위大僞 즉 큰 거짓인 줄 알지 못하는 것이다. 다투는 정자政者가 대도大道를 어찌 알며, 전쟁의 혼란 속에 허둥대는 민중이 어찌 대도大道에 교화되겠느냐?—는 접여接輿의 과게過偈라 하겠다. 접여의 게偈는 대도大道의 교화를 하지 말라!는 뜻이 아니요, 다만 그 때와 사람을 기다려 대도大道를 넓히라는 의미이다. 혹자는 공자孔子와 접여接輿의 우열을 논하나 부질없는 일이다. 공자는 대도를 넓히는 데 뜻을 두었고, 접여는 스스로를 더욱 밝게 하여 그 때를 기다리라는 은자隱者이다. 대도大道가 세상에 넓혀지는 것이 모든 성인의 뜻이나, 범부의 좋아하는 바가 욕망과 경쟁이라, 본래 평등과 본래 자유를 어찌 헤아리랴!

접여의 무용無用의 대용大用이 과게過偈의 본지本旨이다. 무용無用이란 정념情念이 쉰 진심眞心의 용用이다. 진심眞心의 용用이므로 대용大用이라 이름한 것이다. 논어論語 미자편微子篇에도 접여의 게偈가 보인다. 접여의 경지를 논하려면 먼저 접여의 경지를 보아야할 것이다. 접여는 장자의 선배이다. 장자가 접여의 과게過偈를 논한 것은 뒷사람이 배울 바가 크기 때문일 것이다.

碧注

* 勤免(근면): 겨우 면하다.
* 不可追(불가추): 부를 수 없다. 과거는 이미 없다는 뜻.
* 迷陽(미양): 도(道)에 미혹하다. 양(陽)은 청정진기(淸淨眞氣)이다.
* 純陽(순양): 지도(至道). 대도(大道).
* 純陽(순양)에 迷惑(미혹): 자성(自性)의 청정(淸淨)에 미혹하다.
* 郤曲(각곡): 도덕(道德)을 굽게 하다. 郤은 却의 本字.
* 神足(신족): 공적영지(空寂靈知)의 드밝은 작용.
* 有用(유용)의 用(용): 유정(有情)의 용(用). 凡夫情家의 用.
* 無用(무용)의 用(용): 무정(無情)의 용(用). 脫俗無情家의 大用.

장자촬요 제5편

덕충부 德充符

노자老子에 범부가 몸身으로 환患을 삼는다고 하였다.

소동파蘇東坡도 몸이 한 때의 환신幻身인 줄 알면, 인생에 어느 때라도 불우불구不憂不懼한다고 읊었다. 만약 몸을 잊었거든 말해보라!

이 세상은 무엇이며 그대는 누구인가?

올현왕태 兀賢王駘

형벌로 한쪽 발뒤꿈치가 잘린 현자, 왕태

魯에 有兀者 王駘하여 從之遊者는 與仲尼로 相若하다 常季는
노 유올자 왕태 종지유자 여중니 상약 상계

問於仲尼曰 王駘는 兀者也라 從之遊者는 與夫子로
문어중니왈 왕태 올자야 종지유자 여부자

中分魯하며 立不教요 坐不議하나 虛而往하고 實而歸하니
중분노 입불교 좌불의 허이왕 실이귀

固有不言之教며 無形而心成者耶이까 是何人也이까
고유불언지교 무형이심성자야 시하인야

仲尼曰 夫子는 聖人也라 丘也는 直後而未往耳라
중니왈 부자 성인야 구야 직후이미왕이

丘將以爲師이은 而況不若丘者乎아! 奚假魯國!이라
구장이위사 이황불약구자호 해가노국

丘將引天下而與從之하리라 常季曰 彼는 兀者也나
구장인천하이여종지 상계왈 피 올자야

而王先生하니 其與庸亦遠矣라 若然者면 其用心也는
이왕선생 기여용역원의 약연자 기용심야

獨若之何이까 仲尼曰 死生이 亦大矣라 而不得與之變이라
독약지하 중니왈 사생 역대의 이부득여지변

雖天地覆墜라도 亦將不與之遺라 審乎無假니
수천지복추 역장불여지유 심호무가

而不與物遷이라 命物之化하며 而守其宗也라 常季曰
이불여물천 명물지화 이수기종야 상계왈

何謂也니까 仲尼曰 自其異者로 視之하면 肝膽도 楚越也오
하위야 중니왈 자기이자 시지 간담 초월야

自其同者로 視之하면 萬物皆一也라. 夫若然者 且不知耳
자기동자 시지 만물개일야 부약연자 차부지이

目之所宜이나 以遊心乎德之和라 物視其所一하고
목지소의 이유심호덕지화 물시기소일

而不見其所喪이라 視喪其足을 猶遺土也라. 常季曰
이불견기소상 시상기족 유유토야 상계왈

彼爲己以其知로 得其心하고 以其心으로 得其常心하는데
피위기이기지 득기심 이기심 득기상심

物은 何爲最之哉이가 仲尼曰 人莫鑑於流水하고
물 하위최지재 중니왈 인막감어유수

而鑑於止水라 唯止 能止 衆止라. 受命於地는
이감어지수 유지 능지 중지 수명어지

唯松柏이 獨也正이니 在冬夏青青이오 受命於天은 唯舜이
유송백 독야정 재동하청청 수명어천 유순

獨也正이라 幸能正生하여 而正衆生이라 夫保始之徵은
독야정 행능정생 이정중생 부보시지징

不懼之實이니 勇士一人이 雄入於九軍하니 將求名而
불구지실 용사일인 웅입어구군 장구명이

能自要者도 而猶若是이온 而況官天地하고 府萬物하며
능자요자 이유약시 이황관천지 부만물

直寓六骸에 象耳目하여 一知之所知도 而心未嘗死者乎아!
직우육해 상이목 일지지소지 이심미상사자호

彼는 且擇日而登假하니 人則從是也라.
피 차택일이등가 인즉종시야

彼는 且何肯以物爲事乎아!
피 차하긍이물위사호

노魯나라에 왕태王駘라는 올자兀者(형벌로 한쪽 발뒤꿈치가 잘린 사람)가 있었다. 그를 따라 배우는 사람이 공자孔子를 따르는 사람의 수와 비슷하였다.

상계常季가 공자에게 물었다.

"왕태王駘는 형벌로 발뒤꿈치가 잘린 사람인데도 좇아 배우는 이들이 선생님과 함께 노나라 사람을 반씩 나누었다고 합니다. 그는 서 있어도 가르침을 펴지 않고, 앉아 있어도 의론議論하지 않습니다.

그러나 스스로 비우고 배움에 나아갔던 자가 청정淸淨을 자득自得하여 돌아갑니다. 그는 말없는 가르침을 베풀고 무형무위無形無爲의 참마음眞心에 온전한 이가 아닌가 싶습니다. 그는 어떤 사람입니까?"

공자孔子가 말하였다.

"그 분은 성인聖人이다. 나는 아직 찾아뵙지 못했다. 나도 장차 스승으로 뫼시려 하는데 나보다 못한 사람이야 말할 것이 있겠느냐? 어찌 노나라 사람만 그러하겠는가. 나는 천하 사람을 이끌고 그를 섬기려 한다."

상계常季가 말하였다.

"그는 올자兀者인데도 선생님보다도 더 훌륭하다고 합니다. 사람들보다 덕德이 훨씬 높을 것입니다. 이런 이는 마음씀이를 어떻게 하는 것입니까?"

공자孔子가 말하였다.

"죽음과 삶은 인생의 큰 문제이나, 그 변화와 더불어 하지 않고, 하늘이 뒤집히고 땅이 꺼져도, 그는 더불어 잃는 것이 없다. 대도大道와 하나라, 변화 속에 대도大道의 종宗을 지키는 것이다."

상계常季가 이에 물었다.

"그 말씀의 뜻이 무엇입니까?"

공자孔子가 대답하였다.

"다르다는 관점에서 보자면 간과 쓸개도 초楚나라와 월越나라만큼이나 떨어져 있지만, 같은 관점으로 보면 만물은 하나이다. 무릇 이와 같은 이는 귀와 눈의 보고 들음에 정념情念이 없고, 마음은 덕德의 조화를 나툰다. 그는 만물의 한결같은 근원을 보되 변화는 보지 않는다. 그 발을 잃은 것을 마치 흙을 털어 버리는 것으로 여긴다."

이에 상계常季가 말하였다.

"왕태王駘는 다만 스스로를 닦아 밝혔습니다. 밝혀진 마음으로 항상恒常한 마음에 나아갔을 뿐입니다. 그런데 세상 사람들은 무슨 까닭으로 그에게 모여드는 겁니까?"

공자孔子가 대답하였다.

"사람들은 흐르는 물로 거울삼지 않고 멈추어 있는 물을 거울삼는다. 이와 같이 오직 멈춰있는 것만이 능히 멈춰있음으로써 모든 것을 멈추게 할 수 있는 것이다. 땅 위의 식물 가운데 오직 소나무와 잣나무만이 정기正氣를 지니고 있어 겨울이나 여름이나 내내 푸르다. 하늘로부터 생명을 받은 사람 가운데 순舜임금만이 정기正氣를 지녀서 다행히도 정심正心으로써 뭇사람을 바르게 이끌 수 있는 것이다. 대저 본성本性의 해맑은 기미를 항상하게 보전하는 이는 세상의 어떤 일도 두려워하지 않는 법이다. 한 용사勇士가 씩씩하게 적진 속으로 뛰어드는 수가 있다. 용맹의 이름을 떨치고자 하는 자도 그러한데, 하물며 하늘 땅을 뜻대로 하고, 만물을 나로 삼으며, 자신의 몸도 한 때의 객사客舍로 여기고, 귀와 눈도 가상假象이며, 모든 변화가 일심一心의 작용일 뿐임 알며, 참 마음眞心이 사생死生을 벗어난 이야 어떠하겠는가! 그는 날을 택해 세상을 떠날 것이다. 그러하기에 사람들이 그를 따르는 것이다. 이런 이가 어찌 사람을 모아 세상일을 도모하겠는가!"

某解

장자莊子가 올현兀賢 왕태王駘를 등장시켜 지도至道의 묘용妙用을 드러내 보인다. 불언지교不言之教와 무형이심성無形而心成은 지인至人의 상교上敎이다.

장자가 담백하게 상교上敎를 설명한다. 왕태王駘는 서 있어도 가르침을 펴지 않고, 앉아 있어도 의론議論하지 않는다고 한다. 이것은 노자老子의 불언지교不言之敎이다. 그러나 불언지교不言之敎를 보고 배우는 이는 숙세宿世의 선근善根이다. 우언寓言을 통해 방외方外의 선근善根을 세워 불언지교不言之敎를 설명한 것이다. 지극한 도道는 언어와 모습이 민멸泯滅해야 드러나는 것이다. 배우는 이가 이 도리를 간과하면 끝내 묘도妙道를 자득自得할 수가 없을 것이다.

범부의 인생에 죽음과 삶의 문제만큼 큰일은 없다. 그러나 지인至人은 죽음과 삶의 변화와 더불어 하지 않는다. 지인至人은 진심眞心이 성성惺惺하여 죽음과 삶은 눈을 한번 껌벅이는 것과 같을 뿐이다. 지인至人은 근원을 보되 변화를 잊는다. 그러므로 왕태王駘는 세형世刑으로 발을 잃었으나 마치 옷에 묻은 흙을 털어 버리는 것으로 여기는 것이다.

범부는 정념情念의 전변轉變 속에 있는 까닭으로 진심眞心을 보지 못한다. 정념情念이 그치면 바른 눈으로 해맑은 세계를 볼 수 있다. 그러므로 장자莊子가 오직 멈춰있는 것만이 능히 멈춰있음으로써 모든 것을 멈추게 할 수 있다고 하는 것이다. 정념情念이 멈추는 실상實相에 나아가지 못하면, 다만 장자莊子의 말을 믿거나 이해하는 사람에 불과한 것이다.

정념情念을 멈춘 사람은 몸을 한 때의 객사客舍로 여기고, 삶과 죽음을 눈 한번 껌벅임 정도로 여긴다. 그러기에 지인至人은 사생死生을 벗어났다고 하는 것이다. 정념情念을 멈춘 사람은 몸을 여읠 때, 날을 택해 떠난다. 그저 떠날 뿐이다. 세상을 떠남에 우울함과 두려움과 섭섭함이 없다.

지인至人은 떠남이 아니기에 담연淡然한 것이다. 이러한 이가 어찌 정념情念의 모습놀이에 거처하며, 세상일을 도모하겠는가? 공부란 다만 정념情念을 쉬는 것이다.

하위재전 何爲才全

어떤 것이 참마음이 온전한 것입니까

哀公이 問曰 何爲才全而德不形者오 仲尼曰
애공 문왈 하위재전이덕불형자 중니왈

死生存亡 窮達貧富 賢與不肖 毁譽 飢渴 寒暑는
사생존망 궁달빈부 현여불초 훼예 기갈 한서

是事之變이요 命之行也라 日夜相代乎前이요
시사지변 명지행야 일야상대호전

而知不能規乎其始者也라 故로 不足以滑和요
이지불능규호기시자야 고 부족이골화

不可入於靈府라
불가입어영부

使之和豫 通而不失於兌라 使日夜無郤하여 而與物爲春이라

是는 接而生時於心者也라 是之謂才全이니라.
시 접이생시어심자야 시지위재전

何爲德不形이까 曰 平者는 水停之盛也라 其可以爲法也니
하위덕불형 왈 평자 수정지성야 기가이위법야

內保之而外不蕩也라. 德者는 成和之修也요 德不形者는
내보지이외불탕야 덕자 성화지수야 덕불형자

物不能離也니라 哀公은 異日에 以告閔子曰 始也에
물불능리야 애공 이일 이고민자왈 시야

吾以南面而君天下하여 執民之紀하고 而憂其死하여
오이남면이군천하 집민지기 이우기사

吾自以爲至通矣러니 今吾聞至人之言하고 恐吾無其實에
오자이위지통의 금오문지인지언 공오무기실

輕用吾身하여 而亡其國이라 吾與孔丘는 非君臣也요
경용오신 이망기국 오여공구 비군신야

德友而已矣니라
덕우이이의

애공哀公이 공자孔子에게 물었다.

"어떤 것이 성性이 온전하여 덕德이 모습 없는 것입니까?"

공자孔子가 대답하였다.

"죽음과 삶死生存亡, 부유함과 가난함窮達貧富, 현명함과 어리석음賢與不肖, 칭찬과 비난毁譽, 굶주림과 목마름飢渴, 추위와 더위寒暑, 이 모두는 세상사의 변화이자 명命의 유행流行입니다. 밤낮으로 눈앞에서 교대로 전개되지만, 세상 사람의 지식으로는 그렇게 되는 근본을 헤아릴 수 없습니다. 그러나 사생死生과 부귀富貴등의 변화는 충화沖和의 덕德을 어지럽히지 못하고, 참 마음眞心에 끼어들 수 없습니다. 참 마음眞心의 충화沖和를 회복하면 탁 트여서 즐거움을 잃지 않으며 밤낮 간에 항상 해맑은 봄기운입니다. 이것이 세상사와 만날 때의 올곧은 기운입니다. 이를 일러 성품의 온전함才全이라 합니다."

애공哀公이 물었다.

"그러면 덕德은 모습이 없다는 것은 무엇을 뜻합니까?"

공자孔子가 대답하였다.

"평平이란 고요히 멈추어 있는 물입니다. 물의 평平을 법도로 삼을 수 있음은 안으로 고요하고 밖으로 출렁이지 않기 때문입니다. 덕德이란 망심妄心을 쉬어서 진심眞心이 안팎으로 한결같이 충화沖和를 이룬 것입니다. 따라서 덕德이 모습 없음에 계합契合하면 천지만물이 그를 떠날 수 없습니다."

그 뒤, 애공哀公이 민자건閔子騫에게 말하였다.

"지금까지 나는 임금 자리에 올라 나라를 다스리면서 백성의 기강을 바로잡고 백성들이 병이나 굶주림으로 죽지 않을까 걱정하는 마음씨로서 도道에 이를 줄 알았소. 그런데 지인至人(공자)의 말씀을 듣고 보니, 내가 실제의 덕德이 없으면서 경솔하게 운신하여 나라를 망칠까 두려워졌소. 나와 공자孔子는 임금과 신하의 관계가 아니라 덕德으로 맺어진 벗일 따름입니다."

某解

어떤 것이 참마음眞心이 온전한 것인가? 라는 애공哀公의 물음에 공자는 죽음과 삶死生과 추위와 더위寒暑 등의 변화變化는 명命의 유행流行이라 하고, 이러한 변화는 참 마음眞心의 바른 기운에 끼어들지 못한다고 한다. 바른 기운의 이름은 충화沖和로써 충화沖和를 회복한 이는 즐거움을 잃지 않으며 시始와 종終이 없이 항상 해맑은 봄기운이라 한다. 충화沖和란 염담허무恬憺虛無이다. 이 봄기운이 세상사와 만나는 것을 바른 기운이라 하는 것이다. 바른 기운을 세상 범부의 지식으로는 그렇게 되는 근본을 헤아릴 수 없다. 오직 조철朝徹을 지나, 견독見獨하여, 자성自性이 주야晝夜로 현전現前하는 경지에 이르러야 온전하게 되는 것이다.

온전함을 평수平水에 비유함은 평수平水는 고요하여 만물의 거울이 되기 때문이다. 또한 평수平水의 덕德은 망심妄心의 출러거림을 쉬어서 진심眞心이 안팎으로 한결같이 충화沖和를 이룬 것을 의미한다. 그러므로 망심妄心을 쉬어야 진심眞心이 드러나고, 진심眞心의 덕德은 변화變化 밖의 항상한 봄기운이라 하는 것이다.

碧注

* 才全而德不形(재전이덕불형): 성(性)의 체용을 설명한 말. 재전(才全)은 성전(誠全)과 통한다. 덕불형(德不形)은 성(性)의 묘용(妙用)을 의미한다.
* 恤(휼): 구휼하다. 동정하다.

망형야 독성기천 忘形也 獨成其天

모습을 잊고 홀로 허공을 이루도다

闉跂支離無脤이 說衛靈公하니 靈公은 悅之하고
인 기 지 리 무 신 설 위 영 공 영 공 열 지

而視全人其脰肩肩하였고 甕盎大癭이 說齊桓公하니
이 시 전 인 기 두 견 견 옹 앙 대 영 설 제 환 공

桓公이 悅之하고 而視全人其脰肩肩이라
환 공 열 지 이 시 전 인 기 두 견 견

故로 德有所長而形有所忘이라
고 덕 유 소 장 이 형 유 소 망

人不忘其所忘而忘其所不忘은 此謂誠忘이라
인 불 망 기 소 망 이 망 기 소 불 망 차 위 성 망

故로 聖人은 有所遊而知爲孼이요 約爲膠요 德爲接이요
고 성 인 유 소 유 이 지 위 얼 약 위 교 덕 위 접

工爲商이라 聖人은 不謀惡用知하고 不斷惡用膠하며
공 위 상 성 인 불 모 오 용 지 부 단 오 용 교

無喪惡用德하고 不貨惡用商하나니 四者는 天鬻也라
무 상 오 용 덕 불 화 오 용 상 사 자 천 죽 야

天鬻也者는 天食也라 旣受食於天하고 又惡用人이랴
천 죽 야 자 천 식 야 기 수 식 어 천 우 오 용 인

有人之形하고 無人之情하니 有人之形故로 群於人이요
유 인 지 형 무 인 지 정 유 인 지 형 고 군 어 인

無人之情故로 是非不得於身이라 眇乎小哉저
무 인 지 정 고 시 비 부 득 어 신 묘 호 소 재

以屬於人也며 謷乎大哉저 獨成其天이라!
이 속 어 인 야 오 호 대 재 독 성 기 천

인기지리무신闉跂支離無脤이 위衛나라 영공靈公에게 덕德을 말했더니, 영공靈公은 크게 기뻐했다. 그런 뒤로 영공靈公은 몸이 온전한 사람을 보면 목이 가늘어 보였다. 옹앙대영甕盎大癭이 제齊나라 환공桓公에게 덕德을 말했다. 이에 환공桓公은 크게 기뻐하였고, 이후부터는 몸이 정상인 사람을 보면 목이 가늘어 보였다.

그러므로 덕德이 뛰어나면 겉모습은 잊어버리게 되는 것이다. 그러나 사람들은 마땅히 잊어야 될 것은 잊지 않고 잊지 말아야 할 것은 잊어버린다. 이를 '참됨을 잊음誠忘. 惺惺함을 잊음'이라 한다. 따라서 성인聖人은 소요逍遙함에 있어서 지식知識을 재앙災殃의 근원根源으로 여기고, 의례규범儀禮規範을 아교阿膠로 여기며, 또한 약간 베푸는 덕德은 교제수단으로, 기교技巧는 장사 솜씨로 여긴다. 성인聖人은 세상사世上事에 도모함이 없으니 어찌 지식知識이 필요하겠는가! 깎고 다듬지 않으니 어찌 아교가 소용되겠는가! 본시 도道를 잃음이 없는데 어찌 덕德을 얻으려 하겠는가! 계교로 물건을 사고 팔지 않으니 어찌 장사가 소용되겠는가! 이 넷은 천도天道의 본디 그러함(天鬻천죽)이니 천도天道의 본디 그러함(天鬻천죽)이란 스스로 먹여 살린다는 뜻이다. 이미 천도天道가 나를 기르는데 어찌하여 다시 인심人心의 정념情念을 취하랴. 성인聖人은 사람의 모습을 지니고 있으나 세상 사람과 같이 칠정七情을 지니고 있지 않다. 사람의 몸을 하고 있으므로 세상 사람과 더불어 살지만, 세상 사람과 같은 칠정七情이 없으므로 시비是非와 분별分別이 붙지 않는다. 성인聖人이여! 작고도 작도다! 이는 세상사람 속에 있기 때문이다. 크고도 크도다! 이는 홀로 무정無情의 천天을 이루기 때문이다.

某解

장자莊子가 이른다.

"덕德이 뛰어나면 겉모습은 잊어버리게 되는 것이다. 그러나 사람들은 마땅히 잊어야 될 것은 잊지 않고, 잊지 말아야 할 것은 잊어버린다. 이를 성망誠忘이라 한다."

성망誠忘이란 범부가 미혹迷惑하여 자성自性의 본래 성성惺惺을 잊고 살아가는 것을 가리킨다. 성성惺惺은 성성誠誠과 같은 뜻이다. 성誠이란 공자의 말씀으로 중용中庸의 종지宗旨이다. 범부는 마땅히 잊어야 될 정념情念은 잊지 못하고, 잊지 말아야 할 자성自性의 성성惺惺을 잊고 정념 놀이에 묻혀 살아가는 것이다.

성인聖人은 무정無情이다. 유정有情의 세상사世上事에 도모함이 없으므로 유정有情의 지식知識이 필요 하지 아니하다. 성인聖人은 천연天然에 거처하므로 정념情念으로 다듬지 않으니, 아교阿膠같은 지식의 고집이 없다. 또한 성인聖人은 본래의 도道를 회복하였을 뿐, 본시 도道를 잃음이 없는 것이다. 그러므로 덕德을 얻으려 하지 않는 것이다. 성인聖人은 칠정七情을 지니지 않을 뿐, 범부와 다르지 아니하다. 성인聖人의 작음은 세상 속에 있기 때문이요, 크고도 큼은 성인聖人이 홀로 무정無情의 천天을 이루기 때문이다.

碧注

* **闉跂支離無脤**(인기지리무신): 제육(祭肉)없이 천제(天祭)를 지내려함을 막는다는 의미. 곧 유정(有情)으로 무정(無情)의 도(道)를 배우려함을 나무라다는 뜻. 장자가 등장시킨 가상인물의 이름에 방외의 멋스러움이 배어 있다. 闉은 막다. 跂는 발돋움. 支는 가르다. 脤은 祭肉을 의미. 일반적 해의(解義)는 외모가 매우 추한 자를 의미한다. 인기(闉跂)는 절름발이, 지리(支離)는 곱추, 무

신(無脤)은 언챙이이다. 이러므로 외모가 매우 추한 자로 의미를 삼는 것이다. 신(脤)은 순(脣)과 같다.

* **其脰肩肩**(기두견견): 목이 가늘게 보이다. 청수(淸秀)하게 보이다.
* **脰**(두): 목. 목덜미. 목구멍. 정강이.
* **肩**(견): 어깨.
* **甕盎大癭**(옹앙대영): 항아리 같은 혹이 있는 사내.
* **甕**(옹): 독. 단지.
* **盎**(앙): 동이. 가득차다.
* **癭**(영): 혹. 벙어리.
* **所忘**(소망): 잊어야 할 바.
* **所不忘**(소불망): 잊지 말아야할 바.
* **約爲膠**(약위교): 예의와 규범에 아교처럼 붙어 몽매하게 되다.
* **無喪惡用德**(무상오용덕): 도(道)는 스스로 갖추어 있으며 상명(常明)하여 잃을 수 없다. (그러므로 성인은 덕(德)을 구하려 하지 않는다.)
* **所遊**(소유): 소요(逍遙)하는 바.
* **孼**(얼): 재앙. 서자(庶子).
* **誠忘**(성망): 참됨을 잊음. 惺惺을 잊음.
* **鬻**(죽): 기만할. 죽.
* **又惡用人**(우오용인): 천도(天道)가 나를 기르는데 어찌하여 다시 인심(人心)의 정념(情念)을 취하랴.
* **眇乎**(묘호): 작은 모양.
* **謷乎**(오호): 큰 모양.
* **謷**(오): 자기 주장만 하고 남의 말을 듣지 아니하다. 헐뜯다. 비통한 탄식. 土 方 文 言의 합자로써 편벽을 가리킴.
* **獨成其天**(독성기천): 홀로 무정(無情)의 천(天)을 이루다.

유위칠정자본무 有爲七情者本無

범부의 정념은 본래 없는 것이다

惠子 謂莊子曰 人故無情乎아 莊子曰 然하다 惠子曰
혜자 위장자왈 인고무정호 장자왈 연 혜자왈

人而無情이면 何而謂之人인가 莊子曰 道與(無形)之貌하고
인이무정 하이위지인 장자왈 도여 지모

天與(有形)之形하였으니 惡得不謂之人이랴!
천여 지형 오득불위지인

惠子曰 旣謂之人이면 惡得無情이리오 莊子曰 是非는
혜자왈 기위지인 오득무정 장자왈 시비

吾所謂情也라. 吾所謂無情者는 言人之不以好惡로
오소위정야 오소위무정자 언인지불이호오

內傷其身이오 常因自然而 不益生也라 惠子曰
내상기신 상인자연이 불익생야 혜자왈

不益生하면 何以有其身인가 莊子曰 道는 與之貌하고
불익생 하이유기신 장자왈 도 여지모

天與之形하여 無以好惡로 內傷其身이라.
천여지형 무이호오 내상기신

今에 子는 外乎子之神하고 勞乎子之精하여 倚樹而吟하고
금 자 외호자지신 노호자지정 의수이음

據槁梧而瞑하니 天은 選子之形하고 子는 以堅白鳴하니라!
거고오이명 천 선자지형 자 이견백명

혜자惠子가 장자莊子에게 말하였다.

"사람에게는 본래 정情이 없는 것일까?"

장자가 대답하였다.

"그렇다네."

이에 혜자惠子가 반문하였다.

"사람으로서 정情이 없다면 어찌 그를 사람이라 할 수 있겠는가?"

장자莊子가 말하였다.

"천연天然의 도道가 무형無形의 모습을 베풀고, 천연天然의 대용大用이 유형有形의 모습肉身을 주었는데, 어찌 사람이 아니겠는가?"

혜자惠子가 말하였다.

"이미 사람이라고 한다면 어찌 정情이 없을 수 있겠는가?"

이에 장자莊子가 대답하였다.

"시是와 비非를 가려 한 쪽에 치우치는 정념情念이 내가 말하는 정情일세. 내가 무정無情이라고 하는 것은 호오好惡의 감정으로 자기를 상傷하지 않고, 자연自然에 따를 뿐 유위有爲의 칠정七情을 보태지 않는 것을 의미한다네."

이에 혜자惠子가 말하였다.

"유위有爲의 칠정七情을 보태지 않으면 어떻게 자기 몸을 지킬 수 있겠는가?"

장자莊子가 말하였다.

"천연天然의 도道가 무형無形의 모습을 베풀고, 천연天然의 대용大用이 유형有形의 모습肉身을 주었나니, 호오好惡의 정념情念으로 자기를 상傷해서는 아니 된다네. 지금 자네는 정신精神을 밖으로 향한 채, 자신의 정기精氣를 메마르게 하면서, 나무에 기대서서는 신음呻吟하고 책상에 기대서는 졸고 있네. 천도天道가 자네의 형체를 온전하게 내었거늘, 자네는 어찌하여 견백론堅白論의 궤변詭辯만 늘어놓는 것인가?"

某解

범부凡夫는 유정有情하고, 지인至人은 무정無情하다. 유정有情과 무정無情으로 범부凡夫와 지인至人이 갈리고, 비도非道와 도道가 구별되는 것이다. 그러므로 범부의 유정有情이 병病이 되는 까닭과 지인至人이 무정無情의 도道에 합한 도리道理를 배우는 것이 공부工夫이다.

혜자惠子가 도道를 알지 못해 장자莊子에게 묻는다. 그리고 설명과 꾸지람을 듣는다. 혜자는 당대의 지식인이라 견백론堅白論을 주장하는 가풍家風으로 일가一家를 이루었다. 그러나 장자가 보기에 한낱 궤변가에 불과한 것이다. 뒷날에 혜자惠子가 도道를 통해通解하여 참 공부에 나아갔는지는 알 수 없다. 한번 편벽되면 고치기 어렵기 때문이다. 당금當今의 고명高明한 지식인도 그러하다. 도道를 배우는 이에게 장자는 다만 본래故를 가리킨다. 그 가리킴이 밝은 가르침이요, 그 밖의 설명은 응병여약應病與藥일 따름이다. 본래故를 가리키는 것을 직지直指라 하고, 설명은 통해通解를 위한 수단이다. 직지直指에서 깨치면 개오開悟하고, 설명을 통해通解하면 도道의 지견知見이 열린다.

碧注

* 故(고): 본래(本來).

장자촬요 제6편

대종사 大宗師

대종사大宗師는 세상의 큰 스승, 곧 진인眞人의 별칭이다. 장자가 대종사편에 사요四要를 드러내 보인다. 망기忘己, 대화大化, 덕비德備, 도전道全이다. 즉 妄我를 잊음, 變化에 순응하고 自在함, 德이 갖추어짐, 온전한 道를 말한다. 사요四要가 십이시十二時에 현전現前하여야 진인眞人이라 할 수 있다.

심여허공 心如虛空

마음眞心이 곧 허공虛空이다

知天之所爲하고 知人之所爲者는 至矣라 知天之所爲者는
지 천 지 소 위 지 인 지 소 위 자 지 의 지 천 지 소 위 자

天(然)而生也오 知人之所爲者는 以其知之所知로
천 이 생 야 지 인 지 소 위 자 이 기 지 지 소 지

以養其知之所不知한다 終其天年而不中道夭者는
이 양 기 지 지 소 부 지 종 기 천 년 이 부 중 도 요 자

是知之盛也라. 雖然이나 有患이라. 夫知有所待而後當이니
시 지 지 성 야 수 연 유 환 부 지 유 소 대 이 후 당

其所待者는 特未定也라 庸詎知吾所謂天之非人乎며
기 소 대 자 특 미 정 야 용 거 지 오 소 위 천 지 비 인 호

所謂人之非天乎라 且有眞人而後有眞知라
소 위 인 지 비 천 호 차 유 진 인 이 후 유 진 지

천도天道가 하는 바를 알며, 사람凡夫이 하는 바를 알면 지극하리라. 천도天道가 하는 바를 아는 사람은 천연天然으로 살아간다. 사람이 하는 일을 아는 사람知人者은 자신의 지식知識으로써 자신의 알지 못하는 것을 넓혀 나간다. 지인자知人者들은 천수天壽가 다하도록 중도中道에 대해 지식 넓혀 다듬기를 그만두지 않는데, 이는 인지人知의 지극한 앎이다. 그러나 여전히 병통病痛이 있다. 대저 지식知識이란 그 무엇에 의지한 연후에야 그 옳음이 정해지는 것이다. 그러나 그 의지하는 무엇이라는 것이 확실하게 정해져 있지 않은 것이다. 그런데 내가 말하는 천도天道가 사람이 아닌지, 내가 말하는

사람이 천도天道이 아닌지 어찌 알 수 있겠는가! 참사람眞人이어야 참 지혜眞知가 있는 것이다.

某解

대저 범부들이 논어論語, 중용中庸, 노자老子, 장자莊子 등의 도서道書를 읽음에 천天을 하늘이라 읽는다. 그리고 곡해자曲解者는 천天을 하나님, 조물자로 해석한다. 도서道書의 천天은 다만 진심眞心의 비유일 뿐이다. 만약 도서道書의 천天을 하나님이나 조물자로 읽는다면 안타까운 막맹범부莫盲凡夫일 따름이다.

진심眞心을 천天에 비유한 까닭은, 진심眞心의 체성體性이 허명虛明하고 신지神知하므로, 진심眞心을 형용하여 온전하게 설명하기 불가不可하기 때문이다. 그러므로 천天이란 허공虛空의 뜻이며, 진심眞心의 다른 이름인 것을 알 수 있다. 진심眞心은 모습이 없기에 허공虛空이 가장 가까운 비유比喩이며 설명이다. 대개의 도서道書에 나타난 천天은 허공虛空으로 읽어야 선현先賢의 뜻에 가까운 것이다. 그러나 허공은 신지神知가 없는 허물이 남는다. 그러기에 노자老子는 곡신谷神의 설명을 둔다. 곡신谷神은 골짜기의 신령神靈함이라, 빈 골짜기가 영명靈明하게 메아리로 응답하는 것으로 신지神知의 설명을 두는 것이다. 만약 자성自性에 신지神知가 없다면 바위나 죽은 나무토막과 다름이 없다.

공자孔子의 도설道說에 천명天命, 천도天道, 천하언재天何言哉!라 하였음이 진심眞心을 가리키고, 원각圓覺에 무변허공無邊虛空이라 하였음이 진심眞心을 가리키며, 도덕경道德經의 인법천人法天도 진심眞心을 가리킨다.

그러므로 장자莊子가 이른다.

"천도天道가 하는 바를 알며, 사람凡夫이 하는 바를 알면 지극하리라.

천도天道가 하는 바를 아는 사람은 천연天然으로 살아간다."

천天이란 진심眞心을 가리킨 것이다. 이러히 설하는 것은 범부가 천天자에 엉뚱한 해석을 하는 까닭이다. 장자莊子가 진심眞心을 요해了解하지 못하는 이를 위해 말을 덧붙인다.

"내가 말하는 천도天道가 사람이 아닌지, 내가 말하는 사람이 천도天道이 아닌지 어찌 알 수 있겠는가! 참사람眞人이어야 참 지혜眞知가 있는 것이다."

천도天道가 곧 진심眞心인 줄 알려면, 진인眞人의 경지에 이르러야 하고, 진인眞人이라야 진지眞知을 함이 없이 쓸 수 있다고 하는 것이다.

진인불역 眞人不逆

진인眞人은 인연因緣과 세사世事를 거스르지 아니한다

何謂眞人인가 古之眞人은 不逆寡하고 不雄成하며 不謀士라
하위진인 고자진인 불역과 불웅성 불모사

若然者는 過而不悔하고 當而不自得也라
약연자 과이불회 당이부자득야

若然者는 登高不慄하며 入水不濡하고 入火不熱하니
약연자 등고불율 입수불유 입화불열

是知之能登假於道者也若此라.
시지지능등가어도자야약차

古之眞人은 其寢不夢하고 其覺無憂하며 其食不甘하고
고지진인 기침불몽 기각무우 기식불감

其息深深한다 眞人之息以踵이오 衆人之息以喉라
기식심심 진인지식이종 중인지식이후

屈服者 其嗌言若哇요 其耆欲深者는 其天機淺이라
굴복자 기익언약왜 기기욕심자 기천기천

어떤 이를 참사람眞人이라 하는가! 옛날 참사람眞人은 역경逆境을 거스르지 않았고, 스스로의 덕德을 뽐내지 않았으며 어떤 일도 도모圖謀하지 않았다. 이런 이는 일이 잘못되어도 싫어하지 않으며, 잘 되더라도 좋아하지 않는다. 또한 그는 높은 곳에 올라도 두려워하지 않으며, 물에 들어가도 젖지 않으며, 불 속에 들어가도 타지 않는다. 이는 지혜智慧가 도道에 통通함이 이와 같은 것이다.

옛날의 참사람眞人은 잠을 자도 꿈꾸지 않았으며, 깨어서도 근심이 없었다. 음식은 맛난 것을 구하지 않았으며, 그 호흡은 고요하고 깊었다. 참사람眞人은 발뒤꿈치로 숨쉬며, 세상사람은 목구멍으로 숨쉰다. 칠정七情에 굴복한 사람은 목소리가 마치 아랑거리며 토하는 듯하고, 욕망이 깊은 사람은 천기天機가 얕게 된다.

某解

참사람眞人이 발뒤꿈치로 숨쉰다眞人之息以踵는 말은 안으로 무천無喘하여 사사事事에 적연부동寂然不動으로 진심眞心이 현전現前한다는 뜻이다. 발뒤꿈치로 호흡呼吸한다고 해解하는 것은 천해淺解이다. 선도仙道를 닦는 무리들의 대개가 진인眞人은 발뒤꿈치로 호흡한다고 믿는다. 이는 노장老莊의 지혜智慧와는 멀다. 진인眞人은 방외方外에 거처하며, 범부들의 사상思想과 행을 걱정하며, 몽환夢幻을 깨우고, 지도至道를 보이고 가리키는 것이다. 장자莊子가 그러하다. 참사람眞人은 무정無情하여 만사萬事에 무위無爲할 뿐이다.

입수불유入水不濡와 입화불열入火不熱은 자성自性의 체體를 말함이요, 기침불몽其寢不夢과 기각무우其覺無憂는 무정無情으로 소요逍遙함을 뜻한다. 기식불감其食不甘은 거친 음식을 싫어하지 않음이며, 기식심심其息深深은 내심內心이 무천無喘한 것이다.

* 옛 진인(眞人)이 무몽무우(無夢無憂)한 것은 성(聖)의 지극함에 이른 이를 가리킨다. 지인(至人)의 경지는 여기에 족탈불급이라 하겠다.

진인소처 眞人所處

진인은 소연翛然히 가고, 소연翛然히 올 따름이다

古之眞人은 不知說生이요 不知惡死라 其出不訢이요
고 지 진 인 부 지 열 생 부 지 오 사 기 출 불 흔

其入不距다 翛然而往하고 翛然而來而已矣라
기 입 불 거 소 연 이 왕 소 연 이 래 이 이 의

不知其所始요 不求其所終이라. 受而喜之요 亡而復之라
부 지 기 소 시 불 구 기 소 종 수 이 희 지 망 이 복 지

是之謂不以心偝道요 不以人助天이니 是之謂眞人이라.
시 지 위 불 이 심 배 도 불 이 인 조 천 시 지 위 진 인

옛날 참사람眞人은 삶生이라고 해서 좋아할 줄 몰랐고, 죽음死이라고 해서 싫어할 줄 몰랐다. 태어남을 기뻐하지도, 죽음을 거역하지도 않았다. 소연翛然히 가고, 소연翛然히 올 따름이다. 또한 생명의 처음을 알지 못하고, 그 끝을 알려고 하지 않는다. 몸(삶)을 받으면 즐거이 살고, 명命이 다하면 몸을 자연에 돌려보낸다. 이를 일러 (分別의 妄心으로) 도道를 등지지 아니하고, 정념情念으로 천도天道를 헤아리지 않는다고 한다. 이런 이를 참사람眞人이라 한다.

某解

진인眞人은 무심無心이다. 부동不動의 무심無心이 아니라면, 어찌 무위無爲를 쓸 수 있겠는가?

자적기적 自適其適

도道에 합하여, 함이 없이 즐거운 바를 즐거워하다

若然者(眞人)는 其心忘 其容寂 其顙頯하고 凄然似秋며
약 연 자 기 심 망 기 용 적 기 상 규 처 연 사 추

煖然似春이요 喜怒通四時하고 與物有宜而 莫知其極이니라.
난 연 사 춘 희 노 통 사 시 여 물 유 의 이 막 지 기 극

故로 聖人之用兵也에 亡國而不失人心하며 利澤이
고 성 인 지 용 병 야 망 국 이 부 실 인 심 이 택

施乎萬世에 不爲愛人이니 故로 樂通物은 非聖人야라.
시 호 만 세 불 위 애 인 고 낙 통 물 비 성 인

有親非仁也요. 天時非賢也며 利解不通은 非君子也라.
유 친 비 인 야 천 시 비 현 야 이 해 불 통 비 군 자 야

行名失己는 非士也요. 亡身不眞은 非役仁也라. 若 弧不偕
행 명 실 기 비 사 야 망 신 부 진 비 역 인 야 약 호 불 해

務光 伯夷 叔齊 箕子 胥餘 紀他 申徒狄은
무 광 백 이 숙 제 기 자 서 여 기 타 신 도 적

是役人之役하며 適人之適하고 而不自適其適者也라.
시 역 인 지 역 적 인 지 적 이 부 자 적 기 적 자 야

진인眞人은 정념情念을 잊었으며, 모습이 담연淡然하고 이마는 너그럽다. 서늘하기는 가을기운 같고, 아늑하기는 봄기운 같다. 마음의 나타나고 사라짐은 천연天然하고, 만물萬物과 한 몸으로 조화造化로우니 그 끝을 알 수 없다. 그러므로 성인聖人이 군사를 일으켜 이웃 나라를 망하게 하여도 그 나라 백성의 마음을 잃지 않으며, 그가 베푼 은혜가 만세토록 이어지지만 정情으로 사람을 사랑하는 일이 없다.

그러므로 사事를 통通함에 정情으로 하는 이는 성인聖人이 아니다. 따로이 친함을 두는 이는 인자仁者가 아니며, 하늘 때天時를 잃으면 현자賢者가 아니다.

이利와 해害가 하나인 줄 알지 못하면 군자君子가 아니다. 명예名譽를 좇아 자기를 잃은 자는 선비가 아니다. 정情으로 몸을 해쳐 도道를 잃은 이는 남의 스승이 되지 못한다. 예를 들면 호불해狐不偕, 무광務光, 백이伯夷, 숙제叔齊, 기자箕子, 서여胥餘, 기타紀他, 신도적申徒狄은 남의 부림을 당했고, 남이 즐기는 바를 좇았을 뿐이며 스스로 즐기는 바를 행하지 못했다.

某解

망심妄心이 본래 없음에 합하면 담연공적淡然空寂하다. 범부가 망심妄心을 잊어야 하므로 심망心忘이라 한다. 천연天然과 본무本無는 본래의 마음자리에서는 부득이 이르는 군말이다. 지금 말하는 망심妄心은 범부의 정념情念이다. 진인眞人의 마음은 드밝고 해맑으며, 그 기운은 서늘하고, 아늑하며, 묘연渺然한 것이다.

진심眞心을 알고자 하는가? 그대의 마음이 곧 진심眞心이다. 황노가黃老家의 구전심수口傳心授는 대저 천연天然과 본무本無를 전수傳授하는 것이다. 장자莊子는 무정無情과 묘연심渺然心을 나누지 않으며, 은근히 노자老子의 지인무쟁至人無爭을 해설하였다.

碧注

* 顙(상): 이마 * 頯(규): 광대뼈 * 胥(서): 서로, 모두

진이불근 眞以不勤

진인眞人은 게으르다

古之眞人은 其狀이 義而不朋하고 若不足而不承하며
고 지 진 인 기 상 의 이 불 붕 약 부 족 이 불 승

與乎其觚而不堅也라. 張乎其虛而不華也라.
여 호 기 고 이 불 견 야 장 호 기 허 이 불 화 야

邴邴乎其似喜也며 催乎其不得已也라. 滀乎進我色也요
병 병 호 기 사 희 야 최 호 기 부 득 이 야 축 호 진 아 색 야

與乎止我德也며 厲乎其似世나 謷乎其未可制也라.
여 호 지 아 덕 야 려 호 기 사 세 오 호 기 미 가 제 야

連乎其似好閉也오 悗乎忘其言也라. 以刑爲體하고
연 호 기 사 호 폐 야 만 호 망 기 언 야 이 형 위 체

以禮爲翼하며 以知爲時하고 以德爲循하니 以刑爲體者는
이 례 위 익 이 지 위 시 이 덕 위 순 이 형 위 체 자

綽乎其殺也요 以禮爲翼者는 所以行於世也며
작 호 기 살 야 이 례 위 익 자 소 이 행 어 세 야

以知爲時者는 不得已於事也요 以德爲循者는
이 지 위 시 자 부 득 이 어 사 야 이 덕 위 순 자

言其與有足者 至於丘(渡彼岸)也라.
언 기 여 유 족 자 지 어 구 야

而人眞以爲勤行者也라.
이 인 진 이 위 근 행 자 야

옛날의 진인眞人은 그 모습이 우뚝 해맑아 치우치지 아니하고, 모자라는 듯하면서도 보태지 아니한다. 또한 한가로우며 편벽偏僻되지 아니하고, 텅 비었으면서 꾸미지 않는다. 밝게 기뻐하는 듯하며, 시절의 재촉함이 닥쳐야 하는 수 없이 한다. 맑은 물이 모이듯 얼굴에

는 화기和氣가 돌고, 한가로이 그 덕德에 머무른다. 또한 세상 사람과 같이 처세處世하므로 위태롭게 보이나, 초탈超脫해 있어서 무엇으로도 그를 구속할 수 없다. 묵묵默默히 안팎으로 닫은 듯하고 말을 잊은 것처럼 묘연渺然하다.

진인眞人은 형벌을 몸으로 삼고, 예의禮儀를 날개로 삼으며, 지혜智慧로 시절時節을 보매, 덕德으로 변화에 순응한다. 형벌로 몸으로 삼는다 함은 그 몸이 죽음에 여유로이 관觀하기 때문이고, 예의를 날개로 삼는 것은 이미 세속에 처한 까닭에 예법禮法을 벗어날 수 없기 때문이며, 지혜智慧로 시절時節을 본다는 것은 부득이不得已한 때의 일을 위해서이다. 덕德으로 변화에 순응한다는 것은 세상 사람들과 함께 저 언덕에 도달하려 하기 때문이다. 그런데도 세상 사람들은 이와 같은 진인眞人을 일컬어 다만 부지런하다고 한다.

某解

세인世人은 진인眞人의 무사無事와 한거閑居를 알지 못한다. 그런 까닭에 진인眞人이 부지런하다고 생각한다. 그러나 진인眞人은 지극히 게으르고 게으르다. 어찌하여 게으른가? 어느 때, 어떤 일에도 정념情念을 쓰지 않으니, 게으르지 아니한가? 세사世事에 적연부동寂然不動하나니, 어찌 게으르지 아니한가?

碧注

* 觚(고): 술잔. * 邴(병): 기뻐하는 모양. * 滀(축): 물 모일. * 厲(려): 괴로울.
* 謷(오): 헐뜯을. * 悗(만): 의혹할. 잊을. * 綽(작): 너그러울.
* 至於丘(지어구): 도피안(渡彼岸).

천인불상승 天人不相勝

천天과 인人은 서로 다투지 아니한다

故로 其好之也一이요 其弗乎之也一이라.
고 기호지야일 기불호지야일

其一也一이고 其不一也一이니
기일야일 기불일야일

其一은 與天爲徒요 其不一은 與人爲徒라.
기일 여천위도 기불일 여인위도

天與人이 不相勝也니 是之謂眞人이다.
천여인 불상승야 시지위진인

그러므로 진인眞人에게는 좋아하는 것도 하나이고 싫어하는 것도 하나이다. 하나도 하나이고 하나 아닌 것도 하나이다. 하나는 천도天道와 함께 짝이 된 것이고, 하나가 아닌 것은 사람과 더불어 짝이 된 것이다. 따라서 천도天道와 사람은 서로 다툴 수가 없다. 이러한 이를 진인眞人이라고 일컫는다.

某解

천도天道와 사람이 이름만 다를 뿐, 하나이다. 자성自性을 회복한 이를 진인眞人이라 하고, 회복한 내용을 천天이라 하며, 회복한 내용이 천연天然하므로 천도天道라 한다. 믿기 어려우나 진실眞實로 그러하다. 옛사람이 "천도天道를 깨치려는가? 세수하다 코 만지기요, 차茶 마시면 입이 젖는 도리道理이다. 믿지 못할까 두려우나 사실이 그러하다"라 하였다.

수사선도 守死善道

몸을 잊고 도道를 배움에 나아가다

死生은 命也요 其有夜旦之常은 天也라.
사생 명야 기유야단지상 천야

人之有所不得與는 皆物之情也라.
인지유소부득여 개물지정야

彼特以天爲父 而身猶愛之는 而況其卓乎아.
피특이천위부 이신유애지 이황기탁호

人은 特以有君爲愈乎己 而身愈死之는 而況其眞乎아.
인 특이유군위유호기 이신유사지 이황기진호

삶과 죽음은 작용命이요. 아침과 밤이 변함없이 있는 것은 천도天道이다. 대저 범부가 관여할 수 없는 것은 만물萬物의 실상實相이다. 대개의 사람들은 천天을 그저 자기 어버이로 여겨서 천天으로부터 받은 몸을 아끼는데, 천天보다 훌륭한 것이야 말할 것이 있겠는가! 세상 사람들은 군주君主를 자신보다 존숭하여 자기 몸마저 던지면서 충성을 바치거늘, 하물며 이보다 참된 도道에 있어서야 어떠하겠는가?

某解

아침과 밤이 변함없이 있는 것처럼, 사람의 나고 죽음도 끝없이 반복한다. 그러나 사생死生 가운데서 변함없는 도리道理가 있나니, 범부의 본래면목本來面目이요, 진인眞人의 거님이다. 세상의 벗들이여! 문득 자성自性을 돌이켜보아 무위無爲에 폄적貶謫됨이 어떠할 것인가? 佚!

선생선사 善生善死

삶을 좋아하는 것은 곧 죽음을 좋아하는 것이다

泉涸에 魚相與處於陸하여 相呴以濕하고 相濡以沫이나
천학 어상여처어육 상구이습 상유이말

不如相忘於江湖라 與其譽堯而非傑也는
불여상망어강호 여기예요이비걸야

不如兩忘而化其道라 夫大塊載我以形하고 勞我以生하며
불여양망이화기도 부대괴재아이형 노아이생

佚我以老하고 息我以死라. 故로 善吾生者는
일아이로 식아이사 고 선오생자

乃所以善吾死也라. * 涸: 물이 마르다.* 呴: 숨을 내쉬다.
내소이선오사야

샘물이 말라 물고기들이 땅바닥에서 서로 물기를 입으로 끼얹어 주고 물거품으로 서로를 적셔 주지만, 강물 한가운데서 서로 잊고相忘 노니는 것만 같지 못하다. 세상 사람들은 요堯를 존숭하고 걸傑을 비난하지만, 양쪽을 모두 잊고, 도道와 하나가 되는 것만 같지 못하다. 대괴大塊는 삶을 주어 나를 수고롭게 하고, 늙음으로 나를 편안케 하고, 죽음을 통해 나를 쉬게 한다. 그러므로 스스로의 삶을 좋아하는 것은 곧 스스로의 죽음을 좋아하는 것이다.

某解

사생死生이 하나라면 삶을 좋아하는 것이 곧 죽음을 좋아하는 것이다. 이 도리를 배운다면 세사世事와 사생에 걱정이 없나니, 어찌 배움에 등한等閑하랴!

대도일화 大道一化

대도大道는 적연寂然한 일기一氣로 화化한다

故로 聖人은 將遊於物之所不得遯而皆存이라.
고 성인 장유어물지소부득둔이개존

善夭善老善始善終은 人有效之니
선요선노선시선종 인유효지

又況萬物之所係而 一化之所待乎아.
우황만물지소계이 일화지소대호

그러므로 성인聖人은 불변지不變地에 거처하여, 세상에 소요逍遙하며 만물을 한 몸으로 여긴다. 일찍 죽거나 늦게 죽거나 싫고 좋음이 없으며, 태어남도 죽음도 한가지로 여긴다. 세상 사람들은 이를 본받으려 하는데, 하물며 만물이 의지하는 일화一化의 대도大道에 있어서랴!

某解

방외시方外詩 천연天然을 본다.

山鳥調粗徘　산새가 조조배배調粗徘徘,
山中晩睡醒　산중山中의 늦잠을 깨우누나.
晁朝訪艸廬　띠굴에 아침이 찾아드나니
坐處濕清翠　푸르름이 坐處를 물들인다.

碧注

* 遯(둔): 피할.

가전불수 可傳不受

도道는 전傳할 수 있으나, 받을 수 없다

夫道는 有情有信이나 無爲無形이라 可傳而不可受요
부도 유정유신 무위무형 가전이불가수

可得而不可見이라. 自本自根으로 未有天地自古以固存이라
가득이불가견 자본자근 미유천지자고이고존

神鬼神帝 生天生地하여 在太極之先而 不爲高하고
신귀신제 생천생지 재태극지선이 불위고

在六極之下而 不爲深하여 先天地生而不爲久하고
재육극지하이 불위심 선천지생이불위구

長於上古而不爲老라. 狶韋氏는 得之以 挈天地하고
장어상고이불위노 희위씨 득지이 설천지

伏羲는 得之以襲氣母하며 維斗는 得之終古不忒하고
복희 득지이습기모 유두 득지종고불특

日月은 得之終古不息하며 堪坏는 得之以襲崑崙하고
일월 득지종고불식 감배 득지이습곤륜

馮夷는 得之以遊大川하며 肩吾는 得之以處大山하고
풍이 득지이유대천 견오 득지이처대산

黃帝는 得之以登雲天하며 顓頊은 得之以處玄宮하고
황제 득지이등운천 전욱 득지이처현궁

禺强은 得之立乎北極하며 西王母는 得之坐乎少廣하여
우강 득지입호북극 서왕모 득지좌호소광

莫知其始하고 莫知其終하며 彭祖는 得之하여 上及有虞하고
막지기시 막지기종 팽조 득지 상급유우

下及五伯하고 傅說은 得之하여 以相武丁하고 奄有天下하여
하급오백 부열 득지 이상무정 엄유천하

承東維하고 騎箕尾而比於列星이다.
승동유 기기미이비어열성

무릇 도道는 그 실체가 있고 작용作用이 있으나, 함이 없고 모습이 없다. 도道를 전傳할 수는 있으나 받을 수 없고, 체득體得할 수는 있지만 볼 수는 없다. 도道는 스스로 우주의 근본이므로 천지天地가 생기기 이전부터 의연毅然하며, 귀신鬼神과 상제上帝를 신령불매神靈不昧하게 했으며, 하늘과 땅을 낳았다. 도道는 태극太極보다도 앞서지만 더 높지 아니하고, 천지天地 사방四方보다 아래에 있으나 더 깊지 아니하다. 천지天地보다 먼저이지만 더 오래지 않고, 상고上古보다 먼저이나 더 늙지 않는다.

시위씨狶韋氏는 도道를 얻어 천지와 하나가 되었고, 복희씨伏羲氏는 도道를 얻어 진기眞氣와 합했다. 북두성北斗星은 도道를 얻자 끝내 움직이지 않고, 해와 달은 도道를 얻어 쉬지 않는다. 감배堪坏는 도를 얻어 곤륜산崑崙山서 쉬고, 빙이馮夷는 도를 얻자 황하에서 노닐며, 견오肩吾는 도를 얻어 태산泰山에 살고, 황제黃帝는 도를 얻자 허공虛空과 한 몸이 되었다. 전욱顓頊은 도를 얻어 현궁玄宮에 머물고, 우강禺强은 도를 얻어 북극北極에 머물며, 서왕모西王母는 도를 얻어 소광疏廣에 살았는데 그 처음도 알지 못하고 그 끝도 알지 못했다. 팽조彭祖는 도를 얻어 위로는 순舜임금으로부터 아래로는 오패五霸 때까지 살았고, 부열傅說은 도를 얻어 무정武丁을 도와 천하를 평정했으며 동유東維를 타고서 기미箕尾에 올라 여러 성신星辰과 나란히 하였다.

某解

장자莊子가 도道의 체體를 설명한다.

도道는 그 실체가 있고 작용이 있다.

도道는 함이 없고 모습이 없다.

도道를 전傳할 수는 있으나 받을 수 없다.

도道는 체득體得할 수는 있지만 볼 수는 없다.

도道는 스스로 우주의 근본이라 하늘과 땅을 낳았다.

도道는 천지가 생기기 이전부터 의연하다.

도道는 귀신과 상제를 신령불매神靈不昧하게 하였다.

도道는 태극太極보다도 앞서나 더 높지 아니하다.

도道는 천지사방보다 아래나 더 깊지 아니하다.

도道는 천지보다 먼저이나 더 오래지 않다.

도道는 상고上古보다 먼저이나 더 늙지 않는다.

도道는 사람들의 자성自性에 갖추어 있다

碧注

* **可傳不受**(가전불수): 도를 전(傳)할 수는 있으나 받을 수 없다. 여기서 전(傳)이란 가리켜 보인다는 뜻. 도설은 구전심수(口傳心授)이다.
* **太極**(태극): 역 계사전에 나오는 공자의 말. 공자는 易有太極 是生兩義라 하여 도를 설명한다. 太極之先이 바르다. 太極之上은 그르다.
* **狶韋氏**(시위씨): 반고씨(盤古氏)의 이칭(異稱)?.
* **伏羲氏**(복희씨): 팔괘(八卦) 창안. 고대 성왕(聖王).
* **堪坏**(감배): 곤륜산의 이인(異人).
* **馮夷**(빙이): 팔풍(八風)을 다스린 신인(神人). 팔풍은 세정(世情).
* **肩吾**(견오): 장자가 조작한 가유(假有)의 신인(神人)
* **黃帝**(황제): 중국의 인문초조(人文初祖).
* **顓頊**(전욱): 황제 헌원씨의 손자.
* **禺强**(우강): 북해의 수신(水神). 고대설화 속의 인물.

* **西王母**(서왕모): 쿠차국의 신녀(神女). 설산(雪山)의 신선(神仙).
* **彭祖**(팽조): 顓頊(전욱)의 손자. 현인으로 800년을 살다. 진(晉)의 갈홍(葛洪)이 쓴 신선전(神仙傳)은 팽조(彭祖)를 위해 지은 책.
* **傅說**(부열): 은(殷)의 고종(高宗). 대현정치(大賢政治) 시현.

영녕 攖寧

지인至人이라야 무사無事에 거닌다. 참 즐거움에 나아가다

南伯子葵는 問乎女偊曰 子之年이 長矣나 而色若孺子는
남백자규 문호여우왈 자지년 장의 이색약유자

何也오. 曰吾聞道矣라. 南伯子葵曰 道可得學耶아.
하야 왈오문도의 남백자규왈 도가득학야

曰惡惡可라. 子는 非其人也라. 夫卜梁倚는 有聖人之才나
왈오오가 자 비기인야 부복양의 유성인지재

而無聖人之道하고 我有聖人之道나 而無聖人之才라.
이무성인지도 아유성인지도 이무성인지재

吾欲以教之하니 庶幾其果爲聖人乎아. 不然하면
오욕이교지 서기기과위성인호 불연

以聖人之道로 告聖人之才亦易矣라. 吾有守而告之하여
이성인지도 고성인지재역이의 오유수이고지

參日而後能外天下하고 已外天下矣라. 吾又守之하여
삼일이후능외천하 이외천하의 오우수지

七日而後能外物하고 已外物矣라. 吾又守之하여
칠일이후능외물 이외물의 오우수지

九日而後能外生하고 已外生矣라. 而後能朝徹하고
구일이후능외생 이외생의 이후능조철

朝徹而後能見獨하며 見獨而後能無古今하고
조철이후능견독 견독이후능무고금

無古今而後能入於不死不生이다. 殺生者는 不死요
무고금이후능입어불사불생 살생자 불사

生生者도 不生이니 其爲物이 無不將也요 無不迎也며
생생자 불생 기위물 무불장야 무불영야

無不毁也요 無不成也라. 其名爲攖寧 攖寧也者는
무불훼야 무불성야 기명위영령 영령야자

攖而後成者也라.
영이후성자야

남백자규南伯子葵가 여우女偊에게 물었다.

"선생님은 연세가 많으신 데도 신관身官(얼굴빛)이 어린아이 같은 것은 무슨 까닭입니까?"

"도道를 얻었기 때문이오."

이에 남백자규南伯子葵가 다시 말하였다.

"도道는 배울 수 있는 것입니까?"

"아! 어찌 배울 수 있겠소. 그대는 도道를 배울 그릇이 아니오. 북량의卜梁倚는 성인聖人의 자품資品은 지녔으나 성인聖人의 도道를 얻지 못했소. 나는 성인聖人의 도道는 갖추었으나 성인聖人의 자품資品은 지니지 못했소. 나는 그를 가르치고자 하지만 그가 과연 성인聖人이 될 수 있을지 의심스러웠소. 하지만 성인聖人의 도道로써 성인聖人의 자품資品이 있는 사람에게 가르치기란 그래도 쉬운 일이요. 나는 조심스럽게 그를 가르쳤는데 3일이 지나자 그는 천하를 잊게 되었소. 이미 천하를 놓아 버렸으므로 다시 조심스레 가르쳤더니 7일 만에 능히 만물을 잊었소. 이미 만물을 잊었으므로 다시 조심스레 가르쳤소. 9일이 지나자 삶을 잊게 되었소. 이미 삶을 잊게 되자 그는 어둠을 걷어낸 아침 햇살 같은 첫 밝음, 조철朝徹을 얻게 되었다오.

밝아진 뒤에는 견독見獨하고, 견독見獨연후에는 고금古今이 없게 되었소. 고금古今이 없는 경지에 들면 죽거나 나지 않는 경지에 든다오. 삶을 없애도 죽음이 없고, 삶을 탐하여도 삶이 없소. 만사萬事를 보내지 않음이 없고, 맞아들이지 않음이 없으며, 멸하기도 하고 이루기도 한다오. 이를 영녕攖寧이라 하오. 영녕攖寧은 온갖 정념情念의 어지러움이 그친 연후에 나타나는 것이오."

某解

장자莊子가 성인聖人의 자품資品이 있는 대인大人에게 도道를 가르치고, 그 대인大人의 깨닫는 차례를 보인다. 대인大人의 공부노정工夫路程을 엿본다.

3일이 지나 천하天下를 잊다. 忘天下, 嘗曉

7일 만에 능히 만물萬物을 잊다. 忘萬物, 仲曉

9일이 지나 삶을 잊다. 忘生, 近晃

삶을 잊어 조철朝徹, 즉 아침 햇살 같은 첫 밝음을 보다.

조철朝徹 이후, 정관靜觀하여 견독見獨하다. 견독見獨은 스스로 자성自性을 보는 것이다.

견독見獨 이후, 자연히 고금古今이 없어지다.

고금古今이 없어진 후, 절로 죽거나 나지 않는(不死不生) 경지에 들다.

불사불생不死不生의 경지 이후, 삶을 없애도 죽음이 없고, 삶을 탐하여도 삶이 없다.

공부工夫가 만사萬事를 보내지 않음이 없고, 맞아들이지 않음이 없으며, 멸하기도 하고 이루기도 하는 경지에 이르다. 이를 영녕攖寧이라 한다. 영녕攖寧은 지인至人의 무사대도無事大道이다.

장자莊子에 의하면, 상선上善의 대인大人은 이십일 일 만에 견독見獨한다. 견독見獨은 유가儒家의 지천명知天命, 선가禪家의 견성見性과 같은 뜻이다. 견독見獨 이후의 공부는 스스로 깊은 삼매三昧에 들어 성성惺惺한 이후에 실지實地에 든다. 삼매三昧가 무잡無雜하여 지극히 성성惺惺한 이가 영녕攖寧의 경지에 거니는 것이다. 고덕高德이 이른다.

“공부의 길을 알아 바르게 공부하면, 상사上士는 7일 만에 견독見獨하고, 중사中士는 3월 만에 견독見獨하며, 하사는 3년 안에 견독見獨한다.

이르지 못하는 이는 정신精神에 잡념雜念이 어지러이 나타나기 때문이다."

고덕高德이 이르기를, 범부라도 노정路程을 배워 순일무잡純一無雜하게 공부하면, 삼년 안에 견독見獨한다고 한다. 고덕高德이 어찌 거짓을 말하리오. 누구라도 뜻있는 이는 삼년을 진실되이 공부해서 대자유大自由를 자득自得하여 무위無爲의 도道에 소요逍遙할 수 있는 것이다. 견독게見獨偈 공명空名을 본다.

回顧粗去歲　거친 세월을 돌아보나니
如暗似黃兮　검은 듯 누런 듯,
逢別事幾數　만남과 헤어짐이 몇이던가.
空然空名遺　공연히 빈이름만 남겼구나.
惑知惑不知　알거나 모르거나
惑病惑耆老　병病들거나 늙었거나
此去彼去事　이러거나 저러거나
自性是別天　자성이 바로 별천別天이라네.

碧注

* 葵(규): 해바라기.
* 偊(우): 혼자 걷다.
* 孺(유): 젖먹이.
* 朝徹(조철): 아침 햇살 같은 첫 밝음을 보다. 견성(見性).
* 見獨(견독): 스스로의 자성(自性)을 보다.
* 攖(영): 다가서다.

매이거연각 寐而蘧然覺

사생死生이란 잠들었다가 문득 깨어나는 것

子祀 子輿 子犁 子來 四人이 相與語曰 孰能以無爲首하여
자사 자여 자리 자래 사인 상여어왈 숙능이무위수

以生爲脊하고 以死爲尻하랴. 孰知死生存亡之一體者는
이생위척 이사위고 숙지사생존망지일체자

吾與之友矣리라. 四人이 相視而笑하고 莫逆於心이라.
오여지우의 사인 상시이소 막역어심

遂相與爲友하다. 俄而子輿有病하여 子祀往問之하다.
수상여위우 아이자여유병 자사왕문지

子輿 陰陽之氣有沴이나 其心은 閑而無事라.
자여 음양지기유려 기심 한이무사

且不得者는 時也요 失者는 順也라. 安時而處順하면 哀樂이
차부득자 시야 실자 순야 안시이처순 애락

不能入也라. 此는 古之所謂縣解也라. 而不能自解者는
불능입야 차 고지소위현해야 이불능자해자

物有結之라. 且夫物不勝天久矣니 吾又何惡焉이랴.
물유결지 차부물불승천구의 오우하오언

子來왈 死生者는 成然寐하고 蘧然覺이라.
자래 사생자 성연매 거연각

자사子祀, 자여子輿, 자려子犁, 자래子來 네 사람이 모여 이야기를 나누었다.

"누가 무無를 머리로 삼고 생生을 몸통으로 삼으며 사死를 꼬리로 여길 수 있을까? 누가 생사生死와 존망存亡이 하나임을 알고 있을까? 그러한 이와 벗이 되리라."

네 사람은 서로 둘러보면서 빙그레 웃고는 마음에 어긋남이 없자 벗이 되었다. 그런데 어느 날 갑자기 자여子輿가 병이 났다. 자사子祀가 문병을 갔더니, 자여子輿는 음양陰陽의 기운은 어지러워졌으나 마음은 한가하여 아무 일이 없었다閑而無事.

자여子輿가 말한다.

"대저 태어난다는 것은 그 때를 만났음이며, 삶을 잃는 것은 그 변화에 따르는 것이다. 적연寂然히 살며 일마다 순응順應하면 슬픔이나 즐거움이 끼어 들 수 없다네. 이를 예부터 현해縣解라고 부른다네. 스스로 정념情念에서 풀려나지 못하는 것은 스스로 정념情念으로 얽어맸기 때문일세. 만물의 삶과 모습은 천도天道의 본디 그러함을 거슬리지 못하는 법일세. 내 어찌 이 몸의 병을 싫어하겠는가!"

자래子來가 말하였다.

"사생死生이란 편안히 잠들고 문득 깨어나는 것일 따름일세."

某解

대저 태어난다는 것은 그 때를 만났음이며, 삶을 잃는 것은 그 변화變化에 따르는 것이다. 적연寂然히 살며 세사世事에 순응順應하면 슬픔이나 즐거움이 끼어 들 수 없다. 순응順應이란 종심從心이요, 종심從心은 진심眞心에 맡기는 것이다. 슬픔이나 즐거움이 끼어 들 수 없다는 것은, 진심眞心이 성성惺惺하면 이미 정념情念이 자취를 감추기 때문이다. 이 소식을 드러냄을 현해懸解라 한다. 사람이 늙어 병들어 죽어 감을 걱정하고 싫어할 것인가? 다만 변화를 떠나 무시無視할 일이다. 망세적연음忘世寂然吟을 본다.

門外隨微跡　사립문 밖의 오솔길 따라
寥登無生峯　요요히 무생봉無生峰에 오르나니
巖巖兀兀崎　이러 저러 바위가 兀兀崎崎커라.
巖巖吟無生　바위 바위가 무생無生을 읊누나.

碧注

* 脊(척): 등성마루. 등뼈.
* 尻(고): 꽁무니.
* 俄(아): 갑자기.
* 遂(수): 이르다. 마치다.
* 祀(사): 제사.
* 懸解(현해): 높이 드러내어 그 뜻을 알리다. 알리는 내용은 본래 무정(無情)의 소식이다.
* 遽然(거연): 갑자기(遽=蘧).

방외지례 方外之禮

세상 밖의 예禮를 보이다

子桑戶 孟子反 子琴張 三人이 相與語曰
자상호 맹자반 자금장 삼인 상여어왈

孰能相與於無相與하며 相爲於無相爲하랴.
숙능상여어무상여 상위어무상위

孰能登天遊霧하며 撓挑無極하고 相忘以生하여
숙능등천유무 요도무극 상망이생

無所終窮하랴. 三人이 相視而笑하고 莫逆於心하여
무소종궁 삼인 상시이소 막역어심

遂相與爲友라 莫然有間而 子桑戶는 死未葬이다.
수상여위우 막연유간이 자상호 사미장

孔子 聞之하고 使子貢往侍事焉이러니 或編曲하며 或鼓琴하여
공자 문지 사자공왕시사언 혹편곡 혹고금

相和而歌曰 嗟來桑戶乎아. 嗟來桑戶乎而已오
상화이가왈 차래상호호 차래상호호이이

反其眞而 我猶爲人猗라. 子貢이 趨而進曰敢問하노니
반기진이 아유위인의 자공 추이진왈감문

臨尸而歌는 禮乎아. 二人이 相視而 笑曰是惡知禮意랴.
임시이가 예호 이인 상시이 소왈시오지례의

子貢은 反以告孔子曰 彼는 何人者耶이가.
자공 반이고공자왈 피 하인자야

修行無有而外其形骸하고 臨尸而歌에 顔色不變하여
수행무유이외기형해 임시이가 안색불변

無以命之하니 彼는 何人者耶이가. 孔子曰 彼는
무이명지 피 하인자야 공자왈 피

遊方之外者也오 而丘는 遊方之內者也라. 外內不相及이오
유방지외자야 이구 유방지내자야 외내불상급

而丘使女往弔之하니 丘則陋矣라.
이구사여왕조지 구즉누의

彼는 方且與造物者爲人하고 而遊乎天地之一氣하여
피 방차여조물자위인 이유호천지지일기

彼는 以生爲符贅縣疣하며 以死爲決疣潰癰이라. 夫若然者
피 이생위부췌현우 이사위결우궤옹 부약연자

又惡知死生先後之所在랴. 仮가於異物하고 托於同體하여
우오지사생선후지소재 가어이물 탁어동체

忘其肝膽하고 遺其耳目하여 反覆終始에 不知端倪라.
망기간담 유기이목 반복종시 부지단예

茫然彷徨乎 塵垢之外하고 逍遙乎 無爲之業이라.
망연방황호 진구지외 소요호 무위지업

彼又惡能憒憒然爲世俗之禮하여 以觀衆人之耳目哉아
피우오능궤궤연위세속지례 이관중인지이목재

자상호子桑戶, 맹자반孟子反, 자금장子琴張 세 사람이 서로 이야기를 나누었다.

"누가 사귐 없이 사귀어 벗이 될 수 있고, 서로 모습 없는 모습을 즐길 수 있을까? 누가 능히 허공에 올라 안개 속을 거닐고, 무극無極에서 노닐며, 서로 삶을 잊은 채, 다함이 없이 소요逍遙할 수 있을까?"

세 사람은 서로 마주보고 빙긋이 웃고는 서로 마음이 통하여 벗이 되었다. 얼마 지나서 자상호子桑戶가 죽었다. 장례를 치르기 전에 공자孔子가 이 소식을 듣고 자공子貢으로 하여금 조문弔問하게 하였다. 자공子貢이 갔더니 맹자반孟子反과 자금강子琴張은 노래를 편차하여 거문고를 연주하면서 소리 맞추어 노래하고 있었다.

"아! 상호桑戶여, 아! 상호桑戶여, 자네는 이미 염담허무恬憺虛無를 회복하였지만, 우리는 여전히 허사적풍虛邪賊風이 묻어 있구나."

이에 놀란 자공子貢이 빠른 걸음으로 나아가 말하였다.

"감히 여쭈건대 벗의 주검 앞에서 노래하는 것이 예禮입니까?"

두 사람은 서로를 마주본 뒤 웃으면서 말하였다.

"이 사람이 어찌 예禮의 근본根本을 알겠는가?"

자공子貢이 돌아와 공자孔子에게 사뢰고 여쭈었다.

"저들은 대체 어떤 사람들입니까? 예의禮儀를 익힌 바 없고 육신肉身의 생사生死는 도외시한 채, 벗의 주검 앞에서 노래를 부르고 얼굴빛도 평소와 같습니다. 무어라 말할 수가 없습니다. 저들은 어떤 사람들입니까?"

이에 공자孔子가 대답하였다.

"그들은 이 세상 밖에서 노니는 사람들方外之士이라네. 나는 이 세상 안에 거니는 사람일세. 밖과 안은 서로 미치지 못하는데 내가 자네를 조문하게 했으니 나의 허물일세. 그들은 지금 조물자道와 벗이 되어 천지의 일기一氣와 한 몸이 되어 노닌다. 그들은 삶을 군살이나 혹이 난 것처럼 여기고, 죽음을 곪은 곳을 짜거나 종기를 터트리는 것으로 여긴다. 대저 그 같은 이들이 어찌 삶과 죽음을 저울질 하겠는가? 여러 가지 다른 것을 빌려 잠시 하나의 몸으로 삼고, 이에 간과 쓸개를 잊고 눈과 귀도 잊은 채, 생사를 되풀이 하되 그 처음과 끝을 알지 못한다. 그들은 세상 밖方外에서 망연茫然히 노닐고 무위無爲로써 한가로이 소요逍遙한다네. 그들이 어찌 번거롭게 세간世間의 예법禮法을 행하여 세상 사람들의 귀와 눈에 맞추려 하겠는가."

某解

무극無極이란 정념情念의 능能과 소所가 민멸泯滅한 경지境地이다. 그러므로 지인至人은 무극無極으로 소요逍遙하는 것이다. 공자孔子의 태극

설太極說도 무극無極과 같은 뜻이다. 염담허무恬憺虛無는 무극無極의 내용이요, 허사적풍虛邪賊風은 정념情念이 모습따라 행변行變하는 그림자이다. 만약 염담허무恬憺虛無를 회복하면 허사적풍虛邪賊風은 있지 아니하다. 범부란 몽환夢幻의 허사적풍虛邪賊風에 거처하여 허망하게 유전하므로 붙은 이름일 따름이다.

지례至禮란 염담허무恬憺虛無의 작용이요, 세상의 예禮란 허사적풍虛邪賊風의 순선純善한 바를 훈습薰習하는 것이다. 벗의 주검 앞에서 거문고를 연주하며 노래하는 것은 사생死生의 본말本末을 아는 경지라, 세속世俗의 예禮와 같지 아니한 것이다. 장자莊子는 지례至禮를 예禮라 하고, 지친至親은 무례無禮라 한 것이다. 지친至親은 무극無極의 대용大用이다. 자공子貢의 견처見處로는 막연한 경지이다. 공자孔子가 무극無極의 대용大用에 거처하는 이를 평하여 자공에게 이른다.

"그들은 방외지사方外之士이다. 무극無極을 터득하여 무위無爲로써 소요逍遙한다. 어찌 세속世俗의 예禮을 행하여 범부의 귀와 눈에 맞추려 하겠는가!"

방외음方外吟 휴휴休休를 본다.

凉風逍遙兮	산들바람이 소요逍遙하다가
辿遊艸蒨路	우거진 길섶을 거니누나.
超然忘寂寂	적적寂寂에도 초연超然하여
寥寥休休兮	요휴寥休에 저만치 쉬는 듯.

碧注

* **相與無相與**(상여무상여): 사귐 없이 사귀어 벗이 되다.
* **相爲於無相爲**(상위어무상위): 모습 없음으로 모습을 나투다.
* **蹉**(차): 넘어지다. 때를 놓치다.

* 猶(유): 오히려. 마치. 조차.
* 猗(의): 아름답다. 아아.
* 趨(추): 달리다. 쫓다.
* 贅(췌): 혹. 군더더기.
* 疣(우): 사마귀.
* 潰(궤): 무너지다. 성내다.
* 癰(옹): 악창. 등창.
* 假(가): 빌다. 빌리다. 용서하다.
* 倪(예): 어린이. 흘겨보다.
* 憒(궤): 심란하다.

기인여천 畸人如天

기인畸人은 허공같은 경지이다

子貢왈 敢問其人하나이다. 孔子曰 畸人者는
자 공 감 문 기 인 공 자 왈 기 인 자

畸於人而侔於天이니 故曰 天之小人은 人之君子요
기 어 인 이 모 어 천 고 왈 천 지 소 인 인 지 군 자

人之君子는 天之小人也니라.
인 지 군 자 천 지 소 인 야

자공子貢이 말하였다.

"감히 기인畸人에 대하여 여쭙습니다."

공자孔子가 말하였다.

"기인畸人은 허공虛空과 같은 사람이다. 범부凡夫의 안목에 기畸라 여겨진다. 그러므로 무극경지無極境地의 소인小人은 세상世上의 군자君子요, 세상世上의 군자君子는 무극경지無極境地의 소인小人이라고 한다네."

碧注

* **畸**(기): 우수리. 뙈기밭.
* **畸人**(기인): 방외지사(方外之士). 격외(格外)의 진인(眞人).
* **侔**(모): 가지런하다.

안배요천 安排寥天

정념情念이 없어 편안함을 요천寥天이라 한다

顔回問仲尼曰 孟孫才는 其母死에 哭泣無涕하고
안 회 문 중 니 왈 맹 손 재 기 모 사 곡 읍 무 체

心中不慼하고 居喪不哀하니 無是三者는 以善喪으로
심 중 불 척 거 상 불 애 무 시 삼 자 이 선 상

蓋魯國하니 固有無其實 而得其名者乎이까. 回는
개 노 국 고 유 무 기 실 이 득 기 명 자 호 회

壹怪之하나이다. 仲尼曰 夫孟孫氏는 盡之矣며 進於知矣라.
일 괴 지 중 니 왈 부 맹 손 씨 진 지 의 진 어 지 의

唯簡之而不得이라. 夫已有 所簡矣라. 孟孫氏는
유 간 지 이 부 득 부 이 유 소 간 의 맹 손 씨

且彼有駭形而 無損心하고 有旦宅而無情死라.
차 피 유 해 형 이 무 손 심 유 단 택 이 무 정 사

孟孫氏는 特覺하여 人哭亦哭하니 是自其所以乃요
맹 손 씨 특 각 인 곡 역 곡 시 자 기 소 이 내

且也相與吾之耳矣라. 庸詎知吾所謂吾之乎아.
차 야 상 여 오 지 이 의 용 거 지 오 소 위 오 지 호

且汝夢爲鳥而厲乎天하고 夢爲魚而沒於淵하면
차 여 몽 위 조 이 려 호 천 몽 위 어 이 몰 어 연

不識今之言者는 其覺者乎아. 其夢者乎아. 造適不及笑요
불 식 금 지 언 자 기 각 자 호 기 몽 자 호 조 적 불 급 소

獻笑不及排라 安排而去化는 乃入於寥天一이라.
헌 소 불 급 배 안 배 이 거 화 내 입 어 요 천 일

안회顔回가 공자孔子에게 여쭈었다.

"맹손재孟孫才는 그의 어머니가 죽자 곡哭함에 눈물을 흘리지 않

았고, 마음에는 슬픔이 없었으며, 상중喪中에 애통哀痛해 하지 않았습니다. 이 세 가지가 없었는데도 어머니 상喪을 잘 치렀다는 소문이 노魯나라 구석구석에 퍼졌습니다. 실제로 상喪을 잘 치르지 않았는데 그런 이름만 얻은 것입니다. 저는 참으로 이를 괴이하게 여깁니다."

이에 공자孔子가 말하였다.

"저 맹손씨孟孫氏는 상례喪禮를 지극하게 하였다. 그는 세상에서 상례喪禮를 아는 이보다도 앞섰다. 사람들은 상례喪禮를 간략히 하려 해도 할 수가 없었는데 그는 상례喪禮를 간략히 하였다. 맹손씨孟孫氏는 모습의 변화變化에 놀라기는 하였으나 마음은 상傷함이 없고, 마음의 거처를 옮길 뿐 참으로 죽는 일은 없다. 맹손씨는 사생死生의 도리에 깨달음이 있다. 사람들이 곡哭을 하면 따라서 곡哭을 하는데, 바로 이것이 그가 세속世俗에서 부득이不得已한 경우에 행하는 처세법處世法이다. 세상 사람들은 서로 자신自身을 가리켜 나我라고 하지만, 내가 가리키는 것이 참나眞我인 줄 어찌 알겠는가? 자네는 꿈에 새가 되어 하늘에 이르기도 하고, 혹은 물고기가 되어 연못 속을 노닐기도 한다. 지금 말하고 있는 자네가 깨어 있는지, 꿈꾸고 있는지 알 수 없지 않는가? 조적造適(조화에 나아감)은 한소閑笑(한가로운 笑笑)에 미치지 못하고, 한소閑笑는 배排(정념을 끊어 없앰)에 미치지 못한다. 안배安排하여 조화調和하면 곧 요천寥天(寥寥寂寂한 진심)과 하나가 된다네."

某解

도道를 아는 이는 상喪에 이르러, 곡哭함에 눈물을 흘리지 않고, 마음에는 슬픔이 없으며, 애통哀痛해 하지 않는다. 자기의 본래면목本來面目을 보았기 때문이다. 공자孔子가 말한다.

"세상 사람들은 서로 자신自身을 가리켜 나라고 하지만, 내가 가리키는 것이 참나眞我인 줄 어찌 알겠는가?"

범부는 자신의 참 모습을 알지 못한다. 만약 자신의 참 모습을 알게 되면 인생이 바뀐다. 자기가 지인至人이요, 조물자造物者요, 신神이요, 청정광명淸淨光明임을 보게 되기 때문이다. 이는 바뀔 수 없는 사실이다.

조적造適은 조화造化에 나아감이요, 한소閑笑는 무사한한無事閑閑의 소소笑笑요, 배排는 정념情念을 끊어 없앰이다. 안배安排는 정념情念을 없애 편안함이요, 요천寥天이란 요요적적寥寥寂寂한 진심眞心을 가리키니 곧 자성自性의 천연天然이다.

碧注

* 庸(용): 쓰다.
* 詎(거): 어찌. 적어도.
* 造適(조적): 반조(返照). 입경(入敬)
* 閑笑(한소): 불혹(不惑). 지경(知敬)
* 排(배): 지천(知天). 입성(入誠)
* 安排(안배): 이순(耳順). 성성(誠誠)
* 寥天(요천): 寥寥寂寂한 진심(眞心). 지성(至誠)

좌망소요 坐忘逍遙

진심眞心이 현현顯現하여 소요逍遙하다

顔回曰 回益矣이다. 仲尼曰 何謂也오.
안회왈 회익의 중니왈 하위야

曰回는 忘仁義矣이다. 曰可矣라. 猶未也라.
왈회 망인의의 왈가의 유미야

他日復見曰 回益矣이다. 曰何謂也오. 曰回는 忘禮樂矣이다.
타일복견왈 회익의 왈하위야 왈회 망예악의

曰可矣다. 猶未也라. 他日復見曰 回益矣이다. 曰何謂也오.
왈가의 유미야 타일복견왈 회익의 왈하위야

曰回는 坐忘矣이다. 仲尼는 蹴然曰 何謂坐忘인가.
왈회 좌망의 중니 축연왈 하위좌망

顔回曰 墮支體하고 黜聰明하여 離形하고 去知하여
안회왈 타지체 출총명 이형 거지

同於大通하오니 此謂坐忘이오이다. 仲尼왈 同則無好也오
동어대통 차위좌망 중니 동즉무호야

化則無常也라. 而果其賢乎아 丘也請從而後也라.
화즉무상야 이과기현호 구야청종이후야

어느 날 안회顔回가 말하였다.

"제 공부工夫에 나아간 바가 있습니다."

이에 공자孔子가 말하였다.

"무슨 말인가?"

안회顔回가 대답하였다.

"저는 인의仁義를 잊었습니다."

"잘하였다. 하지만 아직 미흡未洽하다."

안회가 얼마 뒤 다시 공자에게 말하였다.

"공부工夫에 나아간 바가 있습니다."

"그래 어떠한가?"

"저는 예악禮樂을 잊었습니다."

"잘하였네. 그러나 아직 부족不足하다네."

다시 얼마 뒤 안회가 말하였다.

"공부工夫에 얻은 바가 있습니다."

"그래 어떠한가?"

"저는 좌망坐忘하였습니다."

이에 공자는 얼굴빛을 고치며 물었다.

"어떤 것을 좌망坐忘이라고 하는가?"

안회가 대답하였다.

"몸뚱이를 잊고 분별지分別智가 없어졌습니다. 또 모습을 떠나고 덕혜술지德慧術知를 버려, 안팎으로 대도大道에 통하여 한 몸이 되었습니다. 이를 좌망坐忘이라 합니다."

이에 공자가 말하였다.

"도道와 한 몸이 되면 좋아함과 싫어함이 없고, 무심無心으로 조화造化에 응하면 집착이 없게 된다. 그대는 훌륭하네. 나도 자네를 따라야겠네."

某解

이 설명은 장자莊子가 공자와 안회에 기대어, 자신의 견처見處를 우화

寓話를 통해 밝힌 것이다.

碧注

* 墮支體(타지체): 몸을 잊다.
* 離形(이형): 몸을 주재(主宰)하는 진심(眞心)을 보다.
* 去知(거지): 덕혜술지(德慧術知)를 쉬다. 소요유(逍遙遊)의 문을 열다.

장자촬요 제7편

응제왕 應帝王

지인至人은 사물에 응應하지 않음이 없으나, 손상損傷하지 아니한다. 배움에 염담허무恬憺虛無를 자득自得하여 자취 없이 소요逍遙하라. 천연天然의 받은 바를 온전히 할 뿐, 무언가 얻을 바가 있는 것이 아니다.

무명인無名人의 무하유지향無何有之鄕

天根이 遊於殷陽하여 至蓼水之上하니 適遭無名人이라.
천근 유어은양 지요수지상 적조무명인

而問焉曰請問爲天下라. 無名人曰 去하라. 汝는 鄙人也라.
이문언왈청문위천하 무명인왈 거 여 비인야

何問之不豫也오. 予는 方將與造物者爲人이라.
하문지불예야 여 방장여조물자위인

厭則又乘夫莽渺之鳥하고 以出六極之外하여
염즉우승부망묘지조 이출육극지외

而遊無何有之鄕하며 以處壙埌之野한다.
이유무하유지향 이처광량지야

汝又何帛(法)以治天下로 感予之心爲오
여우하예 이치천하 감여지심위

천근天根이 은양殷陽에게 노닐다가 요수蓼水에 이르러 무명인無名人을 만나게 되자 무명인에게 물었다.

"천하天下를 다스리는 법을 알고 싶습니다."

이에 무명인無名人이 말하였다.

"물러가시오. 그대는 비루鄙陋한 사람이로구나. 그런 못난 질문을 하다니? 나는 지금 조물자造物者가 되고자 하오. 한가로이 노닐다가 싫증이 나면, 아득히 나는 새莽眇大鵬를 타고 세상六極 밖으로 나아가, 아무것도 없는 곳無何有之鄕에서 소요逍遙하며, 텅 빈 본성本性의 들에서 쉬려 하오. 그런데 그대는 어찌하여 천하 다스리는 일을 내게 묻는 것이오?"

某解

무명인無名人이란 성인무명聖人無名의 설명이다. 성인聖人이 곧 조물자造物者요. 정념이 없이無何有之鄕 소요逍遙하며, 육극六極의 밖에 거처한다고 한다. 이 경지가 장자莊子가 이르는 무심무위無心無爲이다. 무심무위無心無爲의 지극함은 성인聖人도 미진未盡한 바 있기에, 장자莊子가 "나는 지금장차 조물자造物者가 되고자 하오."라 하여 그 미묘상로微妙上路의 경지境地를 설하는 것이다. '장차將'란 말을 두어, 범부가 무심無心하여 필경에 무명無名이면, 본래의 조물자造物者를 회복한다고 설명한 것이다.

> 天根適遭無名人 천근이 無名人을 만나노니
> 今得逍遙無何有 당금에 無何有에 逍遙를 얻도다.

碧注

* **天根**(천근): 허공의 근원. 진심(眞心). 자성(自性).
* **蓼**(요): 여뀌(辛苦함). 古都名.
* **六極之外**(육극지외): 천지와 동서남북의 밖. 무심경지(無心境地).
* **方將與造物者爲人**: "장차 조물자(造物者)와 벗이 되고자 한다" 역(譯)은 범부의 소견에 맞춘 역이다. "장차 조물자(造物者)가 되고자 한다"가 바르다. 장자(莊子)의 본지(本旨)는 사람이 곧 조물자(造物者)라는 것을 알리는 것이다. "장차 조물자(造物者)가 되고자 한다"의 '장차'는 성인이라도 도(道)가 온전하지 않아 나아갈 공부가 있음을 뜻한다.
* **無何有之鄕**(무하유지향): 무심처(無心處).
* **帠**(예): 법(法).
* **何帠**(하예): 하위(何爲)의 誤字. 전징지 등은 '어찌하여'로 푼다.
* **壙埌**(광랑): 광(壙)은 텅 비다. 랑(埌)은 끝없이 넓은 모양.

진기허통자연순응 眞氣虛通自然順應

진기眞氣에 허통虛通하여 자연自然에 순응順應하라

天根이 又復問하니 無名人曰 汝遊心於淡하고 合氣於漠하며
천근 우복문 무명인왈 여유심어담 합기어막

順物自然而無容私焉하면 而天下治矣리라.
순물자연이무용사언 이천하치의

천근天根이 또다시 가르침을 청請하자, 무명인無名人이 말하였다. "마음을 담담淡淡하게 하여, 진기眞氣를 허통虛通하고, 스스로 그러함自然에 순응順應하여 칠정七情의 사사로움이 없으면, 천하天下는 절로 다스려질 것이오."

某解

장자莊子가 이른다.

"진기眞氣에 허통虛通하여 자연自然에 순응順應하는 것이 도道에 합일合一하는 것이라 한다."

진기眞氣란 진심眞心의 온전한 기운이요, 허통虛通이란 정념情念이 민멸泯滅한 경지이다. 자연自然이란 스스로 그러함이니 본디의 성性이요, 순응順應이란 티끌의 정념情念에도 머물지 아니함이다. 진심眞心은 무구무건無垢無愆하여 광명光明하나, 범부가 모습놀이에 젖어 스스로 알지 못하는 것이다.

만약 밝은 스승을 인연하여 진심眞心의 일리一理를 배우면, 바른 노정

路程을 걸을 것이다. 무명인無名人은 명名과 상相을 지우고 곧바로 자성自性을 가리키는 말이다. 공부란 본래本來를 회복하는 것이다. 그렇기는 하나, 범부의 소처所處에서 보면 미오迷悟와 전후前後가 없지 않다. 공부의 이유와 행로를 설명하면 부득이 차례를 두나, 본래를 말하면 진기眞氣는 다만 허통虛通할 따름인 것이다.

碧注

* 漠(막): 고요하여 부동(不動)하다.
* 漠漠(막막): 고요하여 부동(不動)함이 간단(間斷)없이 지속하다.
* 順物自然(순물자연): 사사(事事)에 정념(情念)없이 행하다.
* 無容私焉(무용사언): 칠정(七情)의 사사로운 모습에 머물지 아니하다.

지인무기 至人無己

지인至人은 내妄我가 없다

陽子居敢問老聃曰 敢問明王之治하나이다.
양자거감문노담왈 감문명왕지치

老聃왈 明王之治는 功蓋天下而似不自己라.
노담 명왕지치 공개천하이사부자기

化貸萬物而民弗恃라. 有莫擧名하고 使物自喜라.
화대만물이민불시 유막거명 사물자희

立乎不測하여 而遊於無有者也라.
입호불측 이유어무유자야

양자거陽子居가 노담老聃에게 공손히 여쭈었다.

"명왕明王의 다스림을 알고 싶습니다."

노담老聃이 말하였다.

"명왕明王의 다스림은 그 공功이 천하를 덮으면서도 그 공功에서 벗어나 있고, 가르침이 만민萬民에 베풀어져도 백성은 그런 줄 알지 못하고 기대지 않는다. 무어라 이름 지어 말할 수는 없으나 만민萬民은 스스로 기뻐한다. 명왕明王의 진심眞心은 모습 없어 헤아릴 수 없나니, 무심無心으로 소요逍遙한다네."

某解

나를 잊고, 공功을 알지 못하며, 이름을 잊은 이는 정념情念을 알지 못한다. 무기無己, 무공無功, 무명無名의 탁연卓然한 설명이다.

용심약경 用心若鏡

지인至人의 마음 씀이作用는 흡사 거울과 같다

無爲名尸하고 無爲謀府하여 無爲事任하고 無爲知主하여
무위명시 무위모부 무위사임 무위지주

體盡無窮 而遊無朕하고 盡其所受乎天 而無見得하니
체진무궁 이유무짐 진기소수호천 이무견득

亦虛而已라 至人之用心은 若鏡이니 不將不迎하여
역허이이 지인지용심 약경 부장불영

應而不藏故로 能勝物而不傷이라.
응이부장고 능승물이불상

이름名譽의 시체屍體가 되지 말라.

술지術智의 창고倉庫가 되지 말라.

(是非를 짓는) 세상일을 맡지 말라.

지식知識 파는 스승이 되지 말라.

무궁한 도道를 자득自得하여 자취 없이 소요하라.

천연天然의 받은 바를 온전히 할 뿐, 무언가 얻을 바가 있다고 생각지 말라.

지인至人의 마음은 흡사 거울과 같다. (세상사를) 떠나보내지 아니하고, 억지로 맞아들이지도 않으며, 만사萬事에 응應하되 그것에 머무르지 아니한다. 지인至人은 응應하지 않음이 없으나 손상損傷하지 아니하는 것이다.

某解

장자莊子 지혜의 묘처妙處는 소요유逍遙遊에 있다. 소요逍遙의 조건은 무심어세無心御世요, 소요逍遙의 대용大用은 무위이화無爲而化이다. 도道의 설명에 방로方路를 두나, 구경究竟에 체인體認할 바는 자성自性이다. 무릇 성인聖人의 경經이란 자성自性의 설명이다. 손지우손損之又損의 정일반조精一返照만이 소요逍遙에 나아가는 지름길이다. 咄!

"지인至人은 사물에 응應하지 않음이 없으나 손상損傷하지 아니하는 것이다."

이는 진심이 함이 없으되 하지 않음이 없음無爲而無不爲을 설명하는 것이다. 스승의 상하上下 갈래를 본다.

> 망사妄師는 입을 열면 어긋난다.
> 측사測師는 비슷하나 다르다.
> 통해사通解師는 비슷하나 미회인未會人이요,
> 개오사開悟師는 자성自性을 본다.
> 초성사初惺師는 불언무위不言無爲에 든 스승이다.
> 성성사惺惺師는 무념無念과 무사無事를 잊은 스승이다.
> 무위사無爲師는 수修와 증證 밖에 조적照寂한다.

성성사惺惺師와 무위사無爲師의 구분에 이해가 어렵다. 술지術智로 해석하면 어긋나나니, 자성自性을 밝힌 연후에 깊은 삼매三昧에 나아가면 묵연默然히 알 수 있다.

혼돈 混沌

공적영지空寂靈知를 지知를 나투다

南海之帝는 爲儵이오 北海之帝는 爲忽이오 中央之帝는
남해지제 위숙 북해지제 위홀 중앙지제

爲混沌이라. 儵與忽은 時로 相與遇於混沌之地하면
위혼돈 숙여홀 시 상여우어혼돈지지

混沌待之甚善이라. 儵與忽謀報混沌之德曰
혼돈대지심선 숙여홀모보혼돈지덕왈

人皆有七竅하여 以視聽食息인데 此獨無有라.
인개유칠규 이시청식식 차독무유

嘗試鑿之하리라. 日鑿一竅에 七日而混沌死라.
상시착지 일착일규 칠일이혼돈사

남해南海의 제帝는 숙儵이고, 북해北海의 제帝는 홀忽이며, 중앙中央의 제帝는 혼돈混沌이다. 어느 날 숙儵과 홀忽이 혼돈混沌의 땅에서 만났는데, 혼돈混沌이 후한 대접을 하였다. 숙儵과 홀忽은 혼돈混沌의 환대에 보답하기 위해 논의를 하였다.

"사람에게는 일곱 구멍이 있어 보고 듣고 먹고 호흡할 수 있다. 하지만 혼돈混沌에게는 구멍이 없으니 그에게 구멍을 뚫어 주자."

이에 둘은 날마다 구멍 하나씩을 뚫었는데, 칠일이 되자 혼돈混沌은 죽고 말았다.

某解

장자莊子의 우언寓言에, 혼돈混沌은 자성自性, 칠규七竅는 칠정七情을 가리킨다. 숙儵과 홀忽은 미혹범부迷惑凡夫의 상징이다. 숙儵은 빠르게 나타났다 사라지는 거친 의식意識이요, 홀忽은 갑자기 나타났다 사라지는 미세의식微細意識의 상징이다. 의식意識과 무의식無意識은 정情의 작용이 기억記憶으로 남은 것이다.

숙儵과 홀忽은 정情이다. 자성自性에 칠정七情을 덧씌우면 미혹迷惑에 떨어져 범부의 소견에 머무는 것이다. 장자莊子는 미혹을 사死에 비유한다. 혼돈混沌은 곧 자성自性이라, 천지天地가 나뉘기 전의 소식消息이다. 범부는 칠정七情의 행태로 나를 삼고, 칠정七情의 작용으로 인생을 꾸린다. 범부는 칠정의 인생을 참眞이라 생각하며, 무정無情의 지인至人을 이상하게 여기는 것이다. 그러나 지인至人의 자설慈說은 칠정七情이 환幻이요, 환幻은 본래 없는 것이라 한다.

망세객忘世客의 현음玄吟을 본다.

무념無念으로 종지宗旨 삼나니,
무작無作이 근본根本일세!
허명虛明이 진체眞體요,
진지眞知가 대용大用이라.
진지眞知의 무념無念은
분별 아닌 생각이라야 능히 안다네!.
정情이란 본래 남이 없나니,
무념無念의 생각이 천도天道라네.
낳음 없는 낳음이 무위無爲요.

무행無行의 행行이 초월超越일러라.

응제왕應帝王 혼돈목混沌目은 노자老子 제25장 유물혼성장有物混成章의 해설이다. 유물혼성장有物混成章은 노자老子의 제일문第一門이다. 제일문第一門을 열면 나머지 노자老子의 설說에 점차漸次로 통하여 자명자족自明自足한다. 자성自性의 혼돈混沌을 밝히면 도기道機가 허공虛空을 해맑게 물들이는 천연광명天然光明을 보게 될 것이다.

장자현초
莊子玄抄

北冥有鯤 化而爲鵬하여 飛於南冥한다
북 명 유 곤 화 이 위 붕 비 어 남 명

南冥者는 天池也니라 (逍遙遊)
남 명 자 천 지 야

북명北冥의 큰 물고기 곤鯤이 붕鵬으로 변화하여 남명南冥으로 날아간다. 남명南冥은 천지天池이다.

峙解

세속世俗의 상선군자上善君子는 오직 자성自性을 밝히기 위해 온 힘을 다한다. 그리하여 마침내 성性을 밝혀 방외方外에 거처하는 것이다. 방외方外를 일러 적연무위寂然無爲의 땅이라 한다. 적연무위寂然無爲의 땅을 장자는 천지天池라 칭하였다.

대저 군자君子는 세속에 거처하나 뜻은 방외方外에 있다. 부득이 식솔食率을 거느리나, 탐욕과 명名에 거처하지 않는다. 상선군자上善君子의 심사心思는 청천백일靑天白日과 같아서 누구나 들여다 볼 수 있고, 하는 일은 간결簡潔하며 잡기雜技에 물들지 않는다. 세월이 흐르매 청명晴明한 기운이 삼매三昧에 깃들어 풍모風貌가 의연毅然해지고, 어느 날 자성광명自性光明을 발發하며 본래의 자기를 회복하는 것이다. 그러나 세속의 군자君子는 천도天道의 소인小人이다. 천도天道를 열면 드밝은 공부工夫가 해말쑥하게 기다리는 것이다.

장자현초 莊子玄抄 2목

小知는 不及大知한다. (逍遙遊)
소지 불급대지

소인小人의 지知는 대인大人의 지혜智慧에 미치지 못한다.

峙解

하사下士의 지식知識은 상사上士의 방외지方外智를 헤아리지 못한다. 소지小知는 정情에 거처하는지라, 염담恬憺의 대지大知에 미치지 못하는 것이다. 정情이란 칠정七情이요, 범부가 마음으로 삼는다. 그러므로 소지小知는 두서없이 바쁘고, 대지大知는 한가하고 한가하다.

장자현초 莊子玄抄 3목

> 至人은 無己하고 神人은 無功하며 聖人은 無名이니라. (逍遙遊)
> 지인 무기 신인 무공 성인 무명

지인至人은 내妄我가 없고, 신인神人은 공功이 없으며, 성인聖人은 이름名相에서 벗어났다.

峙解

지인至人은 오직 진심眞心으로 행行하니, 곧 진아眞我가 항상하고, 신인神人은 무주대인無住大人이라, 베풀어 사랑함에 머묾이 없나니 곧 공功을 잊었으며, 성인聖人은 염담허무拈憺虛無하여 통연명백洞然明白하나니, 곧 모든 이름名에서 벗어났다. 다시 말해 지인至人은 정견情見의 아我가 없고, 신인神人은 세사世事에 머물지 않으므로 공功이 없으며, 성인聖人은 문자文字 밖에 소요逍遙하므로 명名과 상相이 없는 것이다.

장자현초 莊子玄抄 4목

名者는 實之賓也니 吾將爲賓乎아. (逍遙遊)
명자 실지빈야 오장위빈호

이름이란 실성實性에 왕래往來하는 손客에 불과하다. 내 어찌 실성實性을 버리고 빈이름의 손客이 되겠는가?

峙解

허유許由가 요堯에게 천하를 거절하며 한 말이다. 지인至人의 풍모風貌는 이러하다.

神人者는 大浸에 稽天而不溺하고 大旱에 金石流하고
대침 계천이불익 대한 금석류

土山焦而不熱하니라 (逍遙遊)
토산초이불열

신인神人은 홍수가 나서 물이 하늘까지 이르더라도 그를 적실 수 없으며, 큰 가뭄이 들어 금속과 암석이 녹아내리고 산이 불탈 지경이라도 그는 뜨거운 줄도 모른다오.

峙解

장자莊子의 본지本旨는 무심어세無心御世 무위이화無爲而化 여덟 자에 있다. 무심無心으로 세상에 소요逍遙하며, 무위無爲로써 나투는 것을 종宗으로 삼는 것이다. 만약 진심眞心이 현전現前하면 홀로 두렷하다.

신인神人은 심신心身이 불이不貳하여 적연寂然하므로 불익불습不溺不濕하고 불분불열不焚不熱하는 것이다. 비록 초학初學이라도 깊이 의문하여 노력하면 반드시 밝히는 때가 있다.

장자현초 莊子玄抄 6목

何不樹之於無何有之鄕 廣莫之野하고
하 불 수 지 어 무 하 유 지 향 광 막 지 야

彷徨乎無爲其側하며 逍遙乎寢臥其下하는가.
방 황 호 무 위 기 측 소 요 호 침 와 기 하

不夭斤斧니 物無害者 無所可用이다. 安所困苦哉아.
불 요 근 부 물 무 해 자 무 소 가 용 안 소 곤 고 재

(逍遙遊)

어찌하여 '아무것도 없는 마을無何有之鄕'이나 '드넓은 들판廣莫之野'에 가죽나무樗를 심어 그 곁에서 마음가는대로 노니며, 유유자적悠悠自適하게 나무 아래 잠자지 못하는가? 그 나무는 쓸모가 없어 도끼질 당하지도 않고, 아무도 해치지 않는다. 세상의 쓸모에 속하지 않으니 무슨 걱정이 있겠는가?

峙解

무하유지향無何有之鄕이란 아무것도 없는 마을이다. 무엇이 없는가? 범부의 정념情念이다. 범부는 정념情念의 내용이 몽환夢幻이라는 사실을 알지 못한다. 그러므로 그 이름이 범부이다. 범부는 유용有用의 용用을 추구한다. 무용無用의 용用을 알면, 다른 인생人生의 세상世上이 열리는 것이다. 무엇을 무용無用하는가? 정념情念이다. 어떻게 무용無用하는가? 정념情念이 몽환夢幻임을 확인契合한 연후에, 정념情念을 단박에 지우는 것이다. 무하유無何有에 밝지 못하면 다만 미혹범부迷惑凡夫일 뿐이다. 진인노정眞人路程에 다른 길은 없다.

南郭子綦云 顏成子游, 汝聞人籟而未聞地籟하고
남곽자기운 안성자유 여문인뢰이미문지뢰

汝聞地籟而未聞天籟夫라. (齊物論)
여문지뢰이미문천뢰부

남곽자기南郭子綦가 안성자유顏成子游에게 말한다.

"그대는 사람의 피리 소리人籟는 들어도, 땅의 피리 소리는 듣지 못할 것이다. 설령 땅의 피리소리地籟는 듣는다 해도, 하늘이 내는 피리 소리天籟는 듣지 못할 것이다."

峙解

남곽자기南郭子綦가 몸과 마음을 잊었다. 마음은 망심妄心을 가리킨다. 몸과 마음을 잊은 때에 보고 듣고 말하는 것이 자성自性이요, 몸과 마음妄心을 잊고서 보고 듣고 말하는 작용作用을 무심無心이라 한다. 작용作用할 때, 도기道機가 온전히 드러나나 모습과 자취가 없다.

상아喪我란 진아眞我가 드러남이다. 진아眞我가 드러나면 망아忘我는 없다. 망아忘我의 실체가 환幻이기 때문이다. 천뢰天籟란 진아眞我의 비유이다. 천뢰天籟를 듣는 이는 진아眞我를 회복한 것이다.

大知는 閑閑하고 小知는 閒閒하다.
대 지 한한 소 지 간 간

大言은 淡淡하고 小言은 詹詹하다 (齊物論)
대 언 담 담 소 언 첨 첨

대지大知는 한가롭고 한가로우나, 소지小知는 자잘하여 바쁘다. 큰 말은 고요하고 맑으나 작은 말은 따지고 헤아린다.

峙解

대지大知란 자성自性의 청정대지清淨大智이다. 염담허무恬憺虛無를 회복하면 사사事事에 진기眞氣를 나투게 되는 것이다. 소지小知는 자성自性이 정식情識에 가려져 작용하는 가유假有의 몽환夢幻이다.

범부가 몽환夢幻이 몽환夢幻인 줄 알지 못하기에 주인主人이 하인下人 노릇을 하며 당연當然하게 여긴다. 실상實相을 밝히 알면 소지小知에 머물지 않게 되는 것이다.

非彼無我요 非我無所取니 是亦近矣라 而不知所爲使라.
비피무아 비아무소취 시역근의 이부지소위사

若有眞宰(眞心)나 而特不得其朕이다.
약유진재 이특부득기짐

可行而信이나 而不見其形이다. 有情而無形이다. (齊物論)
가행이신 이불견기형 유정이무형

저 정념情念이 없으면 내妄我가 없고, 내妄我가 없으면 저 정념情念이 의지할 곳이 없다. 이러히 알면 도道에 가까우니라! 그러나 무엇이 온갖 정념情念을 일으키고 사라지게 하는지 알 수가 없다. 참나眞我가 분명히 있으나 모습이 없어 기미機微조차 알 수 없다. 참나眞我의 작용은 일상에 또렷이 나타나 있으나 그 모습을 볼 수 없는 것이다. 참나眞心는 늘 작용하나 모습이 없다.

峙解

窖窖縵縵宿凡事　窖窖縵縵은 宿世의 늘어진 버릇,
若知損損立上路　損之又損할 줄 알면 上路에 선 것이라.
非彼無我能所絶　저 情이 없으면 我가 없고, 能所없나니
非我無取道近兮　妄我와 取가 없으면 道가 가깝네라!

* **窖窖縵縵**(교교만만): 깊게 생각하여도 머엉함.
* **損之又損**(손지우손): 버리고 또 버리다. 노자(老子)의 교어(教語)이다. 버리는 것은 정념(情念)이다. 공부에 정념(情念)을 버리며, 자성(自性)을 회광반조(廻光返照)하는 것이 상사(上士)의 공부이다.

장자현초 莊子玄抄 10목

眞君者 求得與不得에 無益損乎其眞이라. (齊物論)
진군자 구득여부득 무익손호기진

진아眞我는 밝혔거나 어둡거나 간에, (恬憺虛無하여 死生에 벗어나 있으며) 더하거나 뺄 것 없이 상주불변常住不變하므로 진아眞我인 것이다.

峙解

장자莊子가 진아眞我를 밝혀야 하는 까닭과 진아眞我의 체體를 가리켜 보였다. 누가 있어 이 도道를 믿고 이해하여 공부에 참여할 것인가? 누구의 일인가? 바로 그대의 인생문제人生問題이다. 자기의 인생본원人生本源에 미혹迷惑하면서 부끄러워하지 않을 것인가? 咄!

一受其成形이면 不亡以待盡이라 與物 相刃相靡하며
일 수 기 성 형 불 망 이 대 진 여 물 상 인 상 미

其行盡은 如馳而莫之能止는 不亦悲乎아. (齊物論)
기 행 진 여 치 이 막 지 능 지 불 역 비 호

사람의 몸을 받았으면 그 명命을 해치지 아니하고 온전하게 삶을 마쳐야 한다. 외물에 정념情念을 수고로이 하여 일생이 말을 달리듯 순식간에 지나가는데도 망정妄情을 그치지 않으면 또한 슬프지 아니한가!

峙解

마명磨銘을 본다.

外息諸緣하고	바깥의 모든 인연因緣을 쉬고
內心無喘하여	안으로 정념情念을 쉬어
心如墻壁이면	참 마음이 장벽墻壁 같으면
可以入道니라.	도道가 밝아지니라.

참나眞我를 밝히려 함에 마명磨銘을 벗어나서 구할 수 없다. 모든 공부길이 마명磨銘에 갖추어 있다. 삼가三家의 도道가 마명磨銘으로 통하는 것이다. 공부 길에 나섰는가? 스스로를 비추어 보라! 어떤 지견知見으로 참나眞我와 망아妄我를 가릴 수 있겠는가?

장자현초 莊子玄抄 12목

夫隨其成心而師之하면 誰獨且無師乎아
부 수 기 성 심 이 사 지 수 독 차 무 사 호

奚必知代而心自取者有之라면 愚者與有焉이라 (齊物論)
해 필 지 대 이 심 자 취 자 유 지 우 자 여 유 언

당장의 마음情念을 이루게 하는 본디 자리를 좇아 스승으로 섬긴다면 그 누가 스승이 없겠는가! 어찌 거짓마음을 가려내고 참마음을 밝히 아는 현인賢人에게만 스승이 있겠는가? 어리석은 이에게도 스승이 있는 것이다.

峙解

참 공부인은 필경畢竟에 자기 속의 큰 스승을 만난다. 이 만남은 만남 아닌 만남이니, 곧 자성自性의 현현顯現인 것이다.

也大奇也大奇兮	기이奇異하고 또한 기이奇異하노이
無情一說不思意	무정無情의 일설一說 부사의로다.
若將耳聽終難會	만약 귀로 듣는다면 끝내 알지 못하고
眼處聞時方可知	눈으로 들어야 비로소 아나니라.

道는 惡乎隱而有眞僞하고 言은 惡乎隱而有是非인가
도 오호은이유진위 언 오호은이유시비

道는 惡乎往而不存하고 言은 惡乎存而不可인가 (齊物論)
도 오호왕이부존 언 오호존이불가

도道에 무엇이 가려져 있기에 참과 거짓이 일어나게 되고, 참 말은 무엇에 가려져 있기에 시비善惡의 다툼이 생기는 것일까? 도道는 어디로 떠났기에 드러나지 않고, 참 말眞言은 어디에 있기에 그릇된 말만 있는 것일까?

峙解

도道에 무엇이 가려져 있기에 참과 거짓이 발생하게 되었을까? 칠정七情의 망념妄念이다. 이 도리道理는 만세萬歲에 걸쳐 설說하더라도 늘 새롭고 올곧다.

고덕高德이 이른다.

三間茅屋從來住	세 칸 띠 집에 종래로 거처하나니
一道神光萬境閑	一道의 神光이라 萬境이 한가하도다.
莫作是非來辨我	是非지어 나에게 分辨말라.
浮生穿鑿不相關	浮生의 천착에 相關 아니 하노라.

彼是方生之說也라 雖然 方生方死나 方死方生이요
피 시 방 생 지 설 야 수 연 방 생 방 사 방 사 방 생

方可方不可에 方不可方可이며 因是因非요 因非因是이다
방 가 방 불 가 방 불 가 방 가 인 시 인 비 인 비 인 시

是以聖人은 不由而照之於天하니 亦因是也라 (齊物論)
시 이 성 인 불 유 이 조 지 어 천 역 인 시 야

저것과 이것은 상대적인 설說이다. 그러나 삶이 있으므로 죽음이 있고, 죽음이 있으면 반드시 삶이 있는 것이다. 가可함이 있으므로 불가不可함이 있고, 불가不可함이 있으므로 가可함이 있는 것이다. 옳음으로 말미암아 그릇됨이 있고 그릇됨을 말미암아 옳음이 있는 것이다. 따라서 성인聖人은 상대적相對的인 견해見解에서 벗어난지라 진심眞心에 비추어 보는 것이다. 이것이야말로 큰 바름이다.

峙解

세상 사람은 대개 피차彼此의 설說에 거처한다. 그런 까닭에 여기와 저기를 대별하며 나의 사상思想과 남의 사상思想을 견주어 다툰다. 그러기에 성인의 지혜가 필요한 것이다. 어떻게 하면 세상이 시비是非를 쉬고, 맑고 향기롭게 할 수 있을까?

상대적相對的 견해見解로는 불가不可하다.

장자莊子는 자기의 진심眞心에 비추어 보는 이가 큰 바름을 행할 수 있다고 한다.

彼是가 莫得其偶면 謂之道樞니 樞는 始得其環中하여
피시 막득기우 위지도추 추 시득기환중

以應無窮하나니 是亦一無窮이오 非亦一無窮也라
이응무궁 시역일무궁 비역일무궁야

故로 (老子)曰 莫若以明이오 (齊物論)
고 왈 막약이명

저것과 이것의 관념觀念이 그친 경지境地를 도추道樞라 한다. 도추道樞의 경지라야 비로소 참 주인공空寂靈知에 회복하여 무궁한 변화를 쓰는 것이다. 시是도 하나의 무궁변화의 기미機微요, 비非도 또한 하나의 무궁변화의 한 기미機微이다. 그러므로 老子가 "대도大道에 밝음만 같지 못하다"고 한 것이다.

峙解

도추道樞란 저것과 이것의 관념觀念이 그쳐, 진심眞心이 항상恒常한 경지이다. 도추道樞란 손損과 지止의 지극함이므로 범부의 정情이 있지 아니하다. 마침내 도추道樞에 서야 장자莊子를 만나는 것이다. 고덕古德은 도추道樞를 중도中道라 이른다.

고시古詩를 본다.

日月爲燈燈不盡	해와 달을 등불 삼나니, 등燈 다 함 없고
乾坤爲屋屋無辺	건곤乾坤이 집이라, 집 가이 없네.
此身隨處生涯足	이 몸 발길 따라 생애가 족하거니
飢食松花渴飮泉	주리면 솔 꽃, 목마르면 샘물 마시네.

以指로 喩指之非指는 不若以非指로 喩指之非指也라
이지 유지지비지 불약이비지 유지지비지야

(齊物論)

손가락眞心으로써 손가락眞心을 손가락眞心이 아니라고 하는 것은, 손가락眞心이 아닌 것으로써 손가락眞心을 손가락眞心이 아니라고 하는 것만 같지 못하다.

峙解

장자의 지설指說을 진심眞心으로 바꾸어 읽는다.

"진심眞心으로써 진심을 진심이 아니라고 하는 것은, 진심이 아닌 것으로써 진심을 진심이 아니라고 하는 것만 같지 못하다."

손가락 하나의 가리킴에, 진심이 온전히 드러나 있음을 본다면, 일지두신선一指頭神仙의 눈을 얻은 것이라 하겠다. 덕혜술지德慧術智의 선비는 고固와 필必이 심하다. 그러기에 장자가 혜자와 묵자 등을 나무란다. 진심을 아는 이는 불언무위不言無爲에 거처하나, 진심을 알지 못하는 이는 고루固陋한 주장으로 산골 마을의 스승 되기를 자처한다.

唯達者라야 知通爲一이니 爲是不用 而寓諸庸한다 (齊物論)
유달자 지통위일 위시불용 이우제용

오직 도道에 통달한 사람이라야 만물과 하나임을 안다. 자기 견해가 옳다고 고집 않고, 자연自然의 중용中庸에 맡겨 둔다.

峙解

자연自然이란 천연天然이요, 중용中庸이란 적연대용寂然大用이다. 장자莊子가 설명한다.

"무념無念이면 도道에 통通하고, 도道에 통通하면 적연寂然하다. 적연寂然하면 자연自然에 맡길 뿐, 왜 그러한지 알지 못하는 경지를 도道라 한다. 달사達士라야 도道와 하나가 되는 것이다."

중용中庸에 "誠則明矣요 明則誠矣라 惟天下至誠이라야 爲能盡其性이라" 하였다. 성誠하면 밝아지고, 밝으면 성誠한다. 오직 천하의 지성至誠이라야 능히 성性을 온전히 한다는 뜻이다. 성성惺惺하면 밝아지고, 밝아지면 오직 성性 하나一요, 하나면 통通하는 것이다.

장자현초 莊子玄抄 18목

聖人은 和之以是非 而休乎天鈞하니 是之謂兩行이다
성인 화지이시비 이휴호천조 시지위양행

(齊物論)

성인聖人은 시비是非를 화통和通하여 천도天道에서 쉬게 하는데 이를 양행兩行이라 일컫는다.

峙解

범부는 앞뒤와 이름만 바뀌어도 새롭게 여긴다. 전후前後와 시비是非는 진심眞心에 비추어보면 있지 아니하다. 누가 정념情念의 사량思量으로 도道를 말하는가? 哂!

장자현초 莊子玄抄 19목

古之人이 其知有所至矣라 惡乎至인가 有以爲未始에
고지인 기지유소지의 오호지 유이위미시

有物者니 至矣 盡矣에 不可以可矣라 (齊物論)
유물자 지의 진의 불가이가의

옛사람은 그 지혜智慧가 지극하였다. 무엇을 지극하다고 하는가? 본래의 진심眞心에는 하나의 물物도 없으므로 지극히 온전하여 아무것도 보탤 것이 없는 경지이기 때문이다.

峙解

도道가 정情에 가려지자, 칠정편애七情偏愛의 망동妄動이 이루어 졌다. 그런데 이루어짐과 이지러짐이 과연 있는 것인가, 아니면 이루어짐과 이지러짐이 없는 것인가?

하나의 물건(마음)도 없다는 것은 망심이 없다는 뜻이다. 고로 도를 밝힌 고덕은 '아무것도 있지 아니하다'라 한다. 왜냐하면 범부들은 온갖 망심을 실다이 여겨 논쟁하고 다투기 때문이다. 다툼이 지식인에 옮겨가면 사화死禍로 나타나고, 지도자의 다툼은 전쟁으로 빚어진다. 사화와 전쟁의 근저에 망심이 있는 것을 가리켜 노자老子는 쟁爭을 들어 말했던 것이다.

도道란 화평과 평등과 자유를 나툼에 가이 없게 하는 유일한 길이다.

정념情念의 총명聰明으로 설명하면 그르치고, 묵언默言으로 물러서도 알지 못하는 것이다. 이러한 때에 그대의 참나眞我는 어떠한가?

장자현초 莊子玄抄 20목

滑疑之耀를 聖人之所圖也에 爲是不用而寓諸庸하니
골의지요 성인지소도야 위시불용이우제용

此之謂以明이라. (齊物論)
차지위이명

도道를 어지럽히는 빛을 없애는 것은 성인聖人이 도모하는 바이다. 성인聖人은 상대적 옳음에 머물지 않고, 스스로 그러함에 맡겨 둔다. 이를 본디 밝음淸淨光明이라 한다.

峙解

지인至人은 본래의 청정광명淸淨光明에 거처한다. 다만 그러할 뿐, 다른 도道가 있는 것이 아니다. 伸!

有始也者면 有未始有始也者일지라 有未始에 有夫未始는
유시야자 유미시유시야자 유미시 유부미시

有始也者라 有有也자이고 有無也者니 有未始에
유시야자 유유야 유무야자 유미시

有無也者이고 有未始有夫未始有無也者라
유무야자 유미시유부미시유무야자

俄而有無矣而 未知有無之이니 果孰有孰無也라
아이유무의이 미지유무지 과숙유숙무야

今에 我則已有謂矣라 而未知吾所謂之는 其果有謂乎아
금 아즉이유위의 이미지오소위지 기과유위호

其果無謂乎라 (齊物論)
기과무위호

처음始이 있으면, 처음 이전이 있고, 처음 이전의 이전이 있을 것이다. 유有가 있고 무無가 있다면, 유무有無 이전以前이 있고, 유무有無 이전以前의 이전以前이 있다. 그런데 홀연히 유有와 무無가 생긴다. 세상 사람들은 유有 혹은 무無라고 주장하지만, 어떤 것이 유有이고 어떤 것이 무無인지 알지 못하겠다. 지금 나는 이미 변설을 하였으나 나의 변설이 과연 유有에 속하는 것인가 무無에 속하는 것인가 알지 못하겠다.

峙解

관념이 만든 약속이나 이론은 다만 관념이다. 사람들은 약속이나 이론을 쓰면서 그것이 실實이라 착각한다. 사랑과 증오를 번갈아 쓰면서도 그것이 관념임을 잊는다. 그리고 그 노예가 된다. 슬프지 아니한가? 관념觀念은 허상虛像일 따름이다.

장자현초 莊子玄抄 22목

天地與我竝生하고 而萬物與我爲一이다.
천지여아병생 이만물여아위일

既已爲一矣면 且得有言乎아 無適焉은 因是已라. (齊物論)
기이위일의 차득유언호 무적언 인시이

천지도 나와 함께 생겼고, 만물도 나와 더불어 한 몸이다. 이미 하나인데 달리 무슨 말이 있겠는가? (情念을 잊고) 무적無適의 대시大是에 합습할 뿐이다.

峙解

도道는 다만 일一이다. 일성一性이요, 일용一用이다. 일성一 性과 일용一用은 둘이 아니다. 해맑은 일관一貫을 이루면, 도道를 좋아한다고 할만하다.

지인至人이 하나라! 하나라! 하는 것은 오직 하나의 드밝은 진심眞心을 가리키는 것이다.

夫道는 未始有封하고 言은 未始有常이라 (齊物論)
부도 미시유봉 언 미시유상

무릇 도道는 무시무종無始無終하고, 방설方說은 무유정법無有定法이다.

峙解

시종始終이 있는 것은 변하고, 시종始終이 없는 것은 변하는 않는다. 진심眞心은 시始와 종終이 없이 항상恒常하다. 그러므로 진심眞心은 사생死生 밖에 있으며, 광명光明이 그치지 아니한다. 진심眞心은 시절時節 따라 몸을 입으나, 몸에 속하지 않으며 모습이 없다. 그러기에 억지로 이름하여 도道라 하고, 청정광명淸淨光明이라 하며, 염담허무恬憺虛無라 하고, 허통적명虛通寂明이라 하는 것이다. 진심眞心을 설명하매 그 때와 인연因緣에 맞게 설명하므로 정해진 법法이 없다고 하는 것이다.

六合之外에 聖人은 存而不論하며
육합지외 성인 존이불론

六合之內에 聖人은 論而不議라 (齊物論)
육합지내 성인 논이불의

성인聖人은 육합六合바깥에 대해서는 조존照存할 뿐 말하지 않고, 육합六合 안에 대해서도 골간骨幹을 말할 뿐 시비是非와 세진細塵은 논하지 않는다.

峙解

육합六合은 세상世上 속이다. 성인의 가르침은 세상 밖을 가리킨다. 세상 밖에 통명通明하여 세상 속에 거님을 소요逍遙라 한다. 그러므로 무정無情으로 소요逍遙하는 이는 세상의 안팎이 없다. 우주가 내 집이요, 만물이 나의 몸이다. 다시 무어라 생각하여 말할 것이 없는 것이다. 그러기에 그 거님은 시비是非와 세진細塵밖에 있는 것이다.

장자현초 莊子玄抄 25목

夫大道不稱이요 大辯不言이라 大仁不仁이요 大廉不嗛이라
부 대 도 불 칭 대 변 불 언 대 인 불 인 대 렴 불 겸

孰知 不言之辯과 不道之道를 若有能知면 此之謂天府라
숙 지 불 언 지 변 부 도 지 도 약 유 능 지 차 지 위 천 부

(齊物論)

무릇 대도大道는 이름이 없고, 큰 말은 불언不言이다. 대인大仁은 불인不仁이요, 대렴大廉은 겸손謙遜이 아니다. 누가 있어 불언不言의 변辨과 부도不道의 도道를 아는가? 만약 이를 알면 천부天府라 이름하리라.

峙解

대도大道는 모습 없고, 대언大言은 세외世外를 설하며, 대인大仁은 절성기지絶聖棄智 연후에 나타난다. 대도大道는 부어도 차지 않고注而不滿, 퍼내도 마르지 않는다.酌而不竭. 또한 대도大道는 본래 대광명大光明이라, 깨쳐서 밝아졌다고 하면 도道가 아니다昭而不道. 그러나 어찌하여 그런지 까닭을 알 수 없으므로 이를 일러 보광葆光 즉 진광보장眞光寶藏이라 한다. 공부인은 이 말씀에서 대의大意를 얻어야 할 것이다.

覺而後知에 其夢也라 予謂女夢도 亦夢也라 是其言也
각 이 후 지 기 몽 야 여 위 여 몽 역 몽 야 시 기 언 야

其名爲弔詭이다. 萬世之後라도 而一遇大聖이면 知其解者면
기 명 위 조 궤 만 세 지 후 이 일 우 대 성 지 기 해 자

是旦暮遇之也니라 (齊物論)
시 단 모 우 지 야

큰 깨달음이 있은 연후라야 우리의 삶이 한바탕 꿈인 줄 알게 되는 것이다. (그러나 어리석은 사람은 스스로 깨달았다고 자처하고 자만하여 삶의 근원에 대해 아는 체한다.) 그대에게 꿈꾼다고 말하는 나의 말도 또한 꿈이다. 이런 말은 매우 기이한 이야기이다. 만세萬世 뒤라도 대성大聖을 만나 각몽覺夢의 뜻을 알게 된다면, 그것은 아침과 저녁으로 대성大聖을 만나 뵙는 것과 같은 행운이다.

峙解

인생人生이 대몽大夢인 줄 어찌 알랴! 대각大覺이후에 참다이 대몽大夢을 확인할 수 있는 것이다. 대몽을 깨치면 방외方外의 삶이 열린다. 대몽大夢을 깨지 않고 어찌 방외에 거닐 수 있겠는가? 장자가 말한다.

"만세萬世 뒤라도 대성大聖을 만나 각몽覺夢의 뜻을 알게 된다면, 그것은 아침과 저녁으로 대성大聖을 만나뵙는 것과 같은 행운이다."

장자현초 莊子玄抄 27목

昔者에 莊周가 夢爲胡蝶하여 栩栩然胡蝶也에
석자 장주 몽위호접 허허연호접야

自喩適志與하고 不知周也라 俄然覺則蘧蘧然周也라.
자유적지여 부지주야 아연각즉거거연주야

不知周之夢爲胡蝶과 與胡蝶之夢爲周與라 周與胡蝶은
부지주지몽위호접 여호접지몽위주여 주여호접

則必有分矣라 此之謂物化니라 (齊物論)
즉필유분의 차지위물화

언젠가 장주莊周가 나비가 된 꿈을 꾸었다. 훨훨 날아다니는 나비가 되어 유쾌하게 노닐면서도 자신이 장주莊周인 것을 알지 못했다. 그러다가 문득 깨어 보니 자신은 엄연히 장주莊周였다. 장주가 꿈에 나비가 된 것인지 나비가 꿈에 장주가 된 것인지 알 수 없었다. 장주와 나비에는 반드시 주인공이 있을 것이다. 이것은 한 주인공이 장주와 나비로 다르게 나타난 것이다. 이를 물화物化라 한다.

峙解

물화物化란 정념情念의 전화유전轉化流轉 즉 의식意識의 변화이다. 의식意識은 인식認識의 학습學習을 바탕 삼고, 인식認識은 습관習慣에 기대며, 습관習慣은 기억력記憶力에 의존한다. 기억은 통찰通察 연후에 그 바름을 얻을 수 있다. 진심眞心의 통찰력通察力이 선 연후에, 올곧고 청명晴明한 인생人生을 지을 수 있는 것이다. 그러므로 진심眞心의 통찰通察이 아닌 판단은 정념情念의 막유몽환莫遊夢幻인 것이다.

生也는 有涯하나 而知也는 無涯라 以有涯隨無涯하면 殆已요
생야 유애 이지야 무애 이유애수무애 태이

已而爲知者는 殆而已矣라 (養生主)
이이위지자 태이이의

우리의 삶은 끝이 있으나, 무루無漏의 지혜智慧는 끝이 없다. 끝이 있는 것으로써 끝없는 변화를 좇으면 위태로울 뿐이다.

峙解

어찌 몸을 나로 삼는 견해로써 몸 밖의 삶을 알 수 있으랴! 몸을 나로 삼는 견해는 세상을 어지럽히고 자기를 망치게 되니 위태로운 것이다. 위태로운 줄 알면서도 따르면 더욱 위태한 것이다.

그러므로 문왕文王과 공자孔子가 "인심人心은 위태하나니, 도심道心을 밝혀야 한다."라 전법傳法하고 수양修養의 본本을 세운 것이다. 인심人心은 정념情念이요, 도심道心은 진심眞心이다. 어찌 변화하는 정념情念으로 불변의 진심眞心을 헤아려서 체득할 수 있겠는가? 정념을 손損하고 손損하여, 홀연欻然히 정념의 지止에 합하면 진심眞心이 드러나는 것이다.

장자현초 莊子玄抄 29목

適來夫子時也오 適去夫子順也라 安時而處順하면
적 래 부 자 시 야 적 거 부 자 순 야 안 시 이 처 순

哀樂不能入也라 (養生主)
애 락 불 능 입 야

이 세상에 온 것은 그 때를 만난 것이요, 세상을 떠나는 것도 그 때를 따르는 것이다. 어느 때라도 정안靜安하여 순응順應하면 슬픔이나 즐거움은 끼어들지 못하는 것이다.

峙解

사생死生은 낡은 옷을 버리고 새 옷으로 갈아입는 것과 같고, 자고 깨는 것과 같으며, 긴 숨을 들이고 뱉는 것과 같다. 사생死生의 변화에 그대는 어떻게 맞이할 것인가? 사생死生의 꿈에서 깨어나면, 그대는 사생死生 밖에 두렷하다오.

中尼曰 若一志하라 無聽之以耳하고 而聽之以心하며
중니왈 약일지 무청지이이 이청지이심

無廳之以心하고 而聽之以氣하라!
무청지이심 이청지이기

聽之於耳하고 心止於符하라 氣也者는 虛而待物者也아
청지어이 심지어부 기야자 허이대물자야

唯道集虛니 虛者는 心齋也라. (人間世)
유도집허 허자 심재야

공자가 안회에게 말하였다.

"뜻을 한결같이精一執中하여 귀로 듣지 말고 마음으로 들어야 한다. 나아가 마음情念으로만 듣지 말고 진기眞氣로 들어야 한다. 귀는 듣는 데 그치고, 마음情念을 그치는 데 부합하라. 진기眞氣는 충허沖虛해서 무엇이나 있는 그대로 받아들인다. 도道는 오직 충허沖虛에만 나타난다. 충허沖虛가 바로 마음의 재계齋戒라네."

峙解

공자가 마음情念을 그치는 데 부합하라고 한다. 심재心齋는 자성自性의 본연本然을 회복하는 것이다. 본연本然이란 염담허무恬憺虛無를 회복하여 진기종지眞氣從之하는 것이니 곧 도道가 온전한 경지이다. 염담허무恬憺虛無 진기종지眞氣從之는 4,600년 전 황제黃帝 헌원씨軒轅氏의 말이다. 소문素問에 보인다.

顔回曰 回之未始得使는 實有回也니다 得使之也
안 회 왈 회 지 미 시 득 사 실 유 회 야 득 사 지 야

未始有回也이오니 可謂虛乎이까 夫子曰 盡矣라 吾語若하리라!
미 시 유 회 야 가 위 허 호 부 자 왈 진 의 오 어 야

若能入遊其樊而 無感其名하라 入則鳴하고 不入則止하라
약 능 입 유 기 번 이 무 감 기 명 입 즉 명 불 입 즉 지

無門無毒이라 一宅而寓於不得已 則幾矣라 絶迹易하나
무 문 무 독 일 택 이 우 어 부 득 이 즉 기 의 절 적 이

無行地難이다. 爲人使에 易以僞나 爲天使에 難以僞라
무 행 지 난 위 인 사 이 이 위 위 천 사 난 이 위

聞以有翼飛者矣요 未聞以無翼飛者也며
문 이 유 익 비 자 의 미 문 이 무 익 비 자 야

聞以有知知者矣요 未聞以無知知者也라. 瞻彼闋者하라
문 이 유 지 지 자 의 미 문 이 무 지 지 자 야 첨 피 결 자

虛室生白이니라. 吉祥止止라 夫且不止는 是之謂坐馳라
허 실 생 백 길 상 지 지 부 차 부 지 시 지 위 좌 치

夫徇耳目하여 內通而外於心知하면 鬼神이 將來舍니
부 순 이 목 내 통 이 외 어 심 지 귀 신 장 래 사

而況人乎아! 是萬物之化也라 禹舜之所紐也오
이 황 인 호 시 만 물 지 화 야 우 순 지 소 유 야

伏羲几蘧之所行終이니 而況散焉者乎아! (人間世)
복 희 궤 거 지 소 행 종 이 황 산 언 자 호

안회顔回가 말하였다.

"제가 선생님孔子의 가르침을 받지 못했을 때는 참으로 회回, 妄我가 있는 줄 알았습니다. 그러나 선생님 말씀을 듣자마자 회回, 妄我를 잊게 되었습니다. 이를 허虛라고 할 수 있겠습니까?"

이에 공자가 말하였다.

"지극하구나. 말해 주겠네. 자네는 이제 세속世俗의 울타리 안에

소요逍遙하면서 명예, 모습 따위에는 흔들리지 않게 되었다. 상대가 배우려 하면 말하고, 상대가 밖에 있거든 그만두어라. 진심眞心에 문門을 세우지도 어떤 비방祕方도 마련하지도 말라. 진심眞心에 거처하되 전일全一하게 하여 부득이할 때만 응답한다면 도道에 가깝다.

세상에서 자취를 감추기는 쉬워도, 무심無心으로 소요逍遙하기란 어려운 일이다. 사람과 더불어 논할 때는 속이기 쉽지만, 천도天道와 더불어 논하면 속이기 어렵다. 날개 있어 난다는 말은 들었어도, 날개 없이 날았다는 이야기는 듣지 못했네. 지혜智慧로 사물의 이치를 안다는 말은 들었어도, 무지無知로 안다는 이야기도 듣지 못했네.

저 텅 빈 곳을 보라. 텅 빈 방이지만 환하게 밝지 않은가. 모든 행복과 평화와 자유가 이 허虛에 머무는 것이다. 그런데도 망심妄心이 그치지 못하고 밖으로 달리는 것을 일러 좌치坐馳라 이름 한다네. 무릇 눈과 귀를 안眞心으로 통通하게 하고, 마음眞心의 작용이 밖을 비추면 귀신鬼神도 찾아온다. 하물며 사람에 있어서는 더 말할 것이 있겠는가! 이것이 바로 화생化生이라네. 순舜임금과 우禹임금도 이를 따랐으며 복희씨伏羲氏와 궤거씨几蘧氏도 평생 행한 바였다. 그러니 범부凡夫에 있어서는 말할 것이 있겠는가?"

峙解

안회顏回가 허虛를 알았다고 한다. 도道란 진아眞我에 거처하여, 진아眞我가 성성惺惺한 것이다. 망아妄我를 잊는 것을 좌망坐忘이라 하며, 좌망坐忘의 내용을 허虛라 한다. 잊은 내용은 환幻이며, 환幻은 허虛이다. 공자를 가립假立하여 장자가 공부의 내외를 가름하여 구요九要를 이른다.

1. 상대가 배우려 하면 말하고, 밖에 있거든 그만두어라.
2. 진심眞心에 문門도 비방祕方도 마련하지 말라.
3. 진심眞心에 거처하되 전일全一하게 하라.
4. 부득이할 때만 응답하라. 그리한다면 도道에 가깝다.
5. 자취 감추기는 쉬우나 무심소요無心逍遙가 어렵다.
6. 범부는 속이기 쉽지만, 천도天道는 속이기 어렵다.
7. 저 빈 곳을 보라. 대자유가 허虛에 머무는 것이다.
8. 공부에 망심妄心이 그치지 못함을 좌치坐馳라 한다.
9. 안眞心으로 통通하게 하고, 밖을 비추라.

장자莊子의 구요九要는 개오전후開悟前後의 공부대요工夫大要를 설명하였다. 자성自性을 밝히는 길에 들어 약간의 견처見處가 생겼다면, 장자莊子의 목소리가 크게 들릴 것이다.

峙解

공자孔子는 경세經世하면서 피세避世하였고, 접여接輿와 장자莊子는 피세避世하면서 경세經世하였다. 공자는 중사中士를 이끄는 데 힘썼고, 장자는 그 때와 사람을 위하여 상사上士를 기다렸다. 세상은 두 인물의 큰 스승이 모두 필요한 것이다.

接輿曰 鳳兮! 鳳兮! 何如德之衰也아! 來世는 不可待오
접 여 왈 봉 혜 봉 혜 하 여 덕 지 쇠 야 내 세 불 가 대

往世는 不可追也라 天下有道면 聖人成焉하고 天下無道면
왕 세 불 가 추 야 천 하 유 도 성 인 성 언 천 하 무 도

聖人生焉이라. 桂可食故로 伐之요 漆可用故로 割之라
성 인 생 언 계 가 식 고 벌 지 칠 가 용 고 할 지

人皆知有用之用 而莫知無用之用也라 (人間世)
인 개 지 유 용 지 용 이 막 지 무 용 지 용 야

접여接輿가 노래한다.

"봉황鳳凰이여! 봉황鳳凰이여! 어찌하여 덕德이 쇠衰하셨나. 앞날은 아직 오지 않았고 지난날은 부를 수 없는 것. 천하에 도가 있으면 성인은 자신의 일을 이루고, 천하에 도가 없으면 성인은 피세避世 하나니. 육계肉桂는 먹을 수 있어 베어지고 옻나무는 쓸모가 있어 껍질이 벗겨진다오. 사람들은 유용有用의 용用만 알 뿐 무용無用의 용用은 알지 못하누나."

峙解

무용無用의 용用이 과게過偈의 본지本旨이다. 무용無用이란 정념情念이 없는 용用이다.

仲尼曰 萬物皆一也라. 夫若然者 且不知耳 目之所宜이나
중니왈 만물개일야 부약연자 차부지이 목지소의

以遊心乎德之和라 物視其所一하고 而不見其所喪이라
이유심호덕지화 물시기소일 이불견기소상

視喪其足을 猶遺土也라. 仲尼又曰 人莫鑑於流水하고
시상기족 유유토야 중니우왈 인막감어유수

而鑑於止水라 唯止 能止 衆止라. (德充符)
이감어지수 유지 능지 중지

공자孔子가 이른다.

"만물은 하나이다. 무릇 이와 같은 이는 귀와 눈의 보고 들음에 정념情念이 없고, 마음은 덕德의 조화를 나툰다. 지인至人은 만물의 한결같은 근원을 보되 변화는 보지 않는다. 올자兀者가 그 발을 잃은 것을 마치 흙을 털어 버리는 것으로 여긴다."

공자孔子가 또 이른다.

"사람들은 흐르는 물로 거울삼지 않고 멈추어 있는 물을 거울삼는다. 이와 같이 오직 멈춰있는 것만이 능히 멈춰있음으로써 모든 것을 멈추게 할 수 있는 것이다."

峙解

지인至人은 만물의 근원根源을 보되, 그 변화는 보지 않으므로 초연超然하다. 만물의 근원을 보려면 변화에 쏠린 정념情念을 멈추어야 하는 것이다. 능히 멈춤으로 만물의 근원을 볼 수 있다. 지인至人은 근원에 통하여 함이 없이 변화를 나투며 변화에 속하지 아니한다.

장자현초 莊子玄抄 34목

仲尼曰 德者는 成和之修也요
중니왈 덕자 성화지수야

德不形者는 物不能離也니라 (德充符)
덕불형자 물불능리야

공자가 말하였다.

"덕德이란 망심妄心을 쉬는 수행으로써 진심眞心이 충화冲和를 이룬 것이다. 따라서 덕德이 모습 없음에 계합契合하면 천지만물이 그를 떠날 수 없다."

峙解

덕德이란 망심妄心을 쉬면 나타난다. 둔사鈍士는 덕德을 갈고 닦는 것으로 사업事業을 삼는다. 그러나 덕德은 갈고 닦는 것이 아니다. 다만 망심妄心을 쉬면 해맑은 충화冲和를 이루는 것이다. 따라서 본래의 덕德이 모습 없음에 계합契合하면 천지만물天地萬物이 그를 떠날 수 없는 것이다.

장자현초 莊子玄抄 35목

眇乎小哉저 以屬於人也며 謷乎大哉저 獨成其天이라!
묘 호 소 재 이 속 어 인 야 오 호 대 재 독 성 기 천

(德充符)

(성인이여!) 작고도 작도다! 이는 세상사람 속에 있기 때문이다. 크고도 크도다! 이는 홀로 무정無情의 천天을 이루기 때문이다.

峙解

지인至人은 세상의 이웃과 벗이 되어, 이름 없이 늙어가기에 "작고도 작도다!" 하고, 지인至人은 홀로 무정無情하여 방외方外에 소요逍遙하기에 "크고도 크도다!" 하는 것이다.

惠子 謂莊子曰 人故無情乎아 莊子曰 然하다 (德充符)
혜 자 위 장 자 왈 인 고 무 정 호 장 자 왈 연

혜자惠子가 장자莊子에게 말하였다.

"사람에게는 본래 정情이 없는 것일까?"

장자가 대답하였다. "그렇다."

峙解

사람에게 본래 정情이 없으나, 그 사실을 범부가 믿지 못한다. 믿지 못하므로 범부가 세속에 유전流轉하는 것이다. 금강경金剛經의 "應無所住而生其心" 즉 마땅히 머무는 바 없이 그 마음을 내어라-는 말씀의 핵심은 무주無住와 심心이다. 무주無住란 망심妄心에 머물지 말라는 뜻이요, 심心은 망심妄心이 아닌 진심眞心을 가리킨다. 망심妄心은 정情이라 범부의 마음이요, 진심眞心은 지인至人의 마음이다. 장자가 이른다.

"사람에게는 본래 정情이 없다."

이 한 마디가 사람의 본래本來를 가리키는 말씀이다. 본래무정本來無情을 믿고 이해하지 못하면, 억겁토록 뼈를 깎고 살을 에는 수행이 있어도 도의 관문을 열지 못한다.

知天之所爲하고 知人之所爲者는 至矣라 知天之所爲者는
지 천 지 소 위 지 인 지 소 위 자 지 의 지 천 지 소 위 자

天(然)而生也오 古之眞人은 其寢不夢하고 其覺無憂하며
천 이 생 야 고 지 진 인 기 침 불 몽 기 각 무 우

其食不甘하고 其息深深한다 (大宗師)
기 식 불 감 기 식 심 심

천도天道가 하는 바를 알며, 사람凡夫이 하는 바를 알면 지극하리라. 천도天道가 하는 바를 아는 사람은 천연天然으로 살아간다. 옛날의 참사람眞人은 잠을 자도 꿈꾸지 않았으며, 깨어서도 근심이 없었다. 음식은 맛난 것을 구하지 않았으며, 그 호흡은 고요하고 깊었다.

峙解

지인至人과 범부의 사이가 벌어진 까닭을 아는 이는 천연天然에 거처한다. 지인至人은 잠을 자도 몽환夢幻에 속지 않으며, 깨어서는 칠정七情이 없다. 근심이 없는 고로, 그 호흡은 헐떡임이 없어 고요하고 깊은 것이다. 금세의 단가丹家는 노장가老莊家와는 관련이 없다.

古之眞人은 不知說生이요 不知惡死라 其出不訢이요
고지진인 부지열생 부지오사 기출불흔

其入不距다 翛然而往하고 翛然而來而已矣라 (眞人)은
기입불거 소연이왕 소연이래이이의

其心忘 其容寂 (大宗師)
기심망 기용적

옛날 참사람眞人은 삶生이라고 해서 좋아할 줄 몰랐고, 죽음死이라고 해서 싫어할 줄 몰랐다. 태어남을 기뻐하지도, 죽음을 거역하지도 않았다. 소연翛然히 가고, 소연翛然히 올 따름이다. 진인眞人은 정념情念을 잊었으며, 모습이 담연淡然하였다.

峙解

진인眞人은 정념情念을 잊었으며, 모습이 언제나 담연淡然하다. 진인眞人은 세상의 환란患亂과 사생死生에 초연超然하기 때문이다. 초연超然한 까닭은 환란患亂과 사생死生이 한 때에 나타났다가 사라지는 몽환夢幻인 줄 조관照觀하며 그것에 속하지 않기 때문이다. 진인眞人은 불변으로써 변화를 따르나, 변화는 불변 속의 변화라 변화가 아닌 것이다.

장자현초 莊子玄抄 39목

夫道는 有情有信이나 無爲無形이라 可傳而不可受요
부도 유정유신 무위무형 가전이불가수

可得而不可見이라. 自本自根으로 未有天地自古以固存이라
가득이불가견 자본자근 미유천지자고이고존

神鬼神帝 生天生地하여 在太極之先而 不爲高하고
신귀신제 생천생지 재태극지선이 불위고

在六極之下而 不爲深하여 先天地生而不爲久하고
재육극지하이 불위심 선천지생이불위구

長於上古而不爲老라.(大宗師)
장어상고이불위노

무릇 도道는 그 실체가 있고 작용作用이 있으나, 함이 없고 모습이 없다. 도道를 전傳할 수는 있으나 받을 수 없고, 체득體得할 수는 있지만 볼 수는 없다. 도道는 스스로 우주의 근본이므로 천지天地가 생기기 이전부터 의연毅然하며, 귀신鬼神과 상제上帝를 신령불매神靈不昧하게 했으며, 하늘과 땅을 낳았다. 도道는 태극太極보다도 앞서지만 더 높지 아니하고, 천지天地 사방四方보다 아래에 있으나 더 깊지 아니하다. 천지天地보다 먼저이지만 더 오래지 않고, 상고上古보다 먼저이나 더 늙지 않는다.

峙解

1. 도道는 그 실체가 있고 작용이 있다.(虛靈而大用)
2. 도道는 함이 없고 모습이 없다.(無爲無形)
3. 도道를 전傳할 수는 있으나 받을 수 없다.(可傳不受)
4. 도道는 체득體得할 수는 있지만 볼 수는 없다.

5. 도道는 스스로 우주의 근본이라 하늘과 땅을 낳았다.
6. 도道는 천지가 생기기 이전부터 의연하다.
7. 도道는 귀신과 상제를 신령불매神靈不昧하게 한다.
8. 도道는 태극太極보다도 앞서나 더 높지 아니하다.
9. 도道는 천지사방보다 아래나 더 깊지 아니하다.
10. 도道는 천지보다 먼저이나 더 오래지 않다.
11. 도道는 상고上古보다 먼저이나 더 늙지 않는다.
12. 도道는 범부의 자성自性에 갖추어 있다

천연天然의 도리道理가 범부의 자성自性에 온전하나 범부가 미혹迷惑하여 알지 못한다. 배우는 이의 대개가 자기의 문제를 인식하나, 자기 밖에서 구하므로 도道와 멀어지는 것이다. 장자莊子가 안에서 찾으라고 누누이 당부하는 말을 올곧게 새기면, 장차 장자莊子를 만나는 때가 있으리라. 이 도리를 굳게 믿기만 해도 천상天上의 복을 누릴 수 있나니, 진실되이 본래의 자기를 찾아야 할 것이다.

女偶曰 外生而後能朝徹하고 朝徹而後能見獨하며
여우왈 외생이후능조철 조철이후능견독

見獨而後能無古今하고 無古今而後能入於不死不生이다.
견독이후능무고금 무고금이후능입어불사불생

殺生者는 不死요 生生者도 不生이니 其爲物이 無不將也요
살생자 불사 생생자 불생 기위물 무불장야

無不迎也며 無不毁也요 無不成也라. 其名爲攖寧
무불영야 무불훼야 무불성야 기명위영령

攖寧也者는 攖而後成者也라. (大宗師)
영령야자 영이후성자야

여우女偶가 말하였다.

"삶을 잊은 이후, 어둠을 걷어낸 아침 햇살 같은 첫 밝음, 조철朝徹을 얻게 되었다. 밝아진 뒤에는 견독見獨하고, 견독 연후에는 고금古今이 없게 되었다. 고금이 없는 경지에 들면 죽거나 나지 않는 경지에 든다. 삶을 없애도 죽음이 없고, 삶을 탐하여도 삶이 없다. 만사萬事를 보내지 않음이 없고, 맞아들이지 않음이 없으며, 멸하기도 하고 이루기도 한다. 이를 영녕攖寧이라 한다. 영녕은 온갖 정념情念의 어지러움이 그친 연후에 나타나는 것이다."

峙解

삶을 잊어 조철朝徹하고, 정관靜觀하여 견독見獨한다. 견독見獨은 명성明性이다. 견독見獨이후, 고금古今이 없어지고 불사불생不死不生에 나아간다. 그 연후에 무위無爲에 거처함을 영녕攖寧이라 한다.

子貢曰 敢問其人하니다. 孔子曰 畸人者는
자공　감문기인　공자왈 기인자

畸於人而侔於天이니 故曰 天之小人은 人之君子요
기어인이모어천　고왈 천지소인 인지군자

人之君子는 天之小人也라. (大宗師)
인지군자 천지소인야

자공子貢이 말하였다.

"감히 기인畸人에 대하여 여쭙습니다."

공자孔子가 말하였다.

"기인畸人은 허공虛空과 같은 사람이다. 범부凡夫의 안목에 기畸라 한다. 그러므로 무극경지無極境地의 소인小人은 세상의 군자君子요, 세상의 군자는 무극경지의 소인이라고 한다네."

峙解

방내方內의 군자君子는 방외方外의 소인小人이다.

그 경지에 이른 후, 다음의 경지를 알 수 있는 것이다. 그러므로 장자가 이른다.

"천天의 소인小人은 인人의 군자君子요, 인人의 군자君子는 천天의 소인小人이다."

顏回曰 忘仁義忘禮樂然後 當今에 坐忘矣이다.
안회왈 망인의망예악연후 당금 좌망의

仲尼는 蹴然曰 何謂坐忘인가.
중니 축연왈 하위좌망

顏回曰 墮支體하고 黜聰明하여 離形하고 去知하여
안회왈 타지체 출총명 이형 거지

同於大通하오니 此謂坐忘이오이다.
동어대통 차위좌망

仲尼왈 同則無好也오 化則無常也라.
중니 동즉무호야 화즉무상야

而果其賢乎아 丘也請從而後也라. (大宗師)
이과기현호 구야청종이후야

어느 날 안회顏回가 말하였다. "저는 인의仁義를 잊고, 예악禮樂을 잊었으며, 당금에 좌망坐忘하였습니다."

이에 공자는 얼굴빛을 고치며 물었다. "어떤 것을 좌망坐忘이라고 하는가?"

안회가 대답하였다. "몸뚱이를 잊고 분별지分別智가 없어졌습니다. 또 모습을 떠나고 덕혜술지德慧術知를 버려 안팎으로 대도大道에 통하여 한 몸이 되었습니다. 이를 좌망坐忘이라 합니다."

이에 공자가 말하였다. "도道와 한 몸이 되면 좋아함과 싫어함이 없고, 무심無心으로 조화造化에 응하면 집착이 없게 된다. 그대는 훌륭하네. 나도 자네를 따라야겠네."

峙解

좌망坐忘이란 정情을 잊는 것이다.

장자현초 莊子玄抄 43목

儵與忽은 時로 相與遇於混沌之地하면 混沌待之甚善이라.
숙 여 홀 시 상 여 우 어 혼 돈 지 지 혼 돈 대 지 심 선

儵與忽謀報混沌之德曰 人皆有七竅하여 以視聽食息인데
숙 여 홀 모 보 혼 돈 지 덕 왈 인 개 유 칠 규 이 시 청 식 식

此獨無有라. 嘗試鑿之하리라. 日鑿一竅에 七日而混沌死라.
차 독 무 유 상 시 착 지 일 착 일 규 칠 일 이 혼 돈 사

(應帝王)

숙儵과 홀忽이 혼돈混沌의 땅에서 만났는데, 혼돈混沌이 후한 대접을 하였다. 숙儵과 홀忽은 혼돈混沌의 환대에 보답하기 위해 논의를 하였다.

"사람에게는 일곱 구멍이 있어 보고 듣고 먹고 호흡할 수 있다. 하지만 혼돈混沌에게는 구멍이 없으니 그에게 구멍을 뚫어 주자."

이에 숙儵과 홀忽은 날마다 구멍 하나씩을 뚫었는데, 칠일이 되자 혼돈混沌은 죽고 말았다.

峙解

숙儵과 홀忽은 칠정七情이요, 혼돈混沌은 무정無情이다. 무정無情에 일곱 개의 구멍을 뚫어 칠정七情이 통하게 한 우화寓話이다. 이는 칠정七情 속에 사는 삶은 죽음과 같고, 칠정七情을 지운 삶이라야 참 삶이라는 것을 장자莊子가 멋깔나게 표현하였다. 노자老子의 혼이위일混而爲一을 설명하는 우화寓話를 요적瑤籍히 지었나니, 장자가 아니면 누가 이렇게 할 수 있겠는가?

노자老子 도기장道紀章에 이른다.

"그性 위에 밝음이 없으며 그 아래에 어두움도 없다. 면면히 이어져 이름 붙일 수 없으나 염담허무恬憺虛無를 회복한다. 이를 모양이 없는 모양無狀之狀이라 하고, 모습 없는 형상無物之象이라 한다."

도기장道紀章에 또 이른다.

"보려 해도 볼 수 없으므로 이(夷, 멸하다)라 하고, 들으려 해도 듣지 못하므로 희(希, 드물다)라 하며, 잡으려 해도 얻지 못하므로 미(微, 숨다)라 부른다. 이 셋은 생각과 지식知識으로 따져서 밝힐 수 없다. 그 실實은 혼돈混沌이면서 하나이다.視之不見名曰夷요 聽之不聞名曰希이며 搏之不得名曰微라 此三者不可致詰이니 故混而爲一이니라"

예기禮記 곡례曲禮에 이른다.

"소리 없는 데서 듣고, 모습 없는 데서 본다.(聽於無聲이요 視於無形이라)"

그러므로 자성自性의 직설直說에 혼돈混沌이라 염담허무恬憺虛無라 하고, 세설細說은 오히려 찾기 어렵기에 이夷라 하고, 밝은이가 드물기에 희希라 하며, 모습이 없으므로 미微라 하는 것이다.

장자현초 莊子玄抄 후기 後記

예부터 장자莊子를 읽으매, 그 본의本意를 추구하는 이는 적고, 제 깜냥대로 벽해僻解하는 세사世士는 많았다. 그런 연유로 장자莊子의 주소註疏가 천가千家를 이루나, 대개 외편外篇과 잡편雜篇에서 얻은 바가 있다하며, 소요逍遙를 말하나 벽문闢門의 피세한거避世閑居를 이르고, 무정소요無情逍遙의 일로一路를 드러내지 못한다. 또한 약간의 소견所見이 일면 스스로 장자와 부합符合했다고 하며, 문장文章을 좋아하는 이는 소요逍遙를 빌리나 장자莊子의 뜻과는 멀다.

지난 일천칠백 년을 돌아보건대, 승조僧肇와 혜가慧可는 노장老莊을 통해 취의翠義를 얻고, 선가禪家에서 공부工夫를 성취하여 선禪의 조종祖宗이 되어서, 공부工夫의 처음이 노장老莊에 있었다고 일렀다. 또한 무념無念을 종宗으로 삼으며, 무심無心, 무위無爲, 감로甘露 등의 도어道語를 선가禪家에 옮겨 심었다.

북송北宋의 소자첨蘇子瞻과 소자유蘇子由에 이르러 무하유無何有와 소요逍遙의 묘의妙意를 상론화上論化했으며, 황산곡黃山谷이 소요逍遙를 인仁에 배대配對하여 공자孔子의 정리正理를 밝혔다. 살펴보건대 장자현어莊子玄語의 추초抽抄가 보이지 아니한다. 누병우로累病愚老가 뒷사람의 노고를 덜고자, 천견淺見을 돌보지 아니하고 일야一夜에 광추狂抽하였다.

萌栖碧峙에서 菑虛

장자설요
莊子說要

장자莊子의 조철朝徹과 견독見獨을 아는가? 조철이란 밤을 지나 아침의 밝음을 맞이한 경지를 이른다. 조철을 맞이하면 견독見獨한다. 견독하면 곧 무기無己를 본다. 지인至人은 무기無己이다. 지인에게는 정념情念으로 인생을 그리며 허둥대는 환아幻我가 없는 것이다.

그러므로 범부가 지혜를 밝히어 미혹迷惑의 이름을 벗고, 무공무명無功無名의 소요유逍遙遊에 드는 관문이 무기無己인 것이다. 뼈를 깎는 백년의 노력이라도 무기無己의 문門을 넘지 못하면, 박학세재博學世才라도 범부의 이름을 지우지 못한다. 무기無己란 무아無我의 뜻이다. 노자, 장자, 중용, 계사 등에 이러니저러니 해설하고 주소注疏를 붙이는 달사達士라도, 지인무기至人無己에 계합契合하지 못하면 도로염정徒勞念靜이요, 다병박학多病博學에 불과하다. 왕필王弼도 무기無己를 자세히 밝히지 못한 허물이 있는 것이다. 하물며 상고上古와 근세의 잡다한 주석注釋에 매달리는 자의 해설이랴! 무기無己를 통해通解하거나, 나아가 계합契合하지 못하면 노자와 장자의 본지本旨를 알 수 없는 것이다. 알지 못하고 설해說解하므로 아전인수我田引水의 방설方說이 세상에 먼지를 일으키는 것이다.

스스로 돌아보아 마음에 정념情念이 있으면, 설두舌頭를 거두어야 천형天刑을 면할 수 있다. 무기無己의 뜻을 밝히 알면 장자莊子가 눈앞에 나타나는 도리道理가 있는 것이니, 소작小雀이여! 가벼이 말말라! 장자가 보고 있나니라.

莊子說要 碧峙病老 編

유위칠정자본무 有爲七情者本無

범부의 정념情念은 본래本來 없는 것이다

惠子 謂莊子曰 人故無情乎아 莊子曰 然하다 惠子曰
혜자 위장자왈 인고무정호 장자왈 연 혜자왈

人而無情이면 何而謂之人인가 莊子曰 道與(無形)之貌하고
인이무정 하이위지인 장자왈 도여 지모

天與(有形)之形하였으니 惡得不謂之人이랴 惠子曰
천여 지형 오득불위지인 혜자왈

旣謂之人이면 惡得無情이리오
기위지인 오득무정

莊子曰 是非는 吾所謂情也라. 吾所謂無情者는
장자왈 시비 오소위정야 오소위무정자

言人之不以好惡로 內傷其身이오 常因自然而 不益生也라
언인지불이호오 내상기신 상인자연이 불익생야

惠子曰 不益生하면 何以有其身인가 莊子曰 道는 與之貌하고
혜자왈 불익생 하이유기신 장자왈 도 여지모

天與之形하여 無以好惡로 內傷其身이라.
천여지형 무이호오 내상기신

今에 子는 外乎子之神하고 勞乎子之精하여 倚樹而吟하고
금 자 외호자지신 노호자지정 의수이음

據槁梧而瞑하니 天은 選子之形하였거늘 子는 以堅白鳴하는가?
거고오이명 천 선자지형 자 이견백명

혜자惠子가 장자莊子에게 말하였다.

"사람에게는 본래 정情이 없는 것일까?"

장자가 대답하였다.

"그렇다네."

이에 혜자惠子가 반문하였다.

"사람으로서 정情이 없다면 어찌 그를 사람이라 할 수 있겠는가?"

장자莊子가 말하였다.

"천연天然의 도道가 무형無形의 모습을 베풀고, 천연天然의 대용大用이 유형有形의 모습肉身을 주었는데, 어찌 사람이 아니겠는가?"

혜자惠子가 말하였다.

"이미 사람이라면 어찌 정情이 없을 수 있겠는가?"

이에 장자莊子가 대답하였다.

"시是와 비非를 가려 한 쪽에 치우치는 정념情念이 내가 말하는 정情일세. 내가 무정無情이라고 하는 것은 호오好惡의 감정으로 자기를 상傷하지 않고, 자연自然에 따를 뿐 유위有爲의 칠정七情을 보태지 않는 것을 의미한다네."

이에 혜자惠子가 말하였다.

"유위有爲의 칠정七情을 보태지 않으면 어떻게 자기 몸을 지킬 수 있겠는가?"

장자莊子가 말하였다.

"천연天然의 도道가 무형無形의 모습을 베풀고, 천연天然의 대용大用이 유형有形의 모습肉身을 주었나니, 호오好惡의 정념情念으로 자기를 상傷해서는 아니 된다네. 지금 자네는 정신精神을 밖으로 향한 채, 자신의 정기精氣를 메마르게 하면서, 나무에 기대서서는 신음呻吟하고 책상에 기대서는 졸고 있네. 천도天道가 자네의 형체를 온전하게 내었거늘, 자네는 어찌하여 견백론堅白論의 궤변詭辯만 늘어놓는 것인가?"

某解

범부凡夫는 유정有情하고, 지인至人은 무정無情하다. 유정有情과 무정無情으로 범부凡夫와 지인至人이 갈리고, 비도非道와 도道가 구별되는 것이다. 그러므로 범부의 유정有情이 병病이 되는 까닭과 지인至人이 무정無情의 도道에 합한 도리道理를 배우는 것이 공부工夫이다.

도道를 배우는 이에게 장자莊子는 다만 본래故를 가리킨다. 그 가리킴이 밝은 가르침이요, 그 밖의 설명은 응병여약應病與藥일 따름이다. 본래故를 가리키는 것을 직지直指라 하고, 설명은 통해通解를 위한 수단이다. 직지直指에서 깨치면 개오開悟하고, 설명을 통해通解하면 도道의 지견知見이 열린다.

碧注

* 故(고): 본래(本來).
* 情(정): 칠정(七情). 망상(妄想). 몽환(夢幻). 범부의 마음.
* 指(지): 가리킴. 밝은 스승이 진심(眞心)을 가리켜 일깨움.
* 教(교): 가르침. 밝은 스승이 진심(眞心)을 가리켜 일깨우는 내용.
* 황제(黃帝)는 정(情)을 가(假)라 하다.
* 노자(老子)는 정(情)을 무(無)라 하다.
* 공자(孔子)는 정(情)을 위(僞)라 하다.
* 장자(莊子)는 정(情)을 무(無)라 하다.
* 열자(列子)는 정(情)을 고무(故無)라 하다. 故無란 본래 없는 것.
* 승조(僧肇)는 정(情)을 비유(非有)라 하다. 非有란 있지 아니한 것.

가전불수 可傳不受

도道는 전傳할 수 있으나, 받을 수 없다

夫道는 有情有信(有實有用)이나 無爲無形이라
부도 유정유신 무위무형

可傳而不可受요 可得而不可見이라. 自本自根으로
가전이불가수 가득이불가견 자본자근

未有天地自古以固存이라 神鬼 神帝 生天生地하여
미유천지자고이고존 신귀 신제 생천생지

在太極之先而 不爲高하고 在六極之下而 不爲深하여
재태극지선이 불위고 재육극지하이 불위심

先天地生而不爲久하고 長於上古而不爲老라. 狶韋氏는
선천지생이불위구 장어상고이불위노 희위씨

得之以 挈天地하고 伏羲는 得之以襲氣母하며 維斗는
득지이 설천지 복희 득지이습기모 유두

得之終古不忒하고 日月은 得之終古不息하며 堪坏는
득지종고불특 일월 득지종고불식 감배

得之以襲崑崙하고 馮夷는 得之以遊大川하며 肩吾는
득지이습곤륜 풍이 득지이유대천 견오

得之以處大山하고 黃帝는 得之以登雲天하며 顓頊은
득지이처대산 황제 득지이등운천 전욱

得之以處玄宮하고 禺强은 得之立乎北極하며 西王母는
득지이처현궁 우강 득지입호북극 서왕모

得之坐乎少廣하여 莫知其始하고 莫知其終하며 彭祖는
득지좌호소광 막지기시 막지기종 팽조

得之하여 上及有虞하고 下及五伯하고 傳說은 得之하여
득지 상급유우 하급오백 부열 득지

以相武丁하고 奄有天下하여 承東維하고
이상무정 엄유천하 승동유

騎箕尾而比於列星이다.
기기미이비어열성

무릇 도道는 그 실체가 있고 작용作用이 있으나, 함이 없고 모습이 없다. 도道를 전傳할 수는 있으나 받을 수 없고, 체득體得할 수는 있지만 볼 수는 없다. 도道는 스스로 우주의 근본이므로 천지天地가 생기기 이전부터 의연毅然하며, 귀신鬼神과 상제上帝를 신령불매神靈不昧하게 했으며, 하늘과 땅을 낳았다. 도道는 태극太極보다도 앞서지만 더 높지 아니하고, 천지天地 사방四方보다 아래에 있으나 더 깊지 아니하다. 천지天地보다 먼저이지만 더 오래지 않고, 상고上古보다 먼저이나 더 늙지 않는다.

시위씨狶韋氏는 도道를 얻어 천지와 하나가 되었고, 복희씨伏羲氏는 도道를 얻어 진기眞氣와 합했다. 북두성北斗星은 도道를 얻자 끝내 움직이지 않고, 해와 달은 도道를 얻어 쉬지 않는다. 감배堪坏는 도道를 얻어 곤륜산崑崙山서 쉬고, 빙이馮夷는 도道를 얻자 황하에서 노닐며, 견오肩吾는 도道를 얻어 태산泰山에 살고, 황제黃帝는 도道를 얻자 허공虛空과 한 몸이 되었다. 전욱顓頊은 도道를 얻어 현궁玄宮에 머물고, 우강禺强은 도道를 얻어 북극北極에 머물며, 서왕모西王母는 도道를 얻어 소광疏廣에 살았는데 그 처음도 알지 못하고 그 끝도 알지 못했다. 팽조彭祖는 도道를 얻어 위로는 순舜임금으로부터 아래로는 오패五霸 때까지 살았고, 부열傅說은 도道를 얻어 무정武丁을 도와 천하를 평정했으며 동유東維를 타고서 기미箕尾에 올라 여러 성신星辰과 나란히 하였다.

某解

장자莊子가 도道의 체體를 설명한다.

도道는 그 실체가 있고 작용이 있다.
도道는 함이 없고 모습이 없다.
도道를 전傳할 수는 있으나 받을 수 없다.
도道는 체득體得할 수는 있지만 볼 수는 없다.
도道는 스스로 우주의 근본이라 하늘과 땅을 낳았다.
도道는 천지가 생기기 이전부터 의연하다.
도道는 귀신과 상제를 신령불매神靈不昧하게 하였다.
도道는 태극太極보다도 앞서나 더 높지 아니하다.
도道는 천지사방보다 아래나 더 깊지 아니하다.
도道는 천지보다 먼저이나 더 오래지 않다.
도道는 상고上古보다 먼저이나 더 늙지 않는다.
도道는 사람들의 자성自性에 갖추어 있다,

碧注

* **可傳不受**(가전불수): 도를 전(傳)할 수는 있으나 받을 수 없다. 여기서 전(傳)이란 가리켜 보인다는 뜻. 도설(道說)은 구전심수(口傳心授)이다.
* **太極**(태극): 역 계사전에 나오는 공자의 말. 공자는 易有太極 是生兩義라 하여 도를 설명한다. 太極之先이 바르다. 太極之上은 그르다.
* **狶韋氏**(시위씨): 반고씨(盤古氏)의 이칭(異稱).
* **伏羲氏**(복희씨): 팔괘(八卦) 창안. 고대 성왕(聖王).
* **堪坏**(감배): 곤륜산의 이인(異人).
* **馮夷**(빙이): 팔풍(八風)을 다스린 신인(神人). 팔풍은 세정(世情).
* **肩吾**(견오): 장자가 조작한 가유(假有)의 신인(神人).
* **黃帝**(황제): 중국의 인문초조(人文初祖).
* **顓頊**(전욱): 황제(黃帝) 헌원씨(軒轅氏)의 손자.

* **禺强**(우강): 북해의 수신(水神). 고대설화 속의 인물.
* **西王母**(서왕모): 쿠차국의 신녀(神女). 설산(雪山)의 신선(神仙).
* **彭祖**(팽조): 顓頊(전욱)의 손자. 현인으로 800년을 살다. 진(晉)의 갈홍(葛洪)이 쓴 신선전(神仙傳)은 팽조(彭祖)를 위해 지은 책.
* **傅說**(부열): 은(殷)의 고종(高宗). 대현정치(大賢政治) 시현.

영녕 攖寧

지인至人이라야 무사無事에 거닌다. 참 즐거움에 나아가다

南伯子葵는 問乎女偊曰 子之年이 長矣나 而色若孺子는
남백자규 문호여우왈 자지년 장의 이색약유자

何也오. 曰吾聞道矣라. 南伯子葵曰 道可得學耶아.
하야 왈오문도의 남백자규왈 도가득학야

曰惡惡可라. 子는 非其人也라. 夫卜梁倚는 有聖人之才나
왈오오가 자 비기인야 부복양의 유성인지재

而無聖人之道하고 我有聖人之道나 而無聖人之才라.
이무성인지도 아유성인지도 이무성인지재

吾欲以教之하니 庶幾其果爲聖人乎아. 不然하면
오욕이교지 서기기과위성인호 불연

以聖人之道로 告聖人之才亦易矣라. 吾有守而告之하여
이성인지도 고성인지재역이의 오유수이고지

參日而後能外天下하고 已外天下矣라. 吾又守之하여
삼일이후능외천하 이외천하의 오우수지

七日而後能外物하고 已外物矣라. 吾又守之하여
칠일이후능외물 이외물의 오우수지

九日而後能外生하고 已外生矣라. 而後能朝徹하고
구일이후능외생 이외생의 이후능조철

朝徹而後能見獨하며 見獨而後能無古今하고
조철이후능견독 견독이후능무고금

無古今而後能入於不死不生이다. 殺生者는 不死요
무고금이후능입어불사불생 살생자 불사

生生者도 不生이니 其爲物이 無不將也요 無不迎也며
생생자 불생 기위물 무불장야 무불영야

無不毁也요 無不成也라. 其名爲攖寧 攖寧也者는
무불훼야 무불성야 기명위영령 영령야자

攖而後成者也라.
영이후성자야

남백자규南伯子葵가 여우女偊에게 물었다.

"선생님은 연세가 많으신 데도 신관身官. 얼굴빛이 어린아이 같은 것은 무슨 까닭입니까?"

"도道를 얻었기 때문이오."

이에 남백자규南伯子葵가 다시 말하였다.

"도道는 배울 수 있는 것입니까?"

"아! 어찌 배울 수 있겠소. 그대는 도道를 배울 그릇이 아니오. 복량의卜梁倚는 성인聖人의 자품資品은 지녔으나 성인聖人의 도道를 얻지 못했소. 나는 성인聖人의 도道는 갖추었으나 성인聖人의 자품資品은 지니지 못했소. 나는 그를 가르치고자 하지만 그가 과연 성인聖人이 될 수 있을지 의심스러웠소. 하지만 성인聖人의 도道로써 성인聖人의 자품資品이 있는 사람에게 가르치기란 그래도 쉬운 일이요. 나는 조심스럽게 그를 가르쳤는데 3일이 지나자 그는 천하를 잊게 되었소. 이미 천하를 놓아 버렸으므로 다시 조심스레 가르쳤더니 7일 만에 능히 만물을 잊었소. 이미 만물을 잊었으므로 다시 조심스레 가르쳤소. 9일이 지나자 삶을 잊게 되었소. 이미 삶을 잊게 되자 그는 어둠을 걷어낸 아침 햇살 같은 첫 밝음, 조철朝徹을 얻게 되었다오. 밝아진 뒤에는 견독見獨 하고, 견독見獨 연후에는 고금古今이 없게 되었소. 고금古今이 없는 경지에 들면 죽거나 나지 않는 경지에 든다오. 삶을 없애도 죽음이 없고, 삶을 탐하여도 삶이 없소. 만사萬事를 보내지 않음이 없고, 맞아들이지 않음이 없으며, 멸하기도 하고 이루기도 한다오. 이를 영녕攖寧이라 하오. 영녕攖寧은 온갖 정념情念의 어지러움이 그친 연후에 나타나는 것이오."

某解

대인大人의 공부노정工夫路程을 엿본다.

3일이 지나 천하를 잊다.(外歇)

7일 만에 능히 만물을 잊다.(外歇)

9일이 지나 삶을 잊다.(內歇)

삶을 잊어 조철朝徹, 즉 아침 햇살 같은 첫 밝음을 보다.

조철朝徹 이후, 정관靜觀하여 견독見獨하다. 견독見獨은 스스로 자성自性을 보는 것이다.

견독見獨 이후, 자연히 고금古今이 없어지다.(無古今)

고금古今이 없어진 후,

절로 죽거나 나지 않는不死不生 경지에 들다.

불사불생不死不生의 경지 이후,

삶을 없애도 죽음이 없고, 삶을 탐하여도 삶이 없다.

공부工夫가 만사萬事를 보내지 않음이 없고,

맞아들이지 않음이 없으며, 멸하기도 하고 이루기도 하는 경지에 이르다. 이를 영녕攖寧이라 한다.

영녕攖寧은 지인至人의 무사대도無事大道이다.

장자莊子에 의하면, 상선上善의 대인大人은 이십일 일 만에 견독見獨한다. 견독見獨은 유가儒家의 지천명知天命, 선가禪家의 견성見性과 같은 뜻이다.

고덕高德이 이른다.

"공부의 길을 알아 바르게 공부하면, 상사上士는 7일 만에 견독見獨하고, 중사中士는 3월 만에 견독하며, 하사는 3년 안에 견독한다. 이르지 못하는 이는 정신精神에 잡념雜念이 어지러이 나타나기 때문이다."

고덕高德이 이르기를, 범부라도 노정路程을 배워 순일무잡純一無雜하게 공부하면, 삼년 안에 견독見獨한다고 한다. 누구라도 뜻있는 이는 삼년을 진실되이 공부해서 대자유大自由를 자득自得하여 무위無爲의 도道에 소요逍遙할 수 있는 것이다. 견독게見獨偈를 본다.

回顧粗去歲　거친 歲月을 돌아보나니
如暗似黃兮　검은 듯 누런 듯,
逢別事幾數　만남과 헤어짐이 몇이던가.
空然空名遺　空然히 빈이름만 남겼구나.
惑知惑不知　알거나 모르거나
惑病惑耆老　病들거나 늙었거나
此去彼去事　이러거나 저러거나
自性是別天　自性이 바로 別天.

碧注

* 葵(규): 해바라기.
* 偊(우): 혼자 걷다.
* 孺(유): 젖먹이.
* 朝徹(조철): 아침 햇살 같은 첫 밝음을 보다. 견성(見性).
* 見獨(견독): 스스로의 자성(自性)을 보다.
* 無古今(무고금): 자성(自性)에는 시간과 공간이 끊어짐.
* 不死不生(불사불생): 자성(自性)이 사생(死生) 밖에 두렷함.
* 攖(영): 다가서다.
* 寧(녕): 편안하다. 問安(문안). 居喪(거상).
* 攖寧(영녕): 무정(無情)하여, 무사(無事)에 거님. 진인(眞人)의 거처.

좌망소요 坐忘逍遙

진심眞心이 현현顯現하여 소요逍遙하다

顏回曰 回益矣이다. 仲尼曰 何謂也오. 曰回는
안 회 왈 회 익 의 중 니 왈 하 위 야 왈 회

忘仁義矣이다. 曰可矣라. 猶未也라. 他日復見曰 回益矣이다.
망 인 의 의 왈 가 의 유 미 야 타 일 복 견 왈 회 익 의

曰何謂也오. 曰回는 忘禮樂矣이다. 曰可矣다. 猶未也라.
왈 하 위 야 왈 회 망 예 악 의 왈 가 의 유 미 야

他日復見曰 回益矣이다. 曰何謂也오. 曰回는
타 일 복 견 왈 회 익 의 왈 하 위 야 왈 회

坐忘矣이다. 仲尼는 蹴然曰 何謂坐忘인가. 顏回曰 墮支體하고
좌 망 의 중 니 축 연 왈 하 위 좌 망 안 회 왈 타 지 체

黜聰明하여 離形하고 去知하여 同於大通하오니
출 총 명 이 형 거 지 동 어 대 통

此謂坐忘이오이다. 仲尼왈 同則無好也오 化則無常也라.
차 위 좌 망 중 니 동 즉 무 호 야 화 즉 무 상 야

而果其賢乎아 丘也請從而後也라.
이 과 기 현 호 구 야 청 종 이 후 야

어느 날 안회顏回가 말하였다.

"제 공부工夫에 나아간 바가 있습니다."

이에 공자孔子가 말하였다.

"무슨 말인가?"

안회顏回가 대답하였다.

"저는 인의仁義를 잊었습니다."

"잘하였다. 하지만 아직 미흡未洽하다."

안회가 얼마 뒤 다시 공자에게 말하였다.

"공부工夫에 나아간 바가 있습니다."

"그래 어떠한가?"

"저는 예악禮樂을 잊었습니다."

"잘하였네. 그러나 아직 부족不足하다네."

다시 얼마 뒤 안회가 말하였다.

"공부工夫에 얻은 바가 있습니다."

"그래 어떠한가?"

"저는 좌망坐忘하였습니다."

이에 공자는 얼굴빛을 고치며 물었다.

"어떤 것을 좌망坐忘이라고 하는가?"

안회가 대답하였다.

"몸뚱이를 잊고 분별지分別智가 없어졌습니다. 또 모습을 떠나고 덕혜술지德慧術知를 버려, 안팎으로 대도大道에 통하여 한 몸이 되었습니다. 이를 좌망坐忘이라 합니다."

이에 공자가 말하였다.

"도道와 한 몸이 되면 좋아함과 싫어함이 없고, 무심無心으로 조화造化에 응하면 집착이 없게 된다. 그대는 훌륭하네. 나도 자네를 따라야겠네."

某解

장자莊子가 공자孔子와 안회顔回에 기대어, 자신의 견처見處를 우화寓話를 통해 밝힌 것이다.

碧注

* 墮支體(타지체): 몸을 잊다.
* 離形(이형): 진심(眞心)이 드러나다.
* 去知(거지): 덕혜술지(德慧術知)를 쉬다. 소요유(逍遙遊)의 문을 열다.

무명인無名人의 무하유지향無何有之鄕

天根이 遊於殷陽하여 至蓼水之上하니 適遭無名人이라.
천근 유어은양 지요수지상 적조무명인

而問焉曰請問爲天下라. 無名人曰 去하라. 汝는 鄙人也라.
이문언왈청문위천하 무명인왈 거 여 비인야

何問之不豫也오. 予는 方將與造物者爲人이라.
하문지불예야 여 방장여조물자위인

厭則又乘夫莽渺之鳥하고 以出六極之外하여
염즉우승부망묘지조 이출육극지외

而遊無何有之鄕하며 以處壙埌之野한다.
이유무하유지향 이처광랑지야

汝又何帠(法)以治天下로 感予之心爲오
여우하예 이치천하 감여지심위

천근天根이 은양殷陽에게 노닐다가 요수蓼水에 이르러 무명인無名人을 만나게 되자 무명인에게 물었다.

"천하天下를 다스리는 법을 알고 싶습니다."

이에 무명인無名人이 말하였다.

"물러가시오. 그대는 비루鄙陋한 사람이로구나. 그런 못난 질문을 하다니? 나는 지금 조물자造物者가 되고자 하오. 한가로이 노닐다가 싫증이 나면, 아득히 나는 새莽眇大鵬를 타고 세상六極 밖으로 나아가, 아무것도 없는 곳無何有之鄕에서 소요逍遙하며, 텅 빈 본성本性의 들에서 쉬려 하오. 그런데 그대는 어찌하여 천하 다스리는 일을 내게 묻는 것이오?"

某解

무명인無名人이란 명名과 상相이 쉰, 진인眞人의 가명假名이다. 명名이란 모든 인식認識이요, 상相이란 모든 인식認識의 모습이다. 진인眞人이 곧 조물자造物者요. 정념情念이 없이無何有 소요逍遙하며, 육극六極의 밖에 거처한다고 한다. 이 경지가 장자莊子가 말하는 무심무위無心無爲이다. 무심무위無心無爲의 지극함은 진인眞人도 미진未盡한 바 있기에, 장자莊子가 "나는 지금장차 조물자造物者가 되고자 하오."라 하여 그 미묘상로微妙上路의 경지境地를 설하는 것이다. '장차將'란 말을 두어, 범부가 무심無心하여 필경에 무명無名이면, 본래의 조물자造物者를 회복한다고 설명한 것이다.

碧注

* **天根適遭無名人 今得逍遙無何有**: 천근이 無名人을 만나노니, 당금에 無何有에 逍遙를 얻도다.
* **天根**(천근): 상선(上善)의 대인. 자성(自性).
* **蓼**(요): 古都名. 여뀌(辛苦함).
* **六極之外**(육극지외): 천지와 동서남북의 밖. 무심경지(無心境地).
* **方將與造物者爲人**: 장차 조물자(造物者)와 벗이 되고자 한다-는 역(譯)은 범부의 소견(所見)이다. 장차 조물자(造物者)가 되고자 한다-가 바르다. 장자(莊子)의 본지(本旨)는 사람이 곧 조물자(造物者)라는 것을 알리는 것이다. 장차 조물자(造物者)가 되고자 한다-의 '장차'는 성인이라도 도(道)가 온전하지 않아 나아갈 공부가 있음을 뜻한다.
* **無何有之鄕**(무하유지향): 무심처(無心處).
* **帠**(예): 법(法).
* **何帠**(하예): 하위(何爲)의 오자(誤字). 전징지 등은 '어찌하여'로 푼다.
* **壙埌**(광랑): 광(壙)은 텅 비다. 랑(埌)은 끝없이 넓은 모양.

용심약경 用心若鏡

지인至人의 마음 씀이作用는 흡사 거울과 같다

無爲名尸하고 無爲謀府하여 無爲事任하고 無爲知主하여
무 위 명 시 무 위 모 부 무 위 사 임 무 위 지 주

體盡無窮 而遊無朕하고 盡其所受乎天 而無見得하니
체 진 무 궁 이 유 무 짐 진 기 소 수 호 천 이 무 견 득

亦虛而已라 至人之用心은 若鏡이니 不將不迎하여
역 허 이 이 지 인 지 용 심 약 경 부 장 불 영

應而不藏故로 能勝物而不傷이라.
응 이 부 장 고 능 승 물 이 불 상

이름[名相]의 시체屍體가 되지 말라.

술지術智의 창고倉庫가 되지 말라.

(是非를 짓는) 세상일을 맡지 말라.

지식知識 파는 스승이 되지 말라.

무궁한 도道를 자득自得하여 자취 없이 소요하라.

자성自性의 무견無見을 자득自得하나니, 다만 허령虛靈일 뿐이니라. (천연의 받은 바를 온전히 할 뿐, 무언가 얻을 바가 없나니라.)

지인至人의 마음은 흡사 거울과 같다. (세상사를) 떠나보내지 아니하고, 억지로 맞아들이지도 않으며, 만사萬事에 응應하되 그것에 머무르지 아니한다. 지인至人은 응應하지 않음이 없으나 손상損傷하지 아니하는 것이다.

某解

장자莊子 지혜智慧의 묘처妙處는 무정無情의 소요유逍遙遊에 있다. 소요逍遙의 조건은 무심어세無心御世요, 소요逍遙의 대용大用은 무위이화無爲而化이다. 도道의 설명에 방로方路를 두나, 구경究竟에 체인體認할 바는 자성自性이다. 무릇 성인聖人의 경經이란 자성自性의 설명이다. 손지우손損之又損의 정일반조精一返照만이 소요逍遙에 나아가는 지름길이다. 咄!

"지인至人은 사사事事에 응應하지 않음이 없으나, 세사世事에 응應하여 손상損傷함이 없는 것이다."는 노자老子의 無爲而無不爲(함이 없으되 하지 않음이 없음)를 설명하는 것이다. 이는 진심眞心의 대기대용大機大用의 묘도妙道를 드러냈다. 스승의 상하上下 갈래를 본다.

망사妄師는 입을 열면 어긋난다.
측사測師는 사이비似而非이다.
통해사通解師는 비슷하나 미회인未會人이요,
개오사開悟師는 자성自性을 보다.
초성사初惺師는 불언무위不言無爲의 스승이다.
성성사惺惺師는 진심을 가리키고 드러내는 큰 스승이다.
무위사無爲師는 수修와 증證 밖에 조적照寂한다.

혼돈 混沌

공적영지空寂靈知의 지知를 나투다

南海之帝는 爲儵이오 北海之帝는 爲忽이오 中央之帝는
남해지제 위숙 북해지제 위홀 중앙지제

爲混沌이라. 儵與忽은 時로 相與遇於混沌之地하면
위혼돈 숙여홀 시 상여우어혼돈지지

混沌待之甚善이라. 儵與忽謀報混沌之德曰
혼돈대지심선 숙여홀모보혼돈지덕왈

人皆有七竅하여 以視聽食息인데 此獨無有라.
인개유칠규 이시청식식 차독무유

嘗試鑿之하리라. 日窄一竅에 七日而混沌死라.
상시착지 일착일규 칠일이혼돈사

남해南海의 제帝는 숙儵이고, 북해北海의 제帝는 홀忽이며, 중앙中央의 제帝는 혼돈混沌이다. 어느 날 숙儵과 홀忽이 혼돈混沌의 땅에서 만났는데, 혼돈混沌이 후한 대접을 하였다. 숙儵과 홀忽은 혼돈混沌의 환대에 보답하기 위해 논의를 하였다.

"사람에게는 일곱 구멍七竅이 있어 보고 듣고 먹고 호흡呼吸할 수 있다. 하지만 혼돈混沌에게는 구멍이 없으니 그에게 구멍을 뚫어 주자."

이에 둘은 날마다 구멍 하나씩을 뚫었는데, 칠일七日이 되자 혼돈混沌은 죽고 말았다.

某解

장자莊子의 우언寓言에, 혼돈混沌은 자성自性, 칠규七竅는 칠정七情을 가리킨다. 숙儵과 홀忽은 미혹범부迷惑凡夫의 상징이다. 숙儵은 빠르게 나타났다 사라지는 거친 의식意識이요, 홀忽은 갑자기 나타났다 사라지는 미세의식微細意識의 상징이다. 의식意識은 칠정七情의 작용이 기억記憶으로 남은 것이다. 범부의 무의식無意識도 의식의 하나이다. 숙儵과 홀忽은 유연有緣의 정情이다. 자성自性에 칠정七情을 덧씌우면 미혹迷惑에 떨어져 범부의 소견에 머무는 것이다. 혼돈混沌은 곧 자성自性이라, 천지天地가 나뉘기 전의 소식消息이다. 범부는 칠정七情의 행태로 나를 삼고, 칠정七情의 작용으로 인생을 꾸린다. 범부는 칠정의 인생을 참眞이라 생각하며, 범부는 무정無情의 지인至人을 이상하게 여기는 것이다. 그러나 지인至人의 자설慈說은 칠정七情이 환幻이요, 환幻은 본래 없는 것이라 한다. 망세객忘世客의 현음玄吟을 본다.

> 무념無念으로 종지宗旨 삼나니,
> 무작無作이 근본根本일세!
> 허명虛明이 진체眞體요,
> 진지眞知가 대용大用이라.
> 진지眞知의 무념無念은
> 분별分別 아닌 생각이라야 능히 안다네!
> 정情이란 본래 남이 없나니,
> 무념無念의 생각이 천도天道라네.
> 낳음 없는 낳음이 무위無爲요.
> 무행無行의 행行이 초월超越일러라.

무하유 無何有

아무것도 없는 청정淸淨한 마음

惠子 謂莊子曰 吾有大樹하니 人謂之樗라. 其大本은
혜 자 위 장 자 왈 오 유 대 수 인 위 지 저 기 대 본

擁腫而不中繩墨하고 其小枝는 卷曲而不中規矩하여
옹 종 이 부 중 승 묵 기 소 지 권 곡 이 부 중 규 구

立之塗에 匠者不顧한다. 今에 子之言은 大而無用하니
입 지 도 장 자 불 고 금 자 지 언 대 이 무 용

衆所同去也라 莊子曰 子는 獨不見狸狌乎아 卑身而伏하여
중 소 동 거 야 장 자 왈 자 독 불 견 리 성 호 비 신 이 복

以候敖者거다. 東西跳梁에 不避高下하다가 中於機辟
이 후 오 자 동 서 도 량 불 피 고 하 중 어 기 벽

死於罔罟한다. 今夫斄牛는 其大가 若垂天地雲이라
사 어 망 고 금 부 태 우 기 대 약 수 천 지 운

此能爲大矣而不能執鼠한다. 今子는 有大樹한데
차 능 위 대 의 이 불 능 집 서 금 자 유 대 수

患其無用하니 何不樹之於無何有之鄕 廣莫之野하고
환 기 무 용 하 불 수 지 어 무 하 유 지 향 광 막 지 야

彷徨乎無爲其側하며 逍遙乎寢臥其下하는가.
방 황 호 무 위 기 측 소 요 호 침 와 기 하

不夭斤斧니 物無害者 無所可用이다. 安所困苦哉아.
불 요 근 부 물 무 해 자 무 소 가 용 안 소 곤 고 재

혜자惠子가 장자莊子에게 말하였다.

"나에게 큰 나무가 있는데 사람들은 이를 가죽나무(樗저)라고 부릅니다. 몸통은 울퉁불퉁해서 먹줄을 칠 수가 없고 가지는 뒤틀려서 자를 댈 수 없소. 길가에 서 있지만 목수木手가 거들떠보지도 않소.

지금 선생의 말은 크기만 했지 쓸모가 없어서 모든 사람이 한결같이 외면外面합니다."

이에 장자莊子가 말하였다.

"선생은 너구리狸와 성성이狌를 보지 못했습니까? 몸을 낮게 웅크리고서 들쥐 등을 기다리다가 이리저리 뛰며 높고 낮은 데를 가리지 않다가 결국은 덫에 치이거나 그물에 걸려 죽지요. 그런데 태우斄牛는 크기가 하늘을 뒤덮은 구름과도 같아 큰일은 하지만 쥐 한 마리도 잡지 못합니다. 지금 선생에게 큰 나무가 있는데 쓸모가 없다고 걱정하는 것 같습니다. 어찌하여 '아무것도 없는 마을無何有之鄉'이나 '드넓은 들판廣莫之野'에 가죽나무樗저를 심어 그 곁에서 마음가는 대로 노니며, 유유자적悠悠自適하게 나무 아래 잠자지 못합니까! 그 나무는 쓸모가 없어 도끼질 당하지도 않고 아무도 해치지 않습니다. 세상의 쓸모에 속하지 않으니 무슨 걱정이 있겠습니까?"

某解

예부터 장자莊子를 읽은 선비들이 깜냥대로 무하유無何有에 대해 의견을 말하거나, 무하유無何有를 읊거나, 무하유無何有에 거닌다고 거들먹이는 자가 많았다. 북송北宋의 정이程頤, 양시楊時등이 그러한 류類이다. 소동파蘇東坡가 이들을 가리키며 무하유를 읊는다.

問我何處來 어느 곳에서 왔느냐고 내게 물으면
我來無何有 나는 무하유無何有에서 왔다하리
薰風自南來 해맑은 바람이 스사로 남에서 불어오니
草堂生微涼 처마 끝에 희미히 서늘함이 솟아나누나.

뒷날 남송南宋의 대혜종고大慧宗杲가 소동파의 무하유無何有를 듣자마자 개오開悟한다. 그리고 보기천성保其天性 임기자재任其自在하여 남송南宋의 대종장大宗丈이 되어 선풍禪風을 드높인다. 무하유無何有는 장자莊子와 선禪이 서로 통하는 대기大機의 묘처妙處임을 알 수 있다.

무하유지향無何有之鄕이란 아무것도 없는 마을이란 뜻이다. 무엇이 없다는 비유인가? 범부의 마음情念이다. 무하유지향無何有之鄕은 칠정七情이 없는 마음이란 뜻으로 진심眞心을 가리킨다. 칠정七情없는 마음이 진심眞心이다. 그러므로 무하유無何有는 무심無心을 의미하고, 무하유지향無何有之鄕은 진심眞心을 가리킨다. 무심無心이란'마음이 없다'는 뜻이요, 무심無心이라는 마음의 뜻이 아니다. 진심眞心에 계합契合한 이후에 무심無心을 알 수 있는 것이다. 본래本來 무심無心의 도리道理에 거닌 뒤에 무하유無何有를 읊어야 자신을 속이지 않고, 세상에 삿됨을 어지러이 날리지 않는 것이다.

공자 이르기를 "시삼백詩三百이 한마디로 사무사思無邪"라 하였다. 사무사思無邪는 공자의 종지宗旨요, 지극한 가르침이다. 생각에 삿됨이 없다는 것은 생각하되, 생각에 선악善惡과 시비是非와 피차彼此등의 칠정七情이 없다는 뜻이다. 절세고재絶世高才 소동파蘇東坡가 황주로 유배 가서 오직 하나의 문제問題를 들었으니, 바로 사무사思無邪이다. 소동파蘇東坡가 사무사思無邪의 뜻을 확철대오廓徹大悟한 뒤에 무하유無何有의 이理에 묵연默然히 통하였다. 사무사思無邪의 의지意旨가 무하유無何有를 관통貫通하는 것이다. 공자孔子와 장자莊子의 도道가 하나인 것이다. 범부는 자성自性에 미혹迷惑하여 칠정七情을 자신의 마음으로 삼아 인생을 짓는다. 출중세재出衆世才라도 무하유無何有에 밝지 못하면 다만 미혹범부迷惑凡夫일 뿐이다.

소지小知는 세상 속에서 다투고, 대지大知는 세상 밖에 무위無爲의 대용大用을 나툰다. 무하유無何有에 밝아진 연후에 대지大知에 참여할 수 있는 것이다.

碧注

* 樗(저): 가죽나무. 쓸모없는 물건.
* 擁(옹): 안다. 손에 쥐다.
* 腫(종): 부스럼. 종기.
* 辟(벽): 허물. 덫.
* 罔罟(망고): 그물. 網罟와 같은 글자.
* 斄牛(태우): 붕(鵬)과 같은 의미의 상징. 큰 들소.
* 斄(태): 털이 긴 들소.
* 大而無用(대이무용): 크기는 하나 쓸모가 없음.
* 狸(리): 살쾡이, 너구리.
* 猩(성): 성성(猩猩)이. 불인(不仁)하다.
* 跳(도): 뛰다.

비피무아 非彼無我

저 정념情念이 없으면 내妄我가 없다

喜怒愛懼 慮嘆變慹 姚佚啓態는 樂出虛와 蒸成菌처럼
희노애구 여탄변집 요일계태 낙출허 증성균

日夜相代乎前 而莫知其所萌이라 已乎已乎니 旦暮得此는
일야상대호전 이막지기소맹 이호이호 단모득차

其所由以生乎아 非彼無我요 非我無所取니 是亦近矣라
기소유이생호 비피무아 비아무소취 시역근의

而不知所爲使라. 若有眞宰(眞心)나 而特不得其眹이다.
이부지소위사 약유진재 이특부득기짐

可行而信이나 而不見其形이다. 有情而無形이다.
가행이신 이불견기형 유정이무형

사람들은 기쁨과 노여움, 슬픔과 두려움, 걱정과 한탄, 변덕과 고집, 아첨과 방자함, 열어젖힘과 억지꾸밈과 같은 정념情念을 빚고 또 빚는다. 참 즐거움은 허명虛明에서 나오고, 곰팡이는 습한 곳에서 생긴다. 이러히 마음씨의 변화가 밤낮없이 번갈아 나타나지만, 어찌하여 그러한지 사람들은 알지 못한다.

그만두세! 이제 정념情念의 꼭두각시 노릇 그만두세! 아침저녁으로 이러한 정념情念이 나타나는 것은 그 근원根源이 있다네! 저 정념情念이 없으면 내妄我가 없고, 내妄我가 없으면 저 정념情念이 의지할 곳이 없다. 이러히 알면 도道에 가까우니라! 그러나 무엇이 온갖 정념情念을 일으키고 사라지게 하는지 알 수가 없다. 참나眞我가 분명히 있으나 모습이 없어 기미機微조차 알 수 없다. 참나眞我의 작용은 일상에 또렷이 나타나 있으나 그 모습을 볼 수 없는 것이다. 참나眞心는 늘 작용하나 모습이 없다.

某解

장자莊子가 이른다. "저 정념情念이 없으면 내妄我가 없고, 내妄我가 없으면 저 정념情念이 의지할 곳이 없다. 이러히 알면 도道에 가깝다." 어느 누구라도 개오開悟 이전에는 무아無我의 뜻을 온전하게 통해通解하지 못한다. 무아설無我說에 諸法無我 諸行無常이 있다. 제법무아諸法無我란 제법에 무아無我를 체體로 삼는다는 뜻이요, 제행무상諸行無常이란 망아妄我의 행行이 허망虛妄하다는 의미이다. 이러히 이해해도 진심眞心이 현전現前하는 것이 아니다. 그러므로 장자莊子가 말한다. "이러히 알면 도道에 가깝다." 자기 인생의 근원을 밝히고자 하는 이는 자성自性을 밝히면 도설道說에 무불통지無不通知하는 것이다. 진아眞我를 밝히는 공부가 누구의 문제問題이기에 장자莊子의 목소리가 이천오백여년을 은은히 울려도 따르는 이가 드문 것인가? 咄!

窖窖縵縵宿凡事　움집에서 멀뚱임은 宿世의 늘어진 버릇,
若知損損立上路　損하고 또 損하면 上路에 선 것이라.
非彼無我能所絶　情이 없으면 我가 없고, 能所가 없나니
非我無取道近兮　妄我와 取가 없으면 道가 가깝네라!

주인공 主人公

참 주인공主人公은 상주불변常住不變이다

百骸九竅와 六藏이 賅而存焉이다 吾誰與爲親할까
백 해 구 규 육 장 해 이 존 언 오 수 여 위 친

汝皆說之乎에 其有私焉이다 如是皆有爲臣妾乎아
여 개 열 지 호 기 유 사 언 여 시 개 유 위 신 첩 호

其臣妾不足以相治乎아 其遞相爲君臣乎아
기 신 첩 부 족 이 상 치 호 기 체 상 위 군 신 호

其有眞君存焉이라 如求得其情與不得에
기 유 진 군 존 언 여 구 득 기 정 여 부 득

無益損乎其眞이라.
무 익 손 호 기 진

사람에게는 백 개의 뼈, 아홉 개의 구멍, 여섯 가지 장기臟器가 갖추어져 있는데 이 가운데 어느 것과 친한가? 그대는 이 모든 것을 한결같이 사랑하는가? 그 중에 편애하는 것이 있는가? 그렇다면 모두 부리는 머슴이나 종 같은 것인가? 머슴과 종은 서로 다스릴 수 없는 것 아닌가? 교대로 주인이 되었다가 종이 되는 것인가? 그러나 참된 주인공眞君은 두렷이 존재한다. 참된 주인공을 밝혔거나, 참된 주인공에 어둡거나 간에, 참된 주인공은 염담허무恬憺虛無하여 정情이 없나니, 더하거나 뺄 것 없는 진아眞我인 것이다.

碧注

* 眞君(진군): 진심(眞心). 진아(眞我). 열자는 천군(天君)이라 한다.
* 遞(체): 갈마들다. 번갈아.

도여위 道與僞

도道는 거짓 마음에 가려져 있다

道는 惡乎隱而有眞僞하고 言은 惡乎隱而有是非인가
도 오호은이유진위 언 오호은이유시비

道는 惡乎往而不存하고 言은 惡乎存而不可인가
도 오호왕이부존 언 오호존이불가

道는 隱於小成하고 言은 隱於榮華이다
도 은어소성 언 은어영화

故로 有儒墨之是非하여 以是其所非 而非其所是이다
고 유유묵지시비 이시기소비 이비기소시

欲是其所非 而非其所是 則莫若以明이다.
욕시기소비 이비기소시 즉막약이명

도道에 무엇이 가려져 있기에 참과 거짓이 일어나게 되고, 참 말은 무엇에 가려져 있기에 시비善惡의 다툼이 생기는 것일까? 도道는 어디로 떠났기에 드러나지 않고, 참 말眞言은 어디에 있기에 그릇된 말만 있는 것일까?

도道는 조그만 술지術知에 가려지고, 참 말은 번드레한 흐린 말에 가려진다. 그러므로 유가儒家와 묵가墨家의 논쟁論爭이 벌어져 상대가 옳다고 하는 바를 그르다하고, 상대가 그르다고 하는 것을 옳다고 한다. 상대가 그르다고 하는 것을 옳다고 하고, 한쪽이 옳다고 하는 것을 그르다고 함은 밝은 지혜에 비교할 수 없다.

某解

도道에 무엇이 가려져 있기에 참과 거짓이 발생하게 되었을까? 칠정七情의 망념妄念이다. 모든 범부가 해맑은 본원本源을 밝힐 때까지 칠정七情의 망념妄念이 허망虛妄하다는 가르침은 그칠 수 없는 것이다.

고덕高德이 이른다.

"시비是非는 시비是非하는 사람에게 있나니,
문득 시비是非를 여의면 시비是非가 없네라."

방외시方外詩를 본다.

三間茅屋從來住　세 칸 띠 집에 종래로 거처하나니
一道神光萬境閑　一道의 神光이라 萬境이 한가하도다.
莫作是非來辨我　是非지어 나에게 分辨말라.
浮生穿鑿不相關　浮生의 천착에 相關 아니 하노라.

揆艸澹風非他事　담풍이 풀잎 세는 것, 다른 일 아닐세라.
要明七情未生前　칠정七情 나기 전을 밝히려 하는가?
睡覺佇看白雲飛　잠 깨어 우두커니 흰 구름을 보나니
一幾寒光呑太虛　한 줄기 찬 빛이 태허太虛를 삼키누나.

세상에는 늘 칠정七情의 바람이 거칠다. 그러나 그 칠정七情의 내용은 몽환夢幻이다. 부질없이 몽환夢幻을 따르는 일을 쉬고, 태허太虛의 한광寒光을 함이 없이 나툴지어다.

부지기연위도 不知其然謂道

왜 그렇게 되는지 알지 못함을 도道라 한다

唯達者라야 知通爲一이니 爲是不用 而寓諸庸한다
유달자 지통위일 위시불용 이우제용

庸也者는 用也요 用也者는 通也며 通也者는 得也니
용야자 용야 용야자 통야 통야자 득야

適得而幾矣라 因是已오 已而不知其然을 謂之道라
적득이기의 인시이 이이부지기연 위지도

오직 도道에 통달한 사람이라야 만물과 하나임을 안다. 자기 견해가 옳다고 고집 않고 자연自然의 중용中庸에 맡겨 둔다. 용庸은 무념無念으로 마음을 용用하는 것이다. 무념無念으로 용用하면 도에 통하고, 통하면 도를 자득自得하여, 적연適然한 도기道機가 항상恒常한다. 다만 스스로 그러함[自然]에 맡길 뿐, 이미 그러함에 왜 그렇게 되는지를 알지 못하는 것을 일러 도道라 하는 것이다.

某解

"오직 도道에 통달한 사람이라야 만물과 하나임을 안다."

오직 정념情念이 몽환夢幻임을 철견徹見해야 도道에 통달通達한 이라 할 수 있는 것이다.

물아위일 物我爲一

만물은 나와 더불어 한 몸이다

天地與我竝生하고 而萬物與我爲一이다. 旣已爲一矣면
천지여아병생 이만물여아위일 기이위일의

且得有言乎아 旣已爲之一矣면 且得無言乎아 一與言이
차득유언호 기이위지일의 차득무언호 일여언

爲二요 二與一이 爲三이니 自此以往은 巧曆不能得이니
위이 이여일 위삼 자차이왕 교역불능득

而況其凡乎아! 故로 自無適有 以至於三이니
이황기범호 고 자무적유 이지어삼

而況自有適有乎아! 無適焉은 因是已라.
이황자유적유호 무적언 인시이

천지도 나와 함께 생겼고, 만물도 나와 더불어 한 몸이다. 이미 하나인데 달리 무슨 말이 있겠는가? 그러나 이미 하나라고 말했을진대 말이 없다고 할 수 있겠는가? 하나의 말이 둘이 되고, 둘과 하나가 셋이 된다. 이렇게 나아가면 교능巧能한 계산자라도 헤아릴 수 없거늘, 어찌 보통 사람이 셈 할 수 있겠는가! 따라서 (내가) 무無에서 유有로 나아가 셋이 되는데, 유有에서 유有로 나아가는 경우에 있어서랴! (情念을 잊고) 무적無適의 대시大是에 합할 뿐이다.

碧注

天地與我竝生 천지도 나와 함께 생겼고,

萬物與我爲一　만물도 나와 더불어 하나이다.

假說有無指一　가설(假說)의 유무(有無)는 하나를 가리킴이요,

無適大是本一　이르름 없는 대시(大是)라야 본래의 하나일세.

장주莊周와 호접胡蝶

昔者에 莊周가 夢爲胡蝶하여 栩栩然胡蝶也에
석 자 장 주 몽 위 호 접 허 허 연 호 접 야

自喩適志與하고 不知周也라. 俄然覺則 蘧蘧然周也.
자 유 적 지 여 부 지 주 야 아 연 각 즉 거 거 연 주 야

不知周之夢爲胡蝶과 胡蝶之夢爲周與라 周與胡蝶은
부 지 주 지 몽 위 호 접 호 접 지 몽 위 주 여 주 여 호 접

則必有分矣라 此之謂物化니라.
즉 필 유 분 의 차 지 위 물 화

언젠가 장주莊周가 나비가 된 꿈을 꾸었다. 스스로 유쾌하게 훨훨 날아다니면서도 자신이 장주임을 알지 못했다. 그러다가 문득 깨어나 보니 자신은 바로 장주였다. 장주가 꿈에 나비가 된 것인지 나비가 꿈에 장주가 된 것인지 알 수 없었다. 장주와 나비에는 반드시 한 주인공이 있어 나투는 바가 있을 것이다. 이것을 물화(物化, 萬物의 轉化)라 한다.

某解

꿈만이 꿈이 아닐세라. 정념情念에 갇혀 세상을 보는 것이 꿈인 줄 어찌 알랴! 정념情念의 세상이 대몽大夢일세. 꿈속에서 부귀문장富貴文章의 빈이름을 드날림이 어찌 허망한 모습놀이가 아니겠는가? 모습 밖의 그대가 과거세過去世의 모든 성인聖人과 다르지 아니하네.

좌치 坐馳

망심妄心을 그치지 못하는 것을 좌치坐馳라 한다

顏回曰 回之未始得使는 實有回也니다 得使之也
안 회 왈 회 지 미 시 득 사 실 유 회 야 득 사 지 야

未始有回也이오니 可謂虛乎이까 夫子曰 盡矣라 吾語若하리라!
미 시 유 회 야 가 위 허 호 부 자 왈 진 의 오 어 야

若能入遊其樊而 無感其名하라 入則鳴하고 不入則止하라
약 능 입 유 기 번 이 무 감 기 명 입 즉 명 불 입 즉 지

無門無毒이라 一宅而寓於不得已 則幾矣라 絶迹易하나
무 문 무 독 일 택 이 우 어 부 득 이 즉 기 의 절 적 이

無行地難이다. 爲人使에 易以僞나 爲天使에 難以僞라
무 행 지 난 위 인 사 이 이 위 위 천 사 난 이 위

聞以有翼飛者矣요 未聞以無翼飛者也며
문 이 유 익 비 자 의 미 문 이 무 익 비 자 야

聞以有知知者矣요 未聞以無知知者也라. 瞻彼闋者하라
문 이 유 지 지 자 의 미 문 이 무 지 지 자 야 첨 피 결 자

虛室生白이니라. 吉祥止止라 夫且不止는 是之謂坐馳라
허 실 생 백 길 상 지 지 부 차 부 지 시 지 위 좌 치

夫徇耳目하여 內通而外於心知하면 鬼神이 將來舍니
부 순 이 목 내 통 이 외 어 심 지 귀 신 장 래 사

而況人乎아! 是萬物之化也라 禹舜之所紐也오
이 황 인 호 시 만 물 지 화 야 우 순 지 소 유 야

伏羲几蘧之所行終이니 而況散焉者乎아!
복 희 궤 거 지 소 행 종 이 황 산 언 자 호

안회顏回가 말하였다.

"제가 선생님[孔子]의 가르침을 받지 못했을 때는 참으로 회(回, 妄

我)가 있는 줄 알았습니다. 그러나 선생님 말씀을 듣자마자 회를 잊게 되었습니다. 이를 허虛라고 할 수 있겠습니까?"

이에 공자가 말하였다.

"지극하구나. 말해 주겠네. 자네는 이제 세속世俗의 울타리 안에 소요逍遙하면서 명예, 모습 따위에는 흔들리지 않게 되었다. 상대가 배우려 하면 말하고, 상대가 밖에 있거든 그만두어라. 진심眞心에 문門을 세우지도 어떤 비방祕方도 마련하지도 말라. 진심眞心에 거처하되 전일全一하게 하여 부득이할 때만 응답한다면 도道에 가깝다.

세상에서 자취를 감추기는 쉬워도, 무심無心으로 소요逍遙하기란 어려운 일이다. 사람과 더불어 논할 때는 속이기 쉽지만, 천도天道와 더불어 논하면 속이기 어렵다. 날개 있어 난다는 말은 들었어도, 날개 없이 날았다는 이야기는 듣지 못했네. 지혜智慧로 사물의 이치를 안다는 말은 들었어도, 무지無知로 안다는 이야기도 듣지 못했네.

저 텅 빈 곳을 보라. 텅 빈 방이지만 환하게 밝지 않은가. 모든 행복과 평화와 자유가 이 허虛에 머무는 것이다. 그런데도 망심妄心이 그치지 못하고 밖으로 달리는 것을 일러 좌치坐馳라 이름 한다네. 무릇 눈과 귀를 안眞心으로 통通하게 하고, 마음眞心의 작용이 밖을 비추면 귀신鬼神도 찾아온다. 하물며 사람에 있어서는 더 말할 것이 있겠는가! 이것이 바로 화생化生이라네. 순舜임금과 우禹임금도 이를 따랐으며 복희씨伏羲氏와 궤거씨几蘧氏도 평생 행한 바였다. 그러니 범부凡夫에 있어서는 말할 것이 있겠는가?"

某解

망아妄我를 잊는 것을 좌망坐忘이라하며, 좌망坐忘의 경지를 허虛라 한다. 좌망坐忘은 망심妄心을 잊은 것이다. 공자孔子가 공부인의 구요九要를 이른다.

1. 상대가 배우려 하면 말하고, 밖에 있거든 그만두어라.
2. 진심眞心에 문門도 비방秘方도 마련하지 말라.
3. 진심眞心에 거처하되 전일全一하게 하라.
4. 부득이할 때만 응답하라. 그리한다면 도道에 가깝다.
5. 자취 감추기는 쉬우나 무심소요無心逍遙가 어렵다.
6. 범부는 속이기 쉽지만, 천도天道는 속이기 어렵다.
7. 저 빈 곳을 보라. 대자유가 허虛에 머무는 것이다.
8. 공부에 망심妄心이 그치지 아니함을 좌치坐馳라 한다.
9. 안眞心으로 통通하게 하고, 밖을 비추라.

장자莊子가 허투루 우언寓言으로 공자의 말을 조작한 내용이 아니다. 논어論語와 중용中庸 가운데서 구요九要를 가려낸 장자의 눈과 지혜가 드밝다. 장자를 통해 공자의 상어上語를 볼 수 있는 것이다. 장자莊子가"허통적조虛通寂照는 순舜임금과 우禹임금도 이를 따랐다. 범부凡夫에 있어서는 말할 것이 있겠는가?"라 한다. 공부란 좌치坐馳를 벗고, 허통적조虛通寂照에 합하는 것이다.

초광접여 楚狂接輿

초나라 괴각현자乖角賢者 접여接輿

孔子 適楚하니 楚狂接輿가 遊其門曰 鳳兮! 鳳兮!
공 자 적 초 초 광 접 여 유 기 문 왈 봉 혜 봉 혜

何如德之衰也아! 來世는 不可待오 往世는 不可追也라
하 여 덕 지 쇠 야 내 세 불 가 대 왕 세 불 가 추 야

天下有道면 聖人成焉하고 天下無道면 聖人生焉이라.
천 하 유 도 성 인 성 언 천 하 무 도 성 인 생 언

方今之時에 僅免刑焉이라 福輕乎羽에 莫之知載요
방 금 지 시 근 면 형 언 복 경 호 우 막 지 지 재

禍重乎地에 莫之知避라 已乎已乎하라 臨人以德하고
화 중 호 지 막 지 지 피 이 호 이 호 임 인 이 덕

殆乎殆乎하라 畫地而趨하며 迷陽迷陽에 無傷吾行하라
태 호 태 호 화 지 이 추 미 양 미 양 무 상 오 행

吾行卻曲하니 無傷吾足하라 山木은 自寇也요 膏火는
오 행 각 곡 무 상 오 족 산 목 자 구 야 고 화

自煎也라 桂可食故로 伐之요 漆可用故로 割之라
자 전 야 계 가 식 고 벌 지 칠 가 용 고 할 지

人皆知有用之用 而莫知無用之用也라
인 개 지 유 용 지 용 이 막 지 무 용 지 용 야

공자孔子가 초楚나라에 갔는데, 광현狂賢 접여接輿가 공자가 머문 집 앞에서 노래하였다.

"봉황鳳凰이여! 봉황鳳凰이여! 어찌하여 덕德이 쇠衰하셨나! 앞날은 아직 오지 않았고, 지난날은 부를 수 없는 것. 천하에 도道가 있으면, 성인은 자신의 일을 이루고, 천하에 도道가 없으면, 성인은 피

세避世 하나니. 지금 세상에서는 환란患難을 면하는 게 고작일 뿐. 복福은 깃털보다 가벼운 데 담을 줄 모르고 화禍는 땅보다 무거우나 피할 줄 모르누나. 그냥 쉬시게나已乎! 그냥 쉬시게나已乎! 덕德으로 남을 교화하려는 것은 어리석은 짓. 위태하도다! 위태하도다! 땅에 금을 긋고, 그 안에서 허둥대는 일. 순양純陽(大道)에 미혹迷惑하나니! 순양純陽. 大道에 미혹迷惑하나니! 도덕道德을 상傷치 마오. 덕德을 굽게 하여 신족神足을 상傷하지 마오. 산의 나무는 스스로 나무도둑을 부르고 기름불은 제 몸을 사르는구려. 육계肉桂는 먹을 수 있어 베어지고 옻나무는 쓸모가 있어 껍질이 벗겨진다오. 사람들은 유용有用의 용用만 알 뿐 무용無用의 용用은 알지 못하누나."

某解

접여接輿는 춘추시대 초楚나라 사람이다. 머리를 풀고 거짓 미친 체하여 벼슬에 나아가지 않고, 무명無名과 무위無爲를 노래하고, 피세避世하여 초광楚狂이라 불리었다. 접여接輿는 도道에 밝은 괴각현자乖角賢者이며 노자老子의 문인門人이다. 과게過偈를 푼다.

"봉황鳳凰이여! 봉황鳳凰이여! 어찌하여 덕德이 쇠衰하셨나. 앞날은 아직 오지 않았고, 지난날은 부를 수 없는 것이라. 진심眞心의 대도大道는 과거 현재 미래라 할 것 없나니. 지도至道는 쉬지 않노매라! 천하에 도道가 있으면 경세經世를 이루고, 천하天下에 도道가 없으면, 피세避世할지라. 지금 세상은 환난患難을 면하는 게 고작. 복福은 깃털보다 가볍고, 화禍는 땅보다 무겁네라. 그냥 쉬시게나! 그냥 쉬시게나! 지금 세상에 덕화德化는 어리석은 짓. 도道는 그 때가 되어야 넓혀지고, 그 때에 그 사람이 높여지는 것이오. 위태하도다! 위태하도다! 땅에 금을 긋고, 그 안에서 허둥대는 일은 대도大道에 미혹迷惑한 처세이거라. 봉황鳳凰이여! 도덕道德을 상傷치 마오. 덕德을 굽혀 공적영지空寂靈知를 어둡게 마오. 산 나무는 도둑을 부르고, 기름불은 제 몸을 사르는구려! 육계肉桂는 약성藥性이 높아 베어지고 옻나무는 쓸모가 있어 껍질이 벗겨진다오. 경세經世는 대자大慈이나, 그 때가 아니면 이루기 어렵소. 세속世俗은 유용有用의 용用만 쓸 뿐, 무용無用의 용用은 알지 못한다오."

접여接輿의 과게過偈는 그 때가 오면 그 사람에게, 대도大道를 가리키고 드러내어 넓히라는 의미이다. 공자孔子는 대도大道를 세재世才에게 넓히는 데 뜻을 두었고, 접여接輿는 스스로를 더욱 밝게 하여 그 때를 기다리는 대은大隱의 달사達士이다. 무용無用의 대용大用이 접여接輿의 본지本旨이다. 무용無用이란 진심眞心의 무위지용無爲之用이므로 대용大用이라 한다. 대용大用에는 대기大機가 절로 따른다. 왜냐하면 체體와 용用은 하나의 두 이름이기 때문이다. 접여接輿의 경지를 논하려면, 먼저 접여接輿의 경지를 보아야할 것이다.

황소도추론 黃素道樞論

황제皇帝와 기백岐伯이 도道를 말하다

황제皇帝는 기원전 2600년경에 황하하류黃河下流 희수姬水 근처에서 태어났으며 중화中華의 인문초조人文初祖라 칭한다. 황제의 성姓은 희씨姬氏, 유웅씨有熊氏등이다. 황제내경黃帝內經 소문素問의 내용은 도설道說에 기반하여 범부凡夫의 병病을 밝히고 그 치방治方을 보였다. 그 의교醫教의 근간根幹이 노자老子의 상교上教와 공자孔子의 본의本意와 다르지 아니함을 보게 된다면 황제의 도道를 만나게 될 것이다. 황제의 도道는 청정광명淸淨光明의 염담허무恬憺虛無에 거처하고, 노자老子의 상교上教는 불언무위不言無爲에 있으며, 공자孔子의 본의本意는 무사무위無思無爲이다. 황제와 노자와 공자가 그 치방治方의 언어言語가 같지 않으나, 오직 하나의 도道를 시절時節과 문門을 달리하여 범부를 깨우치려한 것에 다름 아니다. 만약 배우는 이가 이 뜻을 온전히 가져간다면 선성先聖의 뒤를 따르는 사람이라 하겠다.

황소도추론黃素道樞論은 소문素問의 도설道說을 가려 뽑았다. 대개 내경內經을 읽으나 소문素問에 지도至道의 묘리妙理가 있음을 알지 못한다. 학자學者가 선성先聖의 고설高說을 배워 자기의 성性을 회복한다면 곧 일세一世의 반월半月이 되리라.

황소도추론黃素道樞論의 본지本旨는 범부가 자성自性을 회복하는 실마리를 열고자 함에 있는 것이다.

2003 秋夜三更에 三碧峙에서.

청정광명장 清淨光明章

> 黃帝曰, 天氣는 清淨光明者也라 藏德不止故로 不下也니라
> 황제왈 천기 청정광명자야 장덕부지고 불하야
>
> 天明則日月이요 不明하면 邪害空竅니라 (四氣調神大論)
> 천명즉일월 불명 사해공규

천기天氣는 청정광명清淨光明이라, 그 장덕藏德은 그치지 아니하므로 불하不下니라. 천天이 밝으면 일월日月같이 밝으며, 천天이 어두우면 허사적풍虛邪賊風이 공규空竅를 해害하니라.

某解

천天이란 성性이다. 천성天性의 기氣는 청정광명清淨光明이다. 천성天性의 장덕藏德은 무시무종無始無終하여 그치지 않으므로 없어지지 아니한다. 성性의 밝음은 일월日月과 같으나, 칠정七情의 삿됨이 어지러이 일어나면 허공虛空에 먹구름이 가리듯 천성天性이 칠정七情에 가려져 어두운 것이다.

碧峙窃看

청정광명清淨光明은 성性의 대기본명大機本明이며 자연성自然性이요, 무위無爲란 성性의 천연작용天然作用이다. 무위無爲는 무심無心의 작용作用을 가리키는 말이다. 무심無心이란 마음에 칠정七情의 인심人心이 없다는 뜻이요, 도심道心이 없다는 것이 아니다.

도심道心은 사람의 본래 마음 곧 성性이다. 성性의 무위대용無爲大用을

나투려면 먼저 자기의 성性을 밝혀 정념情念의 미혹迷惑에서 벗어나야 하는 것이다. 범부란 자기의 성性에 미혹迷惑하므로 그 이름이 미혹범부迷惑凡夫인 것이다.

황제黃帝는 인심人心을 허사적풍虛邪賊風이라 하고, 공자孔子는 거짓 나타난 마음僞情이라 하며, 노자老子는 허상虛像이라 하고, 석가釋迦는 전도몽상顚倒夢想이라 한다. 성인聖人 모두가 인심人心을 허망한 환幻이라 이르는 것이다. 이 요목要目을 간과하는 학자學者라면 더 볼 것이 없다고 하겠다. 성인聖人은 동용주선動容周旋과 어묵동정語默動靜에 오직 성性으로 행하므로 무위無爲라 한다. 박학博學의 학자學者라도 스스로의 성性을 밝히지 못했다면, 성인聖人의 덕혜德慧를 술지術智로 해석하여 상념想念을 보태는 둔근범부鈍根凡夫에 머무를 따름이다.

碧注

* **天氣**(천기): 천성(天性), 성(性)의 본연(本然)의 기(氣).
* **藏德**(장덕): 명덕(明德). 성(性)의 본구(本具) 내용.
* **空竅**(공규): 허공(虛空). 성(性)의 진공(眞空)을 허공에 비유.
* **虛邪賊風**(허사적풍): 인심(人心). 칠정(七情). 망상심(妄想心).

천기통신장 天氣通神章

黃帝曰, 蒼天之氣가 淸淨則志意治하고 順之則陽氣固하야
황 제 왈 창 천 지 기 청 정 즉 지 의 치 순 지 즉 양 기 고

雖有邪賊이나 弗能害也니 此는 因時之序니라 故로 聖人은
수 유 사 적 불 능 해 야 차 인 시 지 서 고 성 인

搏精神하야 服天氣而通神明하나니 失之則內閉九竅하고
박 정 신 복 천 기 이 통 신 명 실 지 즉 내 폐 구 규

外壅肌肉하야 衛氣散解하나니 此謂自傷이니 氣之削也라
외 옹 기 육 위 기 산 해 차 위 자 상 기 지 삭 야

(生氣通天論)

황제가 이른다. 창천蒼天의 기氣가 청정淸淨한 즉 지의志意가 다스려지고, 청정淸淨에 순응順應하면 양기陽氣가 온전하다. 비록 허사적풍虛邪賊風이 일어도 해害하지 못하나니 이는 시時의 서序에 인因함이다. 고로 성인은 정신精神을 박搏하고 천기天氣를 복服하여 신명神明에 통한다. 청정淸淨을 실失하면 안으로 구규九竅를 폐閉하고, 밖으로 기륙肌肉을 옹壅하여 위기衛氣가 산해散解하나니, 이를 일러 자상自傷이라, 기氣를 삭削함이다.

某解

창천蒼天의 기氣가 청정淸淨하면 뜻이 올곧게 다스려지고, 천성天性의 청정淸淨에 순응順應하면 양기陽氣가 온전해진다. 비록 허사적풍虛邪賊風이 일어나도 해害하지 못하나니 이는 허사적풍虛邪賊風이 일어나는 때에 그 단서端緖를 알기 때문이다.

그러므로 성인은 정신精神을 밝혀 지키고, 천기天氣를 품어 신명神明에 통한다. 청정淸淨을 잃으면 안으로 구규九竅가 닫히고, 밖으로 기륙肌肉이 막혀서 위기衛氣가 흩어지나니, 이를 일러 자상自傷이라 하는데, 기氣가 깎여 약해지는 것이다.

碧峙窃看

창천蒼天의 기氣란 성性의 천연성天然性이다. 천연天然의 기氣를 회복하면 청정淸淨이 온전히 드러난다. 그러나 개오開悟 이후에도 오랜 습정習情의 허사적풍虛邪賊風이 일어난다. 개오開悟 이후의 공부는 성性을 성성惺惺하게 지키는 데 있다. 성性을 성성惺惺하게 지키기에 힘쓰면 허사적풍虛邪賊風이 일어나도 허사적풍虛邪賊風에 방해롭지 아니한 것이다. 그러나 수성守性의 공부에 게으르면 퇴굴退屈하기 쉽다. 개오開悟란 지천명知天命의 경지를 가리킨다. 성성惺惺의 공부에 거닌 연후에 이 도리에 밝아진다. 성性을 회복한 이후에도 허사적풍虛邪賊風이 그치지 아니하는 까닭은 다만 오래된 정습情習 때문이다. 달사達士와 아현亞賢의 공부는 다만 성성惺惺에 있다. 다른 공부가 있는 것이 아니다.

성성惺惺의 처음은 지천명知天命이요, 다음 경지는 이순耳順과 종심從心이다. 지천명知天命은 선가禪家의 견성見性에 해당하는 경지이다. 장자莊子 덕충부德充符에 이른다. "사생死生과 부귀富貴 등의 변화는 천화天和의 덕德을 어지럽히지 못하고, 도심道心에 끼어들 수 없다. 도심道心을 회복하면 상락常樂을 잃지 않으며, 밤낮으로 항상 싱그러운 봄기운이다."

진기종지장 眞氣從之章

岐伯曰, 夫上古聖人之教下也에 皆謂之虛邪賊風을
기 백 왈 부 상 고 성 인 지 교 하 야 개 위 지 허 사 적 풍

避之有時하고 恬憺虛無하여 眞氣從之하면 精神內守니
피 지 유 시 념 담 허 무 진 기 종 지 정 신 내 수

病安從來리오 (上古天眞論)
병 안 종 래

상고上古 성인聖人의 가르침에 이른다. "허사적풍虛邪賊風을 피避하고, 염담허무恬憺虛無하여 진기眞氣가 종지從之하면 정신精神이 내수內守거니 병病이 어디로 오겠는가?"

某解

상고上古 성인의 가르침에 이른다. "허사적풍을 쉬어, 염담허무에 거처하면 진기가 종지한다. 이러한 경지에 이르면 정신精神의 성성惺惺함을 지킬 수 있다. 정신의 성성을 지킨다면 병病이 어디로 오겠는가?"

碧峙窃看

피지避之는 휴지休之와 통한다. 대저 병病은 허사적풍虛邪賊風의 망심妄心으로 좇아온다. 만약 허사적풍虛邪賊風의 망심妄心이 전도顚倒된 상념想念으로 일어난 것을 깨치게 되면 이미 병은 없는 것이다. 다만 몸은 늙어 멸滅하는 시절인연時節因緣을 따를 뿐이다. 이 가운데 사생死生의 본원本源이 있나니, 오직 칠정七情을 쉬어 성性이 현전現前한 연후에 스스로 알게 되는 것이다.

사생지본장 死生之本章

陰陽者는 萬物之始終也요, 死生之本也니라. (四氣調神大論)
음양자 만물지시종야 사생지본야

음양陰陽이란 만물萬物의 종시終始이며 사생死生의 본本이니라.

某解

비록 음양陰陽이란 이름을 두나 음양陰陽이 생겨난 때가 없으므로 만물萬物의 종시終始라 하고, 사생死生을 음양陰陽이라 하나 도심道心은 사생死生의 밖에 적연부동寂然不動으로 염담허무恬憺虛無하므로 음양陰陽이 사생死生의 본本이라 한다.

碧峙窃看

음양陰陽이란 동정動靜의 작용이다. 동정動靜의 작용을 두므로 만물萬物의 종시終始와 사생死生이 나타난다. 음양陰陽을 부리는 자가 도심道心 즉 마음이다. 마음이 도심道心에 거처하면 밖으로 동정動靜의 작용을 두어도 음양陰陽을 함이 없이 부리는 까닭에 사생死生과 종시終始에 속하지 아니한다. 그러나 범부인심凡夫人心의 안목眼目에는 사생死生과 종시終始가 생生하여 현전現前하는 것이다. 이것이 범부가 풀어야할 인생의 숙제宿題이다. 도심道心에는 본래 사생死生이 없으나, 범부가 정견情見을 두므로 사생死生의 관념觀念이 생겨난 것이다. 그러므로 음양陰陽이 사생死生의 근본根本이라 하였다.

무유종시장 無有終始章

黃帝曰 余聞上古에 有眞人者하니 提挈天地하고
황 제 왈 여 문 상 고 유 진 인 자 제 설 천 지

把握陰陽하며 呼吸精氣하고 獨立守神하나니 肌肉若一이라
파 악 음 양 호 흡 정 기 독 립 수 신 기 육 약 일

故로 能壽蔽天地하여 無有終始니 此其道生이니라 (上古天眞論)
고 능 수 폐 천 지 무 유 종 시 차 기 도 생

황제黃帝가 이른다. "내가 듣건대 상고上古에 진인眞人이 있어 천지天地를 제설提挈하고, 음양陰陽을 파악把握하여, 정기精氣를 호흡呼吸하며, 홀로 우뚝하여 정신精神을 지키나니 심신心身이 일여一如하여서 수壽가 천지를 덮어 종시終始가 있지 않았다. 이는 도道가 온전한 삶이다.

某解

상고上古에 대각진인大覺眞人이 있어 천지天地를 티끌로 여기고, 주야晝夜와 어묵동정語默動靜에 도심道心이 한결一如같으며, 해맑은 정기精氣를 호흡呼吸하나니, 홀로 우뚝하여 정신精神道心을 지킨다. 그 지킴이 무수지수無守之守요, 그 수壽가 천지天地 밖이라, 종시終始가 있지 아니하다. 이는 도道가 온전한 삶이다.

碧崎窃看

내경內經 상고천진론上古天眞論에 진인眞人, 지인至人, 성인聖人, 현인賢人을 설명한다. 진인眞人은 도생道生이요, 지인至人은 세속世俗을 잊고 정

精을 적積하고 신神을 온전히 하는 이요, 성인聖人은 천지天地의 화和에 처處하고 행行은 세世를 떠나고자 아니하되 염담恬憺을 자득自得하여 정신精神이 산散하지 않음이요, 현인賢人은 천지를 법칙하고 음양陰陽을 혹역혹종惑逆惑從하며 상고上古를 따라 도道에 합동合同하려한다고 한다. 황제가 세상의 스승이 되는 이를 가름하여 이른 것이다. 대저 도道를 배워 행함이 있더라도 도동이부재道同而不齋라, 견처見處와 경지境地가 다르면 언言과 행行에 다르게 나타난다. 이는 자품資品의 일이라 부득이不得已한 것이다. 스스로 미명未明을 아는 이는 세상世上에서 한발 물러나 깊은 경지境地를 구하나, 약간의 말을 아는 자는 자대자시自大自是하여 세상의 스승이고자 한다. 예나 지금이나 이것이 걱정거리이다.

정精 기氣 신神은 黃帝의 말이라, 뒷날의 도가道家에서 인용하나 대개 그 문자文字를 취해 세 갈래를 둔다. 그러나 정精 기氣 신神은 성性을 삼처三處에서 설명한 것이다. 만약 無有終始章의 '呼吸精氣 獨立守神'에서 精과 神을 다른 것으로 본다면 황제의 본의를 벗어난 견해이다. 정精이란 성性의 청정광명清淨光明이요, 기氣는 성性의 용모用貌요, 신神은 성性의 영지靈知이다. 성性은 무형무적無形無迹이라, 범부는 풀어서 설명하면 그 말을 취하고, 간명簡明히 드러내면 그 본지本旨를 알지 못해 구구區區한 억측臆測을 만들어낸다. 그 억측이 천선지가千仙之家를 이루어 지금 세상에 유행流行하는 것이다.

선언천고장 善言天古章

善言天者는 必有驗於人하고 善言古者는 必有合於今하며
선언천자 필유험어인 선언고자 필유합어금

善言人者는 必有厭於己라 (擧痛論)
선언인자 필유염어기

천天을 잘 말하는 이는 반드시 사람에게서 징험徵驗하고, 고古를 잘 말하는 이는 반드시 금今에 합하며, 인人을 잘 말하는 이는 반드시 자기에게서 잘못을 찾느니라.

某解

천天을 밝히 말하는 이는 사람에게서 징험徵驗한 바요, 고도古道를 밝히 말하는 이는 금도今道에 합合한 바요, 인人을 밝히 말하는 이는 자기自己의 허물을 보아 올곧게 한다. 허물이란 정념이다.

碧峙窃看

천天을 밝히 말하는 이는 반드시 사람에게서 징험徵驗하여 자증自證하고, 고도古道를 밝히 말하는 이는 반드시 금도今道에 합合하며, 인人을 밝히 말하는 이는 반드시 스스로의 정념情念이 허사적풍虛邪敵風임을 보아 허물을 바르게 한다. 장자莊子가 말한다. "만세萬歲 뒤라도 이 도道를 가르치는 스승을 만나, 듣고 배워 밝히는 이는 오히려 빠르다"

지도은미장 至道隱微章

至道在微하고 變化無窮하야 孰知歸原이리오 (靈蘭秘典章)
지 도 재 미 변 화 무 궁 숙 지 귀 원

지도至道는 은미隱微하고 변화가 무궁하나니 누가 그 근원根源을 알겠는가?

某解

지극한 도道는 모습이 없어 은미隱微하여, 그 변화가 무궁하나니 누가 있어 그 근원根源을 드러내겠는가?

碧峙窃看

대개의 부운객浮雲客이 나아가고 거둘 바를 알지 못해, 망연茫然히 봄바람과 가을 달과 저녁 노을과 스산한 바람에 몸을 맡기고, 얇은 소견所見을 담아 시詩와 넋두리를 건들 지어 문집文集을 꾸민다. 그 뒷사람은 외람되이 여겨 힐평詰評하지 못하고 맹목적으로 존숭한다. 살피건대 인간사에 부질없는 억견臆見의 잡언雜言들이 책과 책, 또 책을 이루어 얼마나 많은 사람의 눈을 가리고 귀를 어지럽혔는가?

만약 세재世才가 스스로 부끄러워할 줄 안다면 자신의 본원本源을 돌이켜 보아야 할 것이다. 그리고 성인聖人을 배워 본원本源을 밝혀야 할 것이다. 옛사람이 숙지귀원孰知歸原? 이라 한 뜻에 반조返照해야 한다.

지도至道가 은미隱微하다는 말은 지극한 도道가 모습 없이 만사萬事에 형통亨通하는 것을 가리킨 것이다. 정념情念에 가리운 범부는 성性의 은

미隱微를 알지 못하는 것이다. 만사萬事란 어묵동정語默動靜과 동용주선動容周旋이다. 도道란 성性을 이른다. 지극한 도道가 사람마다에 본래로 갖추어 있으나, 범부가 미혹迷惑하여 알지 못하는 것이다. 그러므로 요순堯舜과 공자孔子가 "인심유위人心有危 도심은미道心隱微"라는 종지宗旨를 세워 도道를 설하여 범부를 깨우치고자 한 것이다. 공자는 그 공부 방법에 수사선도守死善道와 윤집궐중允執闕中을 이르고, 그 내용은 "경이직내敬以直內 의이방외義以方外"라 하였다. 직내直內란 선가禪家의 직지인심直指人心과 통하고, 방외方外란 세상의 바깥을 의미한다. 그러므로 세상의 바깥이란 세상 속에서 세상을 여의고 소요逍遙하는 것이다.

노자老子는 성性을 곡신谷神에 비유하여, 은미隱微와 대기대용大機大用과 불사지수不死之壽를 설명하였다. 또한 초지初志에 소박素朴과 무욕無欲을 이르며, 지도知道 이후에 무심無心하여 무위無爲의 소박素朴을 행할 수 있다고 하였다.

비록 성인聖人의 말씀이 진실眞實하고 간곡懇曲하나, 범부는 눈앞의 이利를 따라 허둥대며 정념情念의 노리개로 살아간다. 어찌 슬프지 아니한가? 그런 까닭에 "지도至道는 은미隱微하고 변화가 무궁하나니 누가 그 근원根源을 알겠는가?"라 하신 것이다.

부운심연장 浮雲深淵章

天之道也여 如迎浮雲하며 若視深淵이로다.
천 지 도 야 여 영 부 운 약 시 심 연

視深淵은 尙可測이나 迎浮雲은 莫之其極이로다 (六微旨大論)
시 심 연 상 가 측 영 부 운 막 지 기 극

천도天道여! 부운浮雲을 맞이하는 것 같고, 심연深淵을 보는 것 같도다. 심연深淵은 오히려 헤아릴 수 있으나, 부운浮雲을 맞이함에 그 극極을 알 수 없도다.

某解

천도天道는 뜬 구름을 맞이하는 것 같고, 깊은 못을 보는 것 같다. 깊은 못은 오히려 헤아릴 수 있으나, 뜬 구름을 맞이함에 그 극極을 알 수 없듯 천도天道는 생각으로 헤아림 밖에 있는 것이다.

碧峙窃看

천도天道란 곧 사람의 도道요, 사람의 도道는 자기의 성性을 밝히면 밝게 알 수 있다. 그러나 범부들은 세사世事의 명예名譽와 탐욕貪欲을 떠나지 못하기에 천도天道를 먼 데 있는 것으로 여긴다.

불생불화장 不生不化章

帝曰, 有不生不化乎아 岐伯曰, 與道合同은 有眞人也니다.
제 왈 유 불 생 불 화 호 기 백 왈 여 도 합 동 유 진 인 야

(六微旨大論)

황제가 말한다. "생生하지 않고, 화化하지 않을 수 있는가?" 기백이 답한다. "도道에 합동合同한 이는 오직 진인眞人입니다."

某解

생生하지 않고 멸滅하지 않을 수 있는 이는 오직 진인眞人이다. 범부라도 도道에 합동合同하면 생멸生滅에서 벗어나는 것이다. 도道에 합동合同한 이의 이름이 진인眞人이다.

碧峙窃看

도道에 합동合同하는 내용이 무엇인가? 칠정七情의 인심人心을 쉬어 도심道心을 회복하는 것이다. 본래本來를 회복하나, 회복하면 회복이라 하지 않는다. 천도天道는 불변하여 만고萬古에 적연부동寂然不動이기 때문에 회복을 회복이라 하지 않는 것이다. 무릇 모습 있는 것은 나타났다가 반드시 사라진다. 그러하기에 해와 달과 별과 은하계도 한 때의 모습에 불과함을 알 수 있다. 도심道心을 회복하면 자기가 영생불사永生不死하는 우주宇宙의 주인主人임을 자각自覺하게 되는 것이다. 당장에 도심道心이 적연부동寂然不動이면 이미 생멸生滅을 벗어난 것이다. 장자莊子의 대종사大宗師에 진인眞人을 가리켜 이른다. "천天이 하는 바를 알며 사람이 하

는 바를 알면 도道에 지극한 것이다. 그런데 내가 말하는 하늘이 사람이 아닌지, 내가 말하는 사람이 하늘이 아닌지 어찌 알 수 있겠는가?"

도심道心을 밝히는 공부工夫는 해맑은 이가 행行하고, 굳센 이가 나아가며, 필경에 정념情念을 쉬어 성성惺惺한 이가 자득自得한다. 자득하여 성성적적惺惺寂寂한 이를 그 사람이라 하고, 성성적적惺惺寂寂한 그 사람이라야 도道를 설명함에 허물이 없는 것이다. 그러므로 계사繫辭에 "참으로 그 사람이 아니면 도가 행해지지 않는다.苟非其人 道不虛行"고 하였다.

도심道心은 무형무적無形無迹이면서 늘 비추며 고요하고, 고요하며 비춘다. 도심道心의 다른 이름이 성性이요, 영지靈知이다. 도심道心의 설명에는 늘 한계가 따른다. 무형무적無形無迹의 영지靈知를 설명함에는 부득이 언어言語에 기대야하고, 그 내용은 언어言語 밖의 실상實相을 가리키나 언제나 설명이 부족하다. 그 부족한 부분은 도道를 밝힌 스승에게서 구해서 채워야 하는 것이다. 만약 밝은 큰 스승과 마주한다면 무루無漏의 큰 기쁨과 소득이 있을 것이다.

세재世才가 불망념지不忘念知로 만권독서萬卷讀書하였어도 세욕世欲에 젖으면, 가까이에 큰 스승이 있어도 보지 못하고 배우지 못한다. 그러나 숙세宿世에 무루無漏의 청행淸行이 있는 이는, 비록 산골에 은거隱居하더라도 옛 성인聖人을 사숙私淑하고 밝은 벗과 교류하여 마침내 도道에 밝게 되리라.

신용무방장 神用無方章

物生을 謂之化오 物極을 謂之變이오 陰陽不測을 謂之神이오
물생 위지화 물극 위지변 음양불측 위지신

神用無方을 謂之聖이라 (天元紀大論)
신용무방 위지성

물物이 생生함을 화化라 하고, 물物이 극極함을 변變이라 하며, 음양陰陽의 작용이 불측不測함을 신神이라 하며, 신神의 작용에 방소方所가 없음을 성聖이라 한다.

某解

정情이 생生함을 화化라 하고, 정情이 극極하여 성性이 드러남을 변變이라 하며, 동정動靜의 체體가 적寂하여 상조常照함이 불측不測이라 그 당체를 영지靈知라 하며, 영지의 작용에 방소方所가 없음을 성聖이라 한다.

碧峙窃看

지극한 도道에 거처하는 이란 인심人心이 몽환夢幻인 줄 알아서 도심道心으로 소요逍遙하는 이를 가리킨다. 정情은 인심人心이요, 성性은 도심道心이다. 만약 정情을 부리는 성性을 관觀하여 무형無形의 실實에 합하고자 묵연默然히 집중執中하는 이라면 자기 속에 스승이 있는 것이다. 노자老子와 장자莊子가 이러한 자명고류自明高類의 대종사大宗師이다.

중용中庸에 음양불측陰陽不測을 생물불측生物不測으로 설명한다. "천지天地의 도道는 한마디로 말할 수 있다. 그 마음物은 둘이 아니다. (다만)

그 마음을 내는 바를 헤아려 볼 수 없는 것이다.(天地之道는 可一言而盡也니 其爲物이 不貳라 則其生物이 不測이니라)" 천지의 도道란 오직 하나의 마음일 뿐이라 한다. 범부가 미혹하여 인심人心과 도심道心을 두는 것이다. 공부工夫란 인심人心이 착식錯識으로 인하여 나타난 환幻임을 깨치는 데 있다. 깨치면 도심道心만이 만고萬古에 두렷한 것이다. 그러므로 성인께서 본래의 마음을 회복하라고 하는 것이다.

노자老子 도기장道紀章에 이른다. "그性 위에 밝음이 없으며 그 아래에 어두움도 없다. 면면히 이어져 이름 붙일 수 없으나 염담허무恬憺虛無를 회복한다. 이를 모양이 없는 모양無狀之狀이라 하고, 모습 없는 형상無物之象이라 한다."

도기장道紀章에 또 이른다. "보려 해도 볼 수 없으므로 이(夷,멸하다)라 하고, 들으려 해도 듣지 못하므로 희(希, 드물다)라 하며, 잡으려 해도 얻지 못하므로 미(微, 숨다)라 부른다. 이 셋은 생각과 지식으로 따져서 밝힐 수 없다. 그 실實은 혼돈混沌이면서 하나이다.(視之不見名曰夷요 聽之不聞名曰希이며 搏之不得名曰微라 此三者不可致詰이니 故混而爲一이니라)"

예기禮記 곡례曲禮에 "소리 없는 데서 듣고, 모습 없는 데서 본다.(聽於無聲이요 視於無形이라)"라 이른다. 소문素問, 노자老子, 중용中庸, 예기禮記 등에 성性과 그 영지靈知를 가리키고 설명한다. 누가 여기에 의문疑問할 것인가?

무위염담장 無爲恬憺章

聖人은 爲無爲之事하고 樂恬憺之能하여 從欲快志於虛無라
성 인 위 무 위 지 사 낙 념 담 지 능 종 욕 쾌 지 어 허 무

故로 壽命이 無窮하여 與天地終하나니 此는 聖人之治身也라
고 수 명 무 궁 여 천 지 종 차 성 인 지 치 신 야

(陰陽應象大論)

성인聖人은 무위無爲로써 행사行事하고, 염담恬憺으로 상락常樂하여 거닐며, 하고자 함에 허무虛無로써 쾌지快志를 따르나니, 고로 수명壽命이 무궁하여 천지와 함께한다. 이는 성인의 치신治身이다.

某解

성인은 성性으로 행行하나니, 그 행行이 허공 같아 무위無爲라 하고, 무위無爲의 행은 고요하고 편안하여 염담恬憺이라 이름하며, 무위無爲의 행에 정념情念이 없으므로 허무虛無라 한다. 성性은 무시무종無始無終하여 불생불멸不生不滅하므로 그 수명壽命이 무궁하여 천지와 함께한다고 하는 것이다. 천하에 지극한 도道가 아니면 누가 여기에 참여하겠는가?

碧峙窃看

노자老子가 성性을 곡신谷神에 비유하여 이른다."골짜기의 허공虛空은 영명靈明하여 사생死生 밖에 있나니, 이것을 현빈玄牝이라 한다.谷神不死是謂玄牝"현빈玄牝이란 현묘玄妙한 골짜기 허공을 의미한다. 고로 현빈玄牝은 무형무적無形無迹의 영지靈知를 가리키는 것이다. 영지靈知를 밝히

면 무위無爲, 염담恬憺, 허무虛無, 수명壽命의 뜻을 절로 안다. 무위無爲, 염담恬憺, 허무虛無, 수명壽命은 공적영지空寂靈知의 내용이다.

노자老子 처무위장處無爲章에 이른다. "성인은 무위無爲에 거처하며 불언不言의 가르침을 행한다.(聖人은 處無爲之事하고 行不言之敎니라)" 또 이른다."성인은 종일 행하여도 염담허무恬憺虛無를 떠나지 않으며, 비록 영화로운 곳에 있어도 한가로이 거처하여 초연超然하다.(聖人終日行에 不離輜重하며 雖有榮觀이나 燕處超然이니라)" 또 이른다. "염담恬憺으로 으뜸을 삼는다.(恬憺爲上)"

성인聖人은 염담恬憺과 무위無爲로써 도道의 근원을 삼는다. 염담恬憺과 무위無爲는 한 몸의 다른 이름이다. 염담무위恬憺無爲와 공적영지空寂靈知는 성性의 내용을 적확的確히 밝힌 가르침이다.

한병음 閑病吟 -五行說과 春秋筆法-

복희伏羲와 황제黃帝 이전에 음양설陰陽說 있었거니,
맹자孟子 떠난 뒤, 추연鄒衍의 오행설五行說서네.
오행五行을 가리킴이라,
일자一字 밖에 다른 도리道理 아닐러라.

음양陰陽이라 오행五行이라, 나누어 보는 지식知識일 뿐.
나눈 자가 미합未合하니, 중인이 미혹迷惑에 빠지도다.
연혜왕燕惠王은 하성불치下性不恥라 추연鄒衍을 가두나니
중사中士의 한恨이 오월서리 생하누나.

포폄褒貶의 춘추필법 역시 세정世情을 벗지 못하나니
오행설五行說과 춘추필법은 시是와 비非를 낳았도다.
그 옳이라 위태危殆하고 위태危殆하도다.
무용無用의 대용大用을 알지 못하면 모두 병病이 되니라.

황노黃老의 연역演繹이라 직설直說이거니
무위無爲를 드러내니 누가 있어 계합契合할 것가?
범부凡夫가 알거나 모르거나, 세상을 밝혔도다.
간세間世에 드문드문 찾는 이 보이누나.

(* 추연鄒衍: 음양오행설陰陽五行說 * 포폄褒貶: 춘추필법春秋筆法)

벽치솔투 碧峙窣透

逐鹿不見山　축녹불견산

醉霞不見春　취하불견춘

不知求物者　부지구물자

不待聲色出　부대성색출

天欲雨　천욕우

目奄霧　목엄무

僊窟有無　선굴유무

사슴 쫓는 이, 산을 보지 못하고,

노을에 취醉한 이, 봄을 못 보네.

물物을 구求함에 젖은 이여!

소리와 빛깔로 나타남을 기다리지 말지라.

비가 오려는 듯,

안개가 눈앞을 가리네.

신선神仙의 토굴이 보일 듯 말 듯.

호야언재 乎也焉哉

東窓春曉睡 동창춘효수

飛鳥吟虛空 비조음허공

令人欻開惺 영인훌개성

調乎也焉哉 조호야언재

동창東窓에 봄 새벽春曉이 조올고,
나는 새는 허공虛空을 읊는구나.
동창東窓과 새가 홀연히 사람을 깨우나니
호야언재乎也焉哉로 마주 하노라.

* 호야언재乎也焉哉: 뜻 없음. 뜻 없음의 妙用.

명발치배 皿鉢卮杯

寂寂一氣山河遊 적적일기산하유

長天忘世寥寥休 장천망세요요휴

尋尋覓覓者何物 심심멱멱자하물

皿鉢卮杯只是器 명발치배지시기

적적한 일기一氣가 산하에 소요하나니
장천은 망세忘世라 요요히 쉬누나.
심심尋尋 또 멱멱覓覓하는 자 누구인가?
사발과 바리와 술잔은 다만 그릇이니라.

사천육백여년 전, 황제黃帝와 신농씨神農氏가 세재世才에게 문자文字와 농사법農事法과 의술醫術과 솥鼎과 예禮를 가르쳤다. 그리고 몇 사람에게 도道를 전하였다. 그 도道의 내용이 소문素問에 가늘게 남아 있다. 남은 문자文字가 비록 간명簡明하나 도道의 대체大體에 어긋남이 없는 것이다. 그 말을 더듬어 노자老子는 청정淸淨, 염담恬憺, 허무虛無, 불언不言, 무위無爲 등을 인용하였고, 공자孔子는 무사無邪, 무사無思, 무위無爲를 인용하였으며 '黃帝堯舜이 垂衣裳而天下治니라' 하여 그 도道를 본받은 흔적痕迹이 계사繫辭에 보인다. 이는 천연天然의 지성至誠을 두렷이 드러내 보인 것이다.

노자老子, 공자孔子, 장자莊子의 도道를 배우는 이가 어찌 황제黃帝의 상어上語를 지나칠 수 있으랴! 다만 의서醫書를 읽는 이가 간과看過하여 황제黃帝의 지도至道를 보지 못한 까닭에 황제의 도道가 세학世學에 넓혀지지 못했을 따름이다. 우愚가 젊은 날에 우연히 소문素問을 읽고 그 지의指意를 측지測知하였다가 늘그막에 황소도추론黃素道樞論을 광편狂編하게 된 소이연所以然이다. 황소도추론黃素道樞論은 다만 뒷사람이 숲을 헤치고 잎과 가지를 걷어내는 수고로움을 덜어주고자 광편狂編한 것이다. 도추道樞는 중도中道의 뜻으로 장자莊子에서 빌린 말이다. 위의 군말로써 後記를 삼는다.

2017 碧峙燕居에서 菑.

열자삼제 列子三題

방외한관 方外閑觀

열자列子의 주설主說은 도가道家에 속하나, 도덕경道德經 남화경南華經과 같이 고명高明한 이치를 설하지 못한다. 그러나 열자의 요목要目을 추초芻草하면 무심無心과 무위無爲를 말하는 것을 볼 수 있다.

열자列子 팔편八篇의 내용에는 장자莊子, 논어論語, 회남자淮南子, 산해경山海經, 한비자韓非子, 여씨춘추呂氏春秋 등과 겹치는 말이 보이고, 편중篇中의 문장이 한결같은 문체가 아니며, 황노黃老의 사상思想에 미회未會한 글이 대부분이다. 이러기에 유종원柳宗元은 "열자는 여러 사람이 더하고 빼기를 거듭하여 진晉나라 때에 완성한 것이다." 하였으며 이 밖에 남송의 임희일林希逸 등의 학자는 후인後人들이 이것저것 끌어 모아 이루어진 것이라 평한다.

열자의 내용은 도가道家의 둔근후인鈍根後人들에 의해, 얘기가 첨가되고 문장이 어지럽게 되어 열자의 본면목本面目이 훼손된 것이라 하겠다. 지금의 열자에는 일화逸話의 시대時代가 혼란하고, 도체道體의 설명이 허황하며 졸렬하게 재구성되어 열자의 본의本意가 어두워졌다. 한서漢書 예문지藝文志와 지금의 열자列子는 내용이 같지 아니하며, 예문지藝文志의 글도 열자의 본저本著에 첨언되어 전해진 것으로 보인다.

열자는 성姓이 열列, 이름은 어구禦寇이다. 기원전 400년경에 정鄭나라에서 태어났다. 정나라는 은殷나라의 유민流民의 소국小國이며, 상인商人의 효시이다. 열자는 노자老子의 제자라 전하나, 노자의 재전제자再傳弟子인 듯하며, 장자莊子의 선배로 보인다. 장자莊子에는 열자가 바람을 타고 허공을 밟고 다녔다고 하였는데, 이는 무정소요無情逍遙를 비유한 것이다. 장자莊子가 열자의 경지境地를 정해正解하여 옮긴 것이라 하겠다.

열자는 백의거사白衣居士로써 중년부터 집 밖을 나가지 아니하고 폐관수양閉關修養하며 일생을 마쳤기에 그의 족적이 희미한 것이다. 더욱이 정나라는 전국시대에 한韓나라에 의해 멸망하므로 세월 따라 열자의 면모가 잊혀진 것으로 보인다. 사마천司馬遷의 사기史記에 전傳이 보이지 않는 까닭으로 사료된다.

도덕경道德經과 남화경南華經과 황소도추론黃素道樞論을 통해通解한 연후에, 열자列子를 독서하면 열자의 골간骨幹을 얻을 수 있으나, 도가道家의 근간根幹을 알지 못한 채, 열자를 누차 읽는다 하여도 열자의 본지本旨를 얻기가 쉽지 않다.

도가道家의 태상太上인 황노사상黃老思想의 근간은 무위無爲이다. 무위無爲란 본연성本然性의 대기대용大機大用으로써 지성至聖의 경지境地이다. 범부가 생각情念으로 헤아릴 수 없는 까닭에 불가사의不可思議의 경지境地라 한다. 어찌하여 불가사의不可思議라 이름 하는가? 무위無爲란 범부의 선악善惡과 증애憎愛 등의 정념情念이 끊어져 멸滅해야 합할 수 있는 경지이다. 무위無爲는 사무사思無邪의 문을 연 이후, 무정無情에 순숙純熟하여야 나아가 합할 수 있는 경지이다. 사무사思無邪의 사邪란 범부의 정념情念을 의미한다. 사邪를 삿된 생각으로 이해하면 성性에 선악善惡을 두는 것이 된다.

만약 무위無爲의 문門에 들고자 하면, 먼저 세상의 영욕榮辱과 명예를 쉬고, 자기自己를 잊은 연후에야 겨우 무위無爲의 문 앞에 설 수 있는 것이다. 그리고 무사적연無思寂然에 올올兀兀히 성성惺惺해서 무정無情을 체득體得한 이후에사 무위無爲의 경지에 초입初入하는 것이다. 범부가 함부로 무위無爲를 읊조리는 것은 망령된 언사言事일 뿐이다. 무위소요유無爲逍遙遊를 가벼이 입에 올리는 낙학파洛學派를 향해 소황蘇黃이 크게 꾸짖은 것은 뒷사람의 눈과 귀를 가릴 것을 염려한 까닭이다.

열자가 무정無情를 이르고, 무위無爲를 가리킨다. 열자가 무정無情을 통해通解하여 열자의 지견知見이 도道를 아는 데 합한 것을 볼 수 있다. 열자 속의 잡다한 말을 버리고, 열자의 무정無情과 무위無爲를 취해야 열자의 진면목眞面目과 만날 수 있는 것이다.

무정無情의 실實에 계합契合한 이를 개오대인開悟大人이라 하고, 무정無情이 성성惺惺하여 동용주선動容周旋에 무정無情을 행하는 이를 무위도인無爲道人이라 한다. 무정無情을 장자莊子는 무심無心이라 이름하고, 공자는 무사無思 혹은 무의無意라 이름 짓는다.

열자列子 책 속의 나머지 말은 후인後人의 첨언添言이라, 도道를 설명하고자 하나, 구구區區하여 군더더기라 할 것이다. 열자는 두문불출하고 폐관수양을 하였는데 구구한 말을 지어내거나 자구레한 풍어風語를 지었겠는가? 아마도 열자의 본저本著는 노자老子의 도道를 해설하는 간명직절簡明直截한 말과 비유比喩였을 것이다.

열자의 경지境地를 가름하건대, 논어論語의 지자知者를 넘어, 인자仁者의 공부에 초입初入하였다고 하겠다. 열자가 무정無情을 자득自得한 바가 귀貴하다. 무정지견無情知見이 없는 자가 어찌 열자의 허물을 논하겠는가? 무정無情과 무위無爲를 가리키는 열자삼제列子三題를 본다.

黃帝曰 今知라 至道不可以情求矣니라 (黃帝篇)
황제왈 금지 지도불가이정구의

황제黃帝 헌원씨軒轅氏가 이른다. "이제사 알았노라. 지도至道는 정념情念으로 참구하여 구求할 수 없도다."

某解

이 구절句節이 열자列子의 자성개오처自性開悟處이다. 이때를 거쳐서 열자가 방외方外의 소요逍遙에 들 수 있었던 것이다. 열자가 "이제사 알았노라." 함은 개오지견開悟知見의 부사의不思議를 토로吐露한 것이다.

"지도至道는 정情으로 구할 수 없다.(至道不可情求)" 함은 지도至道의 요목要目을 올곧게 드러내 보인 것이다. 이로써 열자가 성문聖門의 도인道人임을 확인할 수 있다. 열자는 "무정無情" 한마디로 잡언雜言을 지우고, 본지本旨를 드러냈다. 열자의 무정無情은 장자의 무심無心과 공자의 무사無思와 선가禪家의 무념無念과 더불어 한 뜻이다. '至道不可情求'가 황제의 말씀일 것이다. 그러나 열자보다 약 2100년 전의 인물이라, 열자가 전성前聖을 가차假借하여 지도至道의 요要를 보인 것으로 보아도 지극한 도道에 해害가 없을 것이다.

商太帝 見孔子曰 孰者爲聖? 孔子動容有閒曰
상태제 견공자왈 숙자위성 공자동용유한왈

西方之人 有聖者焉 不治而不亂 不言而自信
서방지인 유성자언 불치이불란 불언이자신

不化而自行 蕩蕩乎民無能名焉 丘疑其爲聖
불화이자행 탕탕호민무능명언 구의기위성

不知眞爲聖歟 眞不聖歟 商太帝 嘿然心計曰 孔子詐
부지진위성여 진불성여 상태제 묵연심계왈 공자사

我哉! (仲尼篇)
아재

상商나라 태제太帝가 공자孔子를 뵙고서 말했다.

"어떤 이가 성인聖人입니까?"

공자孔子가 잠시 생각하다가 말하였다.

"서방에 있는 이에 성인聖人이 있었소. 다스리지 않아도 어지러워지지 아니하고, 말하지 않아도 스스로 믿으며, 교화敎化하지 않아도 자연히 도道를 행하게 되는데, 아득蕩蕩하여 사람들이 그 이름을 붙일 수 없었소. 나는 그 분이 성인聖人이 아닌가 생각하고 있지만, 참으로 성인聖人인지 아닌지는 알지 못하오."

상商나라 태제太帝는 묵묵嘿嘿히 마음속으로 헤아리며, 공자孔子가 자신을 속이고 있다고 생각하였다.

某解

상商의 태제太帝가 공자孔子에게 "어떤 이가 성인聖人입니까?" 하고 물음에 공자가 잠시 생각하다가 "서방에 있는 이에 성인聖人이 있었소."라

답하였다. 공자는 생이지生而知의 성인聖人이라, 과거의 성인을 아는 것이다. 공자는 오신지五神智가 열린 까닭에 과거 현재 미래의 현상을 손바닥 보듯이 안다. 다만 그 숙명지宿命智를 드러내지 않으려함은 범부가 놀라거나 괴이하게 여기지 않게 함이다. 공자가어孔子家語의 화살과 꽃, 논어論語의 기도구의祈禱久矣와 중용中庸의 귀신鬼神과 연천淵泉등을 말함에 오신지五神智의 거님을 보인다. 대성大聖을 설명하기 위해 은연한 보임을 둔 것이라 하겠다. 황제黃帝는 지구가 허공에 떠 있으며, 큰 힘이 서로 당기고 있다大機擧之고 하였다. 천지天地의 이理를 설명함에 황제黃帝가 부득이 천안지天眼智를 드러낸 것이다. 소문素問에 보인다. 공자가 또 이른다.

"다스리지 않아도 어지러워지지 아니하고, 말하지 않아도 스스로 믿으며, 교화敎化하지 않아도 자연히 도道를 행하게 되는데, 아득蕩蕩하여 사람들이 그 이름을 붙일 수 없었소."

이는 무위無爲의 도道를 설명함이다. 공자孔子, 노자老子, 장자莊子 등의 성인聖人의 설은 사람마다 무위無爲의 도道를 본구本具하고 있으나, 범부가 스스로 미혹하여 알지 못한다고 한다. 다시 말해 사람마다 성性을 갖추어 있고, 그 성性은 본래로 무위無爲하나 범부는 인심人心의 칠정에 미혹迷惑하여 자기의 성性에 어두워 유위有爲의 정념情念에 거처한다는 것이다. 무위無爲의 도道에 온전한 이가 서방西方에 있으니 그가 성인聖人일 것이라고 공자가 말한다. 공자의 종심從心이 무위無爲의 경지이나, 종심從心이라도 지극한 무위無爲가 아니라는 뜻이다. 도심道心은 무형무적無形無迹하여 모습 그릴수도, 이름 붙일 수도 없는 까닭에 억지로 이름 붙여 성性이라 도심道心이라 도道라고 부르는 것이다. 위와 비슷한 내용이 기세계경起世界經과 만선동귀집萬善同歸集에도 보인다.

"상商나라 태제太帝는 묵묵嘿嘿히 마음속으로 헤아리며, 공자孔子가 자신을 속이고 있다고 생각하였다."

함은 상商나라 태제太帝는 공자의 말을 그저 정념情念으로 헤아릴 뿐이라, 공자의 말이 진실인지 거짓인지 가늠할 수 없기 때문이다. 지금 세상에도 성인의 말씀이 남아 있으나, 배우는 이가 드문 것은 그 도道를 이해하여 믿기 어려운 까닭이다.

범부의 정견情見에 옳고 그름과 좋아하고 싫어함이 분명한데, 범부의 정견情見이 실다움이 아닌 몽환夢幻이라 하니 어찌 간단히 믿음에 나아가기 쉽겠는가? 숙세宿世의 선근善根이 아니면, 나아가 믿고 배워 자득自得하기가 여간 어렵지 않은 것이다. 그러나 반드시 어려운 것만은 아니다. 범부라도 시절인연時節因緣을 만나, 인생이 한 때의 몽환夢幻임을 생각하고, 그 꿈을 부리는 진아眞我를 자각自覺하는 때가 있으면, 즉시 성학聖學의 문門에 드는 것이다. 그리고 문득 정념情念이 착식錯識의 환幻인 줄 알게 되면 옛사람과 발자국을 따르며, 필경에 옛사람과 어깨를 나란히 하여 무위無爲에 참여하게 되는 것이다.

노자老子는 무위사상無爲思想을 종지宗旨로 하여 염담恬憺과 청정淸淨을 세웠으며, 장자莊子는 무심無心으로 소요逍遙하는 소요유逍遙遊를 보였으며, 공자孔子는 적연부동寂然不動으로써 무사무위無思無爲를 나투는 도道를 보이고 가르쳤다.

열자가 무위장無爲章을 통해 지도至道의 무위無爲를 드러내고자 함을 보았다. 그 드러냄의 설說이 비록 미미微微하나, 그 밝은 지혜智慧는 오늘에 전하여 뒷사람을 깨우는 것이다. 뒷사람이 미혹迷惑된 인생人生에서 벗어나고자 하면, 반드시 열자의 무정무위無情無爲의 도道를 배워야 한다. 범부가 자기의 진심眞心을 밝혀 염담허무恬憺虛無가 참 나의 본원本源임을 아는 때가 있기를 기대한다.

列子好遊 壺丘子曰 禦寇好遊 遊何所好? 列子曰
열자호유 호구자왈 어구호유 유하소호 열자왈

遊之樂 所玩無故 人之遊也 觀其所見 我之遊也
유지낙 소완무고 인지유야 관기소견 아지유야

觀之所變 遊乎! 遊乎! 未有能辨其遊者 壺丘子曰
관지소변 유호 유호 미유능변기유자 호구자왈

內觀者取足於身 取足於身 遊之至也 求備於物
내관자취족어신 취족어신 유지지야 구비어물

遊之不至也 於是列子終身不出於遊也 壺丘子曰
유지부지야 어시열자종신불출어유야 호구자왈

遊其至乎! 至遊者不知其適 至觀者不知所眇
유기지호 지유자부지기적 지관자부지소묘

物物皆遊矣 物物皆觀矣 是我之所謂遊
물물개유의 물물개관의 시아지소위유

是我之所謂觀也 故曰 遊其至矣乎 遊其至矣乎 (仲尼篇)
시아지소위관야 고왈 유기지의호 유기지의호

열자는 유遊를 좋아하였다.

호구자壺丘子가 말했다.

"열자는 유遊를 좋아하는데, 유遊에 어떤 좋은 바가 있소?"

열자가 말했다.

"유遊를 즐거워함에 어떤 까닭이 없소이다. 사람들의 유遊는 보이는 것을 보고 즐기지만, 나의 유遊는 변화하는 것을 그저 바라보는 것이오. 유遊라! 유遊라! 그 유遊를 분별할 수 있는 사람이 없도다!"

호구자壺丘子가 말했다.

"내관內觀하여 자성自性을 회복함이 족足함이요, 자성自性을 회복하여 족足해야 유遊의 지극함이다. 바깥의 사事와 물物에서 구한다면 유遊의 근원에 이를 수 없는 것이다."

지유至遊에 거처하는 열자는 종신終身토록 두문불출杜門不出하여 폐관수양閉關修養을 하였다.

호구자壺丘子가 말했다.

"유遊가 지극함에 이르렀도다! 지유자至遊者는 사사事事에 정념情念으로 구할 줄 모르며, 지관자至觀者는 정념情念의 사事가 이루어짐을 알지 못한다. 至遊至觀의 모든 사람物物이 다 유遊하는 것이요, 至遊至觀의 모든 사람物物이 다 있는 그대로 보는 것이다. 이것이 내가 말하는 유遊인 것이다. 그러므로 유遊가 지극함에 이르렀도다! 유遊가 지극함에 이르렀도다! 라고 말하는 것이다."

註

* **所玩無故**(소완무고): (遊를) 즐거워함에 어떤 까닭이 없다. 故는 원인이다. 모든 세학(世學)에는 '왜?'라는 질문이 따른다. 그러나 지도(至道)에는 '왜?'가 없다. 지도(至道)는 본연성(本然性)을 드러내는 공부가 있을 뿐, '왜?'가 붙을 수 없다. 왜냐하면 지도(至道)는 천연부지(天然不止)로써 불망성성(不亡惺惺)이기 때문이다.
* **取足於身**(취족어신): 자성(自性)을 회복하여 족(足)함.
* **求備於物**(구비어물): 사사(事事)에 정념(情念)으로 구하다.
* **至遊**(지유): 지극한 유(遊), 즉 소요유(逍遙遊). 적연무위(寂然無爲).
* **適**(적): 맞이하다.
* **終身不出於遊也**(종신불출어유야): 종신(終身)토록 두문불출(杜門不出)하여 유(遊)에 거처하여 폐관수양(閉關修養)을 하다.
* **眇**(묘): 이루어지다. 여기서는 정념(情念)의 사(事)를 이른다.
* **物物**(물물): 사람 사람. 본연성(本然性)의 모든 사람.

某解

열자列子의 유遊는 정념情念에 머무는 바 없이 진심眞心으로 소요逍遙하는 것이다. 이 장은 노자老子의 무위無爲를 열자가 해설한 것이다. 장자莊子의 소요유逍遙遊는 노자老子의 무위소박無爲素朴과 열자列子의 유遊를 통섭通攝하여 해설하였다. 장자莊子는 무심無心의 소요유逍遙遊로써 설파한 것이다. 호사가好事家들은 노자와 열자에 대해서는 머뭇거리나, 장자는 이러저러하다고 말하기에 주저하지 않는다. 그러나 장자는 노자의 해설서이기에 노자에 막히면서 장자를 이해한다는 것은 견강부회牽强附會일 따름이다. 장자는 우화寓話로 엮어져 둔근문사鈍根文士가 제 깜냥대로 읊조릴 여지가 있는지 모르겠다. 또한 열자의 유遊는 금강경金剛經의,

> 應無所住以生其心 응무소주이생기심
> 망심妄心에 머무는 바 없이 그 마음眞心을 내어라.

와 통한다. 망심妄心이란 정념情念이다. 만약 정념의 실체를 알아서 정념情念에 머물지 않으면 진심眞心으로 소요逍遙할 수 있는 것이다. 그러므로 열자列子의 유遊는 진심眞心으로 행行하는 것이다. 진심眞心으로 행行하는 경지가 무위행無爲行이다. 공자의 무위無爲와 더불어 삼가三家가 하나의 도道로 통하는 것을 알 수 있다.

논어論語에 "누가 문을 통하지 않고 밖을 나갈 수가 있는가?" 하였음은 누구나 도道를 떠나 살 수 없는데도 도道를 배우고 익히려는 자가 드문 것을 탄식한 것이다. 맹자孟子에도 "사람이 자기의 본심本心을 잃어버리고서도 찾지 아니한다. 이러하다면 금수와 다를 것이 무어 있겠는가?"라 함이 보인다. 열자의 유설遊說을 본다.

"열자가 말했다. 유遊를 즐거워함에 어떤 까닭이 없소이다. 사람들의 유遊는 보이는 것을 보고 즐기지만, 나의 유遊는 변화하는 것을 그저 바라보는 것이오. 유遊라! 유遊라! 그 유遊를 분별할 수 있는 사람이 없도다!"

사람의 진심眞心이 무형무적無形無迹이면서 불망성성不亡惺惺한 것은 본래 그러하다. 그러기에 불망성성不亡惺惺에 이르는 별다른 수단이나 방법이 필요하지 아니하다. 다만 돈오頓悟하여 본래의 성性을 회복하면 그렇게 될 뿐이다. 그러므로 유遊를 즐거워함에 어떤 까닭이 필요하지 않은 것이다. 이치는 간명하나 믿고 따르는 사람이 예부터 드물다. 드물기에 열자가 말한다. "유遊라! 유遊라! 그 유遊를 분별할 수 있는 사람이 없도다!"

"호구자壺丘子가 말했다. 내관內觀하여 자성自性을 회복함이 족足함이요, 자성自性을 회복하여 족足해야 유遊의 지극함이다. 바깥의 사事와 물物에서 구한다면 유遊의 근원에 이를 수 없는 것이다."

공부의 방법이란 산란한 망심妄心을 쉬고 쉬면서, 내관內觀 즉 관심觀心을 하는 것이다. 관심觀心의 요목要目은 집중執中하여 회광반조廻光返照하는 것이다. 오래하면 필연코 자득自得의 때가 도래한다. 반드시 그렇게 되게 되어 있다. 열자가 폐관閉關을 말한다.

"지유至遊에 거처하는 열자는 종신終身토록 두문불출杜門不出하여 폐관수양閉關修養을 하였다."

열자는 무심無心을 자득自得하여 소요유逍遙遊에 거처하였다. 이후 깊은 삼매三昧를 익히며 종신終身토록 두문불출杜門不出하여 폐관수양閉關修養을 하였던 것이다. 두문불출의 이유에 더불어 방외한담方外閑談을 나눌 벗이 없었던 점도 있었을 것이다. 지유至遊를 이른다.

"지유자至遊者는 사사事事에 정념情念으로 구할 줄 모르며, 지관자至觀者는 정념情念의 사事가 이루어짐을 알지 못한다. 至遊至觀의 모든 사람

物物이 다 유遊하는 것이요, 至遊至觀의 모든 사람物物이 다 있는 그대로 보는 것이다. 이것이 내가 말하는 유遊인 것이다.

소요유逍遙遊란 일상日常의 사사事事에 정념情念이 없는 것이며, 적조寂照의 지관至觀은 일상日常의 사사事事를 쓰나, 그 내용에 속하지 아니하여 그 결과에 머물지 않으므로 유遊라 하는 것이다. 지극한 유遊는 오직 자성自性을 회복한 이가 거처하는 것이다.

閉霄. 누가 莊子의 無何有에 逍遙하는가?

노치허 盧菑虛

著書

누가 공자의 참마음을 보았는가? 육경촬요(六經撮要)—학자원

선객(禪客) -19세기 朝鮮의 21禪師—학자원

선객 소동파(禪客 蘇東坡)—명문당

누가 왕마힐, 소동파. 소강절의 청의미를 보았는가?—학자원

누가 장자(莊子)의 무하유(無何有)에 소요하는가?—학자원

장자직해(莊子直解)—학자원

장자현초(莊子玄抄)—방외치

황소도추론(黃素道樞論)—방외치

수사심경(洙泗心經)—방외치

논맹촬요(論孟撮要)—방외치

영가증도론직해(永嘉證道論直解)—방외치

우두심명직해(牛頭心銘直解)—방외치

단기4282년 蘆谷에서 生.

無學.

避世陋居.

號: 菑虛, 甿碧子.

貫鄉: 光山, 名是圭行是鉉.

拙居: 甿碧峙

010-4599-1746

校訂: 李時軒

洗塵: 金津西江

누가 장자의 무하유에 소요하는가

2018년 7월 15일 초판 발행

역　해 : 노치허
발행인 : 김병환
발행처 : 학자원
주　소 : 서울 강동구 천호대로 1121
전　화 : 02) 6403-1000
팩　스 : 02) 6338-1001
E-mail : hakjaone@daum.net
등　록 : 2011년 3월 24일 제2011-14호

ISBN 979-11-6247-074-9 03820
값 20,000원